• 天津财经大学国际贸易研究丛书 •

中间品进口、全要素生产率与出口的二元边际

——基于中国制造业贸易的经验研究

Intermediate Goods Importing,

Total Factor Productivity and

Dual Margins of Final Good Exporting：

An Empirical Study on China's Manufactured Goods Trade

王维薇　著

经济科学出版社
Economic Science Press

图书在版编目（CIP）数据

中间品进口、全要素生产率与出口的二元边际：基于中国制造业贸易的经验研究/王维薇著. —北京：经济科学出版社，2015.9
（天津财经大学国际贸易研究丛书）
ISBN 978 - 7 - 5141 - 5391 - 0

Ⅰ.①中…　Ⅱ.①王…　Ⅲ.①制造工业 - 国际贸易 - 研究 - 中国　Ⅳ.①F426.4

中国版本图书馆 CIP 数据核字（2015）第 006886 号

责任编辑：柳　敏　李晓杰
责任校对：徐领弟
责任印制：李　鹏

中间品进口、全要素生产率与出口的二元边际
——基于中国制造业贸易的经验研究
王维薇　著
经济科学出版社出版、发行　新华书店经销
社址：北京市海淀区阜成路甲 28 号　邮编：100142
总编部电话：010 - 88191217　发行部电话：010 - 88191522
网址：www.esp.com.cn
电子邮件：esp@esp.com.cn
天猫网店：经济科学出版社旗舰店
网址：http://jjkxcbs.tmall.com
北京汉德鼎印刷有限公司印刷
三河市华玉装订厂装订
710×1000　16 开　13.5 印张　230000 字
2015 年 9 月第 1 版　2015 年 9 月第 1 次印刷
ISBN 978 - 7 - 5141 - 5391 - 0　定价：38.00 元
（图书出现印装问题，本社负责调换。电话：010 - 88191502）
（版权所有　侵权必究　举报电话：010 - 88191586
电子邮箱：dbts@esp.com.cn）

总　序

　　人类进入 21 世纪以来，改变我们生活的最重要的因素之一，就是经济全球化，经济学研究的每个领域也无不因全球化而变得异常活跃，国际贸易学研究更是如此。在全球贸易学研究的沃土中，中国学者针对中国贸易问题的研究成果日渐丰富，由天津财经大学国际贸易研究团队形成的这套丛书，便是百花园中的绚丽一丛。

　　随着中国不断融入国际经济体系，产业结构和贸易结构在全球化进程中不断升级。由于国际分工体系日趋细化，虽然产业内贸易和产品内贸易交织并存，但是产品内分工越来越盛行，全球价值链分工形成了全球生产网络，而中国正是借助加工贸易参与全球化垂直生产网络，并通过参与全球价值链分工，成为世界制造业大国和贸易大国，这也成就了中国世界第二大经济体的地位。2008 年国际金融危机发生后，中国加工贸易在连续近 30 年持续增长之后，于 2009 年首次出现负增长，加工贸易正经历转型之痛！作为转变经济发展方式的重要一环，转变外贸发展方式成为重中之重。危机后全球价值链分工也面临着转型和重构。从世界层面看，中国越来越多的企业实施跨国投资战略，美国则在危机后提出"再工业化"，欧洲实体经济饱受主权债务危机的重创，世界经济格局的新变化对全球价值链分工将产生战略性影响。中国如何应对这样的战略机遇和挑战？面对新一轮产业转移和区域经济一体化及世界市场一体化的发展机遇，充分利用价值链细分，享用外国投资与生产外包、地理配置与丰裕要素相结合所引致的巨大收益，扩大生产集聚和规模经济效应，优化中国在全球价值链中位置，获取最大发展利益，成为当前中国调整对外贸易战略和投资战略的目标所在。

正是在这个意义上，天津财经大学国际经济贸易系学术团队围绕这一主题展开深入研究，形成了一批新的研究成果，才有这套专著丛书的问世。如今，这套专著论丛即将出版，问序于我。作为国际经济贸易系兼职教授，我当然义不容辞。收入本丛书的各部著作，均是以国际经济贸易系老师主持的国家社会科学基金和国家自然基金的项目或是博士学位论文为基础，经过一段时间的沉淀和再思考，在大幅修改、补充的基础上完成的。学术研究就是思想接力，纵观全套专著，作者们在写作中努力追求原创性的效果，大到论文框架、观点的融会贯通，小到案例的运用，都贯穿着这一原则，力求有自己的学术发现。很多观点也是发他人之未发。它们所提供的思考本身，将引起研究者的重视。感谢这套专著丛书的作者们，感谢他们的辛勤耕耘。

时间仍将继续延伸，愿国际经济贸易系研究团队的学术跋涉一路风光无限。

2014 年 6 月 16 日

前　　言

在开放的国际市场环境中，以中国为代表的发展中国家凭借劳动力成本和市场容量等禀赋优势，获得了对外贸易的持续扩张，并如同催化剂般带动了国内的经济增长。通过融入不断扩大的全球生产网络，中国于2009年超越德国成为世界上最大的货物贸易出口国，2010年超越日本跃居世界第二大经济体，在2013年更是超过美国坐上了世界货物贸易总额的头把交椅。在中国的工业生产和对外贸易中，制造业的出口占据了绝大部分，而且制成品的出口增速快于所有货物出口总额的增长速度。中国制造业部门的高速成长已经带动中国成为"世界工厂"。然而，隐藏在良好数据背后的出口结构问题日益突出，数量扩张性的浅层次对外贸易模式已经不能适应我国的发展战略，中国制造业亟待出口增长方式的转型升级，但是这种改变又不能脱离世界市场，因此有必要摸索出一条通过加强参与全球生产网络、改变出口增长方式提高出口利益的道路。

现有的关于出口结构的文献，主要对于一国出口的"二元边际"结构进行了分析，认为出口扩展边际的增长应是一国出口的主要发展方向，但却鲜有基于全球生产网络的投入产出关系，对中国制造业最终品的增长方式的影响因素进行分析的文献。在目前国际市场深入融合的背景下，以零部件贸易为主要内容的中间产品贸易随之成为国际贸易的主要方式。通过中间品贸易的发展和全球生产网络的形成，发达国家和发展中国家专业于生产贸易链上不同环节和不同零部件的生产，这不仅会作用于经济体内部的生产，更会对一国的出口产生影响。因此本书基于国际生产分割的角度，对产品生产过程中的中间品进口和最终品出口的相关性和作用机制进行了深入研究。一方面，本书在新新贸易理论的框架下，构造了一个多个国家，两个部门，一种要素一种中间品投入的理论模型，明确地梳理出中间品进口促进了最终品出口的机制，并且将这一机制深化，指出了中间品对不同的出口增长方式即出口的二元边际起到的作用；另一方面，本书根

2 ▶▶ 中间品进口、全要素生产率与出口的二元边际

据联合国和中国工业行业标准的分类对应，将产品层面的细分贸易数据归纳到中国七大制造业项下，并区分中间品的进口和最终品的出口进行分析，以期验证中间品进口对于最终品出口是否存在促进作用，并且强调这一作用发挥的机制。主要研究结论如下：

第一，本书以中间品进口为切入点来研究促进最终品出口的影响机制和对出口二元边际的影响，这样做可以充分考虑国际生产分割不断深化的国际环境，这一角度客观且具有现实意义。本书的第4章通过构建理论模型，从发展中国家的企业这一微观主体入手分两个层次对于中间品进口的影响机制和积极作用给出了理论解释：首先，将企业的中间品进口行为内生化，全面地考虑企业进口地位（包括中间品进口规模、进口种类、进口来源地等）对于企业全要素生产率的影响，从而揭示出中间产品进口通过补偿渠道和技术转移渠道提高企业竞争力以增大其出口选择的内在机理，但在开放条件下，贸易的固定成本也会对于中间品进口作用的发挥产生一定的影响，所以通过推导本书可以得到一个生产率的临界值，只有生产率较高和进口固定成本相对较低的才能充分贸易，才能通过进口中间品提升了自身的全要素生产率增加竞争力又提高了出口地位，坐享来自国内外市场的利润；更进一步地，本书又将中间品进口的影响延伸至最终品出口结构，从理论推导上，本书发现，企业的进口地位对于最终品出口的二元边际都有积极的影响，并且对于扩展边际的影响更为广泛，证实在全球生产网络框架下，通过利用和整合网络内部资源促进出口方式转型升级的科学性。

第二，从计量的角度，中间品进口对于最终品出口及出口结构优化的促进作用较为普遍，且多是通过提高全要素生产来促进的。鉴于最终资本品生产的特殊性更能代表中间品贸易的影响机制，所以本书第5章和第6章通过关联海关协调编码数据、联合国分产品大类的贸易数据和中国工业行业分类标准，整理出行业层面 HS 六分位的最终资本品和零部件的贸易数据用以考察在整个中国制造业行业中零部件进口的影响机制以及 *TFP* 的传导作用。计量结果显示：对于中国的制造业整体而言，零部件进口能够提高最终品的出口选择，且是通过提高全要素生产率来传导的；从制造业各行业层面，部分市场开放程度较高，且进口的贸易和非贸易壁垒较低的行业更容易通过进口提升行业自身的国际市场竞争力，进而促进最终品资本品的出口，也有少数行业没有能够从零部件进口的过程中获得生产能力的提升，甚至对于最终资本品的出口还有一定的促退作用，但这样的行业还是会通过增加零部件进口的种类，生产多样化的产品来满足国外消费

者的需求来达到参与竞争、获得利润的目的；从出口增长方式上讲，零部件的进口，尤其是在地理方位和产品种类上的扩展更有利于出口扩展边际的扩张，有利于出口增长方式的优化和升级。

第三，本书基于中国制造业的范畴，从零部件进口和最终资本品出口两个方向上对于贸易的二元边际进行分解，找到中国出口在结构上存在问题的原因。在若干贸易二元边际分解指标中，本书的第6章选择了应用AP方法将中国制造业中不同产品大类在不同贸易方向上的贸易总额分解成贸易深化和贸易广化，更进一步地又将贸易广化继续细分为产品广化和地理广化，并对相应的贸易数据进行了整理和对比。经过对比发现在无论是最终资本品的出口还是零部件的进口，中国对外贸易仍是以贸易深化，即老产品老市场方向上的拓展为主，而贸易广化，尤其是产品广化的规模则非常小，但是零部件进口广化的比例也大于最终资本品出口的广化程度，这是中国更近一步融入全球生产网络的生动体现，也是中国对外贸易获得较少贸易利益的原因所在。

第四，中国制造业充分利用生产网络内部资源、优化进出口贸易结构的路径：通过降低贸易壁垒，积极试行自贸区战略，鼓励企业提高自身的进口贸易地位；通过建立健全创新体制，促进企业技术吸收能力的增强；制定适当的产业政策，引导中间品进口种类和方向的调整，从而在宏观上促进中间品进口对最终资本品出口，尤其是出口扩展边际的积极作用。对于企业自身而言，也应该积极主动地融入全球生产网络，不断培育并完善自身的价值链，提升在国际市场上的竞争力。

作　者
2014 年 12 月

第1章 导论 ···································· 1

  1.1 问题的提出 ·································· 1

  1.2 研究对象的界定 ···························· 5

  1.3 研究思路与结构框架 ························ 8

  1.4 研究方法与创新之处 ······················· 11

第2章 生产网络框架下中间品贸易的发展及影响因素 ······· 13

  2.1 生产网络框架下中间品贸易的发展现状 ········· 13

  2.2 中间品贸易增长因素分析 ··················· 24

  2.3 小结与启示 ······························ 29

第3章 文献综述 ································· 30

  3.1 生产分割与中间品贸易 ····················· 30

  3.2 中间品进口与出口选择 ····················· 38

  3.3 有关出口二元边际的文献综述 ··············· 44

  3.4 小结与启示 ······························ 52

**第4章 中间品进口对最终品出口二元边际的
影响机制研究** ···························· 54

  4.1 模型基本假设 ···························· 54

  4.2 中间品进口对生产率的影响机制分析 ·········· 56

  4.3 中间品进口对出口选择的影响机制分析 ········ 63

  4.4 中间品进口对最终品出口二元边际的影响机制分析 ······· 73

  4.5 中间品进口的贸易效果 ····················· 80

　　4.6　小结与启示 ⋯⋯⋯⋯⋯⋯⋯⋯⋯⋯⋯⋯⋯⋯⋯⋯⋯ 84

第5章　中间品进口对出口选择影响机制的实证分析 ⋯⋯⋯ 86

　　5.1　计量模型的推导 ⋯⋯⋯⋯⋯⋯⋯⋯⋯⋯⋯⋯⋯⋯⋯ 86

　　5.2　中间品进口对最终品出口的影响——基于整体
　　　　　最终品出口的考虑 ⋯⋯⋯⋯⋯⋯⋯⋯⋯⋯⋯⋯⋯ 91

　　5.3　中间品进口对最终品出口的影响机制——全要
　　　　　素生产率的作用分析 ⋯⋯⋯⋯⋯⋯⋯⋯⋯⋯⋯⋯ 97

　　5.4　中间品进口对最终品出口的影响机制——基于
　　　　　中国制造业行业差异的分析 ⋯⋯⋯⋯⋯⋯⋯⋯ 106

　　5.5　小结与启示 ⋯⋯⋯⋯⋯⋯⋯⋯⋯⋯⋯⋯⋯⋯⋯⋯ 121

第6章　中间品进口影响出口二元边际的实证分析 ⋯⋯⋯ 123

　　6.1　贸易二元边际的测度方法及评价 ⋯⋯⋯⋯⋯⋯ 124

　　6.2　贸易二元边际的数据来源及处理方法 ⋯⋯⋯⋯ 130

　　6.3　中国制造业贸易结构二元边际的特征分析 ⋯⋯ 135

　　6.4　中国制造业贸易二元边际的计量分析 ⋯⋯⋯⋯ 147

　　6.5　小结与启示 ⋯⋯⋯⋯⋯⋯⋯⋯⋯⋯⋯⋯⋯⋯⋯⋯ 154

第7章　结论与政策建议 ⋯⋯⋯⋯⋯⋯⋯⋯⋯⋯⋯⋯⋯⋯ 156

　　7.1　研究结论 ⋯⋯⋯⋯⋯⋯⋯⋯⋯⋯⋯⋯⋯⋯⋯⋯⋯ 156

　　7.2　政策建议 ⋯⋯⋯⋯⋯⋯⋯⋯⋯⋯⋯⋯⋯⋯⋯⋯⋯ 160

　　7.3　本书的研究不足及进一步发展的方向 ⋯⋯⋯⋯ 165

附录 ⋯⋯⋯⋯⋯⋯⋯⋯⋯⋯⋯⋯⋯⋯⋯⋯⋯⋯⋯⋯⋯⋯ 167

参考文献 ⋯⋯⋯⋯⋯⋯⋯⋯⋯⋯⋯⋯⋯⋯⋯⋯⋯⋯⋯⋯ 187

第1章

导　　论

1.1　问题的提出

自 20 世纪末开始，随着经济全球化的发展，各国的劳动力、资本、技术等要素加速了在国家之间的流动，激烈的市场竞争迫使跨国公司重新思考资源在全球范围内的合理配置，尽可能地降低生产和交易成本。在此背景下，国际分工体系发生了巨大的变化并呈现如下现象：以往在同一国家（地区）完成的最终产品的生产，现在已被分解，其不同的工序、区段、零部件被分割到不同国家和地区来进行，从而形成了由不同国家和地区的厂商共同参与的国际分割生产（International Fragmentation Production）。众多我们熟识的产品的生产国已经模糊不清。电子信息领域的领先企业——苹果公司将成品中需要的零部件生产配置在多个制造业水平较高的国家，而加工组装环节被放置在劳动力成本较低的中国等发展中国家，自身只保留"Designed in California"的技术控制权，根据苹果公司 2010 年年报披露的情况，苹果公司所有产品及其零部件均由第三方企业制造，产品运输和后勤管理也采用外购方式。公司最终产品组装目前分布在美国加利福尼亚州、得克萨斯州和中国、捷克、韩国。关键部件制造和供应分布在美国、中国、德国、爱尔兰、以色列、日本、韩国、马来西亚、荷兰、菲律宾、中国台湾、泰国和新加坡，其中苹果计算机、iPhones、iPads 和 iPods 装配在中国完成（AppleInc，2010）。可见，苹果公司产品制造企业位于美国以外，分布在亚洲、欧洲等地区。在交通运输领域，航空业巨头—美国波音公司也在 20 个世纪 70 年代，迫于成本和市场的压力，开始将一些零部件的生产转到国外，零部件进口的比重逐渐提高，其主要部件的供应商集中在澳大利亚、日本、意大利和加拿大，中国也成为波音公司重要的零部件供应基地（见表1.1），这种情况从侧面说明了由于生产分割程度的加深促使中间品贸易的种类和规模也在不断增加。

表1.1　　　　　　　　　　中国对波音飞机的供货

中国企业	供货内容	飞机型号
波海航空复合材料有限责任公司	复合材料面板及零部件、舱门衬托、机翼后缘、尾翼材料、骨形刹车擎、驾驶舱内墙板	波音737、747、767、777
成都飞机工业（集团）公司	前舱门、机翼上方出口门、副翼、扰流板、方向舵组件	波音737、747、787
哈飞集团公司	翼身整流罩面板	波音787
上海飞机制造有限公司	新一代水平安定面	波音737
沈阳飞机工业（集团）有限公司	机身尾部	波音737
西安飞机工业（集团）有限公司	内侧襟翼、机翼承力构建	波音737、747

资料来源：Adapted from Philip Butterworth – Hayes. China's Short March to Aerospace Autonomy. Aerospace America. February 2010.

学者们使用不同的术语来描述这一现象，如产品内分工（Arndt，1997、卢锋，2004）、外包（Grossman and Helpman，2005）、垂直专业化（Hummels et al.，2001）、分割生产（Jones and Kierzkowski，1990）、全球生产共享（Feenstra and Hanson，2001）、全球生产网络（Ernst and Kim，2002），等等。术语的多样化反映了学者们尚未形成统一认识，但有一点却是有目共睹的，即在生产分割不断深化的背景下，全球中间品贸易种类和规模迅速扩大，从 1995 年的 27234.97 亿美元增加到 2011 年的 92325.98 亿美元，占到全球贸易总额的 50% ~ 60%，可贸易的中间品种类也由 2946 种扩大到 3102 种①，而且中间品贸易规模的激增还活跃了最终品贸易，并且提高了最终品贸易的竞争力。坎帕和戈德伯格（Campa &

---

① 这里的产品种类是依据 CEPII 数据库的海关协调编码分类中的六分位产品数据计算的。

Goldberg，1995）研究表明，加拿大、英国、美国的中间品贸易①分别从1974 年的 15.9%、13.4%、4.1% 增长到 1993 年的 20.2%、21.6% 和8.2%。可见，中间品贸易的显著增长，对一国的生产和贸易模式、国际竞争力和国际分工地位都会产生重要的影响，从而促使一国调整其贸易政策乃至发展战略。因此，国内外学者投入大量的精力对生产分割的原因、影响因素和福利等方面进行研究，其中基于产品内国际分工的中间品贸易成为重要的研究对象。然而，综观现有文献，多数是从发达国家进行对外直接投资和对外发包的角度对中间品输出进行的研究，对于发展中国家，特别是中国进口中间产品的研究甚少。

　　改革开放以来，随着世界经济一体化进程的加快和中国改革开放的不断深入，中国积极参与国际分工、进口中间品的规模和种类迅猛增长，目前已经成为世界上主要的中间品贸易国，而且主要是以中间品的进口贸易为主，进口产品类别以初级产品为主，但是零部件进口的增速迅猛，而且对于整个实体经济的建设起到了重要的推动作用。中国之所以形成对于进口中间品的依赖，除国内技术水平较为落后之外，跨国公司的内部贸易的发展所起的作用也十分明显，中国在跨国公司主导的国际分工体系中大量从事制造、加工的低端环节操作，然后再将产品销往国外，众多中国企业在这一过程中主动或被动地参与到产品的生产过程中来，将中间品贸易演化成贸易企业获得国际市场参与机会的主要方式，这正是中国在改革开放初期大力发展加工贸易的必然结果。然而，随着中国的经济实力和制造能力逐渐增强，简单粗放的加工贸易方式已经不能满足中国发展的需要，但中国中间品贸易规模，尤其是进口规模却依然增速不减，这说明在新的形势下，更多的中国企业对于全球生产网络的态度，从被动融入变为主动参与，因此中国中间品进口的内涵和原因也在发生变化，对于最终品出口的影响也会有所不同，这需要从理论和实证的角度给出新的解释，才能充分了解中间品进口的必要性、方向性和适用性，为贸易政策的制定提供依据。

　　当前对于中间品贸易的理论解释，大多基于传统的分工和贸易理论，如产业间和产业内分工等，随着生产分割的深化，越来越多的研究开始基于产品内分工和贸易理论，将国际分工研究的基本对象或层面，从产业推进到产品，继而又扩展到工序，推广了比较优势理论的适用

---

① 这里的中间品贸易计量方法是指进口中间投入品占全部中间投入品的比例。

性，但也仅仅是从要素禀赋的角度解释了跨国公司的区位选择，鲜有研究着眼于企业这一微观经济行为的主体，因为无论是进口还是出口，都是需要企业根据自身研发、生产和销售的需要来进行选择的，这是企业对于成本、技术和收益综合考虑的结果，并非成本低就一定是最优选择，所以本书将在对现有文献进行借鉴的基础上，对于理论模型进行开拓性的尝试，试图利用异质性企业的研究视角来重新解释，对于中国这样的发展中国家而言，企业在生产的过程中采用进口的中间品作为投入，将会如何影响企业的生产和出口决策，彻底打开中间品进口作用于最终品出口的"黑箱"。

此外，中国出口的增长方式也关系着中国对外贸易发展的质量，这也是本书想要弄清的一个重点问题。根据赫梅尔和克列诺（Hummels & Klenow，2005）的研究，一国出口总量增长的源泉可能是因为出口的广化（the extensive margin of export），即出口了更多的产品种类，还可能是因为出口的深化（the intensive margin of export），即出口了已有产品的更多数量[①]。在出口增长方式的研究上，已有一些研究取得了突破性的进展，如钱学锋（2010）通过分解中国总体的出口数据，认为中国的出口扩张主要源于出口深化方向上的增长，施炳展和李坤望（2009）的研究表明，中国对美国的双边出口增长也有70%可以归结为出口集约边际的增长。对于中国目前的外贸发展状况而言，单纯依赖既有出口产品在数量上的增长显然不符合中国贸易大国的地位，因为这样做容易受到外部经济变动的影响，这一点通过考察经济危机之后，外需的迅速萎缩对中国对外贸易的影响就可以得到印证。同时还有出口数量的一味地扩张还可能导致中国贸易条件恶化从而出现贫困化增长的现象，所以亟须扭转出口增长方式，向多元化的出口格局转变。但从现有文献看，大多数文章还是从贸易成本角度来探讨出口增长方式的转型问题，鲜有把国际生产分割与中国出口，尤其是最终品的出口增长结合起来研究的，也就是没有从根本上回答中国出口二元边际发展不平衡的原因。实际上正是生产分割施予的潜移默化的影响才使得中国出口的产品结构和地缘结构逐渐多样化，这其中中间品进口的作用异常显著，因为中间品的引入带动了企业内部生产和出口决策的改变，才能促使企业出口数量、种类和出口

---

① 出口的不同增长方式也被称为是扩展边际和集约边际，二元边际有三种不同的表述方法，将在后文详述。

企业数在短期内向着更优的方向变动。因此，深入考察中间品进口对中国出口，尤其是最终品出口二元边际的影响，对中国进一步参与全球生产网络的选择具有深刻的政策含义。

由于制造业是中国进口中间品，尤其是进口零部件最多的部门，是参与全球生产网络的主体，所以本书选取中国的制造业为研究对象，分析中间品进口与最终品出口结构之间的关系，重点揭示中间品进口的影响机制，探求企业如何通过进口中间品快速高效地提升出口贸易地位。对这一问题的研究将会为中国参与全球生产网络促进制造业出口的发展提供一定的理论支持和政策含义。

1.2　研究对象的界定

1.2.1　中间品贸易的界定范畴

在国际分工逐渐深化的基础上，产品内分工的细化带动了中间产品贸易的快速增长。在产品的生产过程中，共有四类产品可以作为中间投入品，一是初级产品，即生产加工所使用的原材料，如铁矿石和石油等；二是中间品，也就是半成品（semi - finished products），是最终产品的阶段性产品，在会计上也被称为"在产品"；三是产品生产过程中需要使用到的零部件，这在制造业的生产过程中尤为常见；四是产品生产过程中所涉及的服务，也被称为是生产者服务，例如航运、金融等。从广义上来讲，上述四种产品都属于中间品，但本书是在国际生产网络的框架下，主要研究的是中间品进口在最终品的生产过程中如何影响企业的出口行为选择，即采用进口中间品投入生产并最终出口自己所生产的产品这一现象（见图1.1），因此这里所讨论的中间品范围将主要是半成品和零部件，初级产品作为一种投入也会影响到企业的生产成本，但其对企业出口抉择的影响将是间接的。

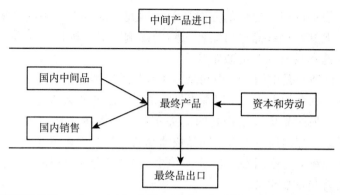

注：本图示取自 Hummels et al. The Nature and Growth of Vertical Specialization in World Trade [J]. Journal of International Economics，2001（54）：75-96。这张图已经明确地描述了本书要研究的经济现象，强调一国或一个企业采用中间品投入进行生产并最终出口自己所生产的产品这样一个过程，它的主要特征是必须用进口的中间品来投入最终品的生产，这符合中国目前在国际分工体系中所扮演的角色，尽管并非任一产品的生产都需要进口来自国外的中间品，但这也是中国尤其是国内制造业生产过程的普遍现象，所以本书的研究前提就是假设这一经济现象在中国的普遍存在。

图1.1　中间品进口与最终品出口关系示意图

1.2.2　中间品贸易的统计方法

国内外学术研究对于中间品的统计方法主要分为两种。第一种方法，耶茨（Yeats，2001）、舒勒（Schuler，1995）、凯勒（Keller，1999）、科尔和雷蒙特（Kol & Rayment，1989）采用一种相当直接的方法来统计中间品贸易，即将名称为零件和部件（parts and components）的产品作为中间品。耶茨（2001）根据国际标准贸易分类法（SITC），将名称为零件和部件的产品进行加总，计算出其在贸易总量中的份额来衡量中间品贸易的发展趋势，结论是零部件进口在各国总进口中占有相当的比重。这种方法最大的好处，就是相当直观，并且选取的产品都是中间品范畴，但采用该方法计算中间品贸易数量，将会发生严重低估现象，因为在实际生活中有很多不叫零部件的产品也是中间品。第二种方法，联合国（United Nations）广义分类法（BEC）。联合国根据产品的最终用途，将贸易数据划分为和国民核算体系（SNA）相对应的资本产品、中间品（半成品和零配件）和消费品（见表1.2）。这种方法最大的好处就是消除了中间品定义上的主观性，是一种比较一致的统计体系，但也存在一定的弊端，如根据这种统计只能从宏观上了解这个国家参与产品内国际分工的情况，缺乏微观角度，另外就是对于中间产品性质的划分只考虑到一般性，而没有考虑到具体性，即某一产品虽然在大部分时候是作为中间产品，但有些时候也可以作为消费品，如发动机等。

表 1.2　　　　　　　　　　**联合国 BEC 分类介绍**

SNA	BEC 分类代码	BEC 分类描述
最终资本品	41	资本货物（运输设备除外）
	521	运输设备，工业
最终消费品	112	食品和饮料，初级，主要用于家庭消费
	122	食品和饮料，加工，主要用于家庭消费
	522	运输设备，非工业
	61	未归类的消费品，耐用品
	62	未归类的消费品，半耐用品
	63	未归类的消费品，非耐用品
中间品 零部件	42	资本货物（运输设备除外）零配件
	53	运输设备零配件
	111	食品和饮料，初级，主要用于工业
	121	食品和饮料，加工，主要用于工业
初级产品	21	未归类的工业用品，初级
	22	未归类的工业用品，加工
	32	燃料和润滑剂

　　考虑到数据来源的可得性，以及本书的研究对象和研究目的，本书对中间产品贸易的计量主要将建立在联合国 BEC 分类方法的基础，同时进行一定修正。2002 年联合国新颁布的 BEC 分类方法，将贸易商品根据最终用途分为资本品、中间品和消费品，并和海关的协调编码（HS）相对应，其中中间品包括 111、121、21、22、31、32、42 和 53 类产品。为了体现数据的微观基础，本书根据 Comtrade 对于数据的不同分类标准，以 2002 年的 HS 为基础，构建 BEC 与 HS 六分位产品、HS 六分位产品与国民行业分类标准（GB–2002）的对应关系，即通过对于不同行业大类产品种类、贸易额的加总，对中间品的影响进行评估[①]。

---

① HS6 和 BEC 的对应关系来源于联合国统计数据库。

1.3　研究思路与结构框架

1.3.1　研究思路

本书以中间品进口为研究对象，基于新新贸易理论构建模型，揭示中间品进口促进最终品出口的影响机制，强调全要素生产率所起到的传导作用，并以中国制造业的贸易现状为基础进行经验分析，为对外贸易增长方式的转型升级提供理论和现实依据。

第一，对现实的贸易数据进行计算和分析，探求全球和中国范围内中间品进口和最终品出口之间的关系，这是确定中国参与全球生产网络程度和地位的简单方法，重点是要结合中国的行业分类标准，针对不同行业来解释中间品进口的特征和作用。第二，将中间品进口引入企业异质性理论，以中间品的进口贸易地位作为影响企业出口决策的异质性特征，在此基础上解释这种影响的作用机制，即中间品进口通过不同渠道影响企业的全要素生产率，代表企业国际竞争力的全要素生产率变化又会改进企业的出口选择，接下来，对于一个国家或一个行业而言，贸易企业的数量和单个企业的贸易额又会在一定程度上决定一国的对外贸易增长方式，因此中间品进口的影响既是微观的又是宏观的。第三，应用我国制造业的相关贸易数据对模型进行计量检验：首先对于中间品进口与全要素生产率两变量之间的关系进行实证，验证前者对后者的促进作用，第二步，检验在中间品进口对于最终品出口的促进过程中，全要素生产率是否起到传导作用。最后，结合上文的理论模型和计量结果对于中国进口中间品的作用和必要性进行评价，并对于中间品进口作用的行业差别进行分析，探讨差异存在的原因，基于这样的分析结果提出我国促进中间品进口的政策导向和行业方向。

1.3.2　结构安排

根据以上的研究思路，本书将分为 7 章，其中第 4 章是本书的理论主体，第 5 章和第 6 章是基于理论推导对中国制造业进行的实证检验，作为本书的实证主体，各章之间存在着紧密的逻辑关系（见图1.2）。

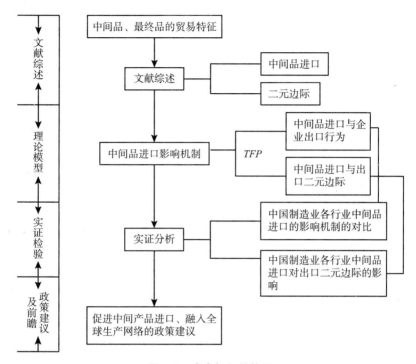

图1.2 本书框架结构图

资料来源：作者自己编制。

第1章，导论。主要阐述写作本书的研究背景；介绍与本书题目相关的一些概念；叙述本书的研究方法；阐明本书主要观点和本书的结构安排；对本书的创新点和研究难点进行必要的说明。

第2章，中间品贸易的发展。主要对中间产品的发展现状和快速发展的原因进行分析。文章首先利用联合国Comtrade数据库的数据考查了生产网络框架下中间品贸易的总体发展情况，然后又挑选其中主要的国家和地区对国别的中间品贸易的发展情况进行描述，以体现各国在生产网络中所处的地位。在此基础上，本章还从生产分割、跨国公司的扩张以及主要国家贸易政策促进等方面对于中间品贸易增长的因素进行阐述。

第3章，文献综述。本书从中间品进口与出口选择、出口二元边际两个内容上，基于理论研究和实证研究两个角度梳理中间品进口对贸易发展的作用。现有的研究主要是新新贸易理论的角度出口，从微观层面上去解释中间产品对生产率、生产率对出口的促进作用，同时对出口二元边际的研究也比较深入，提出了出口的集约和扩张的二元边际来解释出口增长的影响因素和效果。

第4章，中间品贸易对不同出口增长方式的影响机制研究。本章是本书的核心部分。首先，将中间品进口对出口选择影响的作用机制进行模型化，从理论的角度建立二者之间的联系。在理论模型的设立上，本书基于梅利兹（Melitz，2003）和笠原和伯沃利（Kasahara & Beverly，2013）的研究成果，构建了中间品进口——生产率——最终品出口的传导机制，重点分析了作为纽带的生产率是如何受中间品贸易的影响以及如何决定最终产品出口行为的，并对中间品进口促进生产率提高的渠道进行细致分析。本书在模型中加入对于进口来源地的设定，以考察中间产品中包含的技术和进口的多样性对于生产率和出口的影响。同时，模型还考察了国际生产网络的形成及日益深化对于企业出口选择的影响。其次，基于喀纳斯（Kancs，2007）的研究，将一国的出口拆分为集约边际（已出口种类出口数目的增加）和扩展边际（出口种类的增加），将中间品的进口纳入二元边际的决定中，通过理论模型推导得出中间品进口来源地和种类、企业对于中间品进口的依赖程度以及生产网络的深化对于二元边际的影响，从而将中间品进口对于出口的影响延伸到了结构的层面。最后，还对中间品进口引起的资源优化配置、产品的多样化和技术进步等福利因素进行了分析。

第5章，中间品进口对出口选择影响机制的计量分析。基于第4章的研究基础，本章将就中间产品进口对企业出口的影响进行计量分析。首先，基于一般均衡的模型，建立起中间品投入与出口的相关关系，并由此推导出计量模型，用以检验中间品进口是否会显著地促进一国的出口。在样本上，主要研究了与中国分工和贸易关系紧密的33个国家，用于描述在国际生产网络的框架下，中间品进口对出口的影响。在数据上，本书选择来自CEPII数据库的HS6数据，与Comtrade数据库中的BEC分类相对应，将中间品区分为初级产品和零部件，分别考察其对最终资本品和最终消费品的影响程度。进一步地，本章将中间品进口和最终品出口的贸易数据细分到国民经济的7个制造业行业层面，用于考察中间品影响机制的存在和行业差别。

第6章，中间品进口影响出口二元边际的计量分析。本章仍然基于前文的研究成果和细分的行业贸易数据，首先对中国与样本中的33个国家的最终品出口的二元边际进行统计性描述，发现与多数国家的最终品出口还是以集约边际为主。然后，根据前文的理论研究推导出用于分析集约边际和扩展边际影响因素的计量模型，分析不同行业中间品进口的集中度和种类多样化对于最终品出口二元边际的影响。

第 7 章，结论与扩展。在理论和实证分析的基础上，结合我国的国情和在国际生产网络中所处的地位，分析中国在中间品进口的过程中遇到的问题及对出口的影响，针对问题给出相应的政策建议，并提出在理论上的欠缺和未来的发展方向。

1.4 研究方法与创新之处

1.4.1 研究方法

本书试图从微观产品层面来分析中间品进口对于最终品出口的影响机制，更重要的是对于出口二元边际的作用。因此，本书采用理论推导和经验分析的方法从不同的范畴进行了多层次的分析，分析过程中采用的主要研究方法包括下面几个方面：

第一，国际经济理论研究方法。综合运用新新贸易理论框架和一般均衡分析方法，借鉴笠原和拉帕姆（Kasahara & Lapham，2013）和喀纳斯（Kancs，2007）的理论基础，运用 D - S 分析框架构建多国、单要素、两部门的跨国生产垂直关联的比较静态模型，分析中间品进口对于最终品出口不同增长方式的影响机制，突出全要素生产率的传导作用，并从中分析影响中间品进口促进作用发挥的因素。

第二，计量经济学分析方法。基于联合国贸易数据和中国工业行业分类的对接，针对不同的工业行业分类，依赖改进的引力模型方法对于各制造业行业的国别面板数据进行计量分析，为避免中间品进口和最终品出口贸易数据的内生性给计量结果带来的误差，在部分样本范畴上选择两阶段最小二乘法（2sls）来对模型进行估计。

第三，指标分析方法。本书利用 AP 方法从时间序列上分析了中国加入世界贸易组织以来零部件进口和最终资本品出口的结构特征，并区分行业、地区进行了相似的分析，充分证实了理论推导的经济学含义，反映出我国最终资本品的出口扩张仍以集约边际为主，中间品进口的扩展边际现象更为明显，侧面证明了进口多样化对于中国制造业生产和出口的带动作用。

1.4.2 创新之处

本书在理论模型的创新方面进行了深入的探索，利用新新贸易理论的研究框架将中间品进口纳入企业出口选择模型之中，即通过投入产出关联因素的内生化将中间品进口引入模型，分析中间品进口对于企业出口选择所产生的影响，与现有文献相比，本书更加强调了中间品进口的影响机制，综合考虑中间品进口对于全要素生产率的作用与企业异质性对于出口行为的影响，揭示中间品进口的影响机制，从理论上推导全要素生产率起到的传导作用；而且对于影响该机制发挥作用因素进行了扩展，如不仅考虑了中间品进口的规模，更考虑了中间品进口的种类和来源。更进一步地，本书将出口行为选择扩展到宏观层面，考察中间品进口是如何通过作用于全要素生产率来影响最终品出口二元边际的，这也是本书重要的理论创新，延伸了影响机制的完整性。这样做的目的在于用微观经济理论解释宏观经济现象，既符合当前国际经济分工的要求，又为发展中国家从全球生产网络中寻找发展的机会提供理论依据。

本书在计量模型中的创新主要体现在分析层次的深入和对于产品数据的处理上，在现有的研究成果中，无论考察中间品进口的影响还是二元边际的情况都是基于一国出口的整体数据，但是在瞬息万变的国际经济环境中，任一国家都不可能在所有的行业中都具有出口的优势，因此区分行业来分析出口的增长模式显得十分必要，本书基于细分的贸易数据，从七大制造业行业层面来分析中间品进口的影响机制，有利于揭示行业差异，为中国的产业升级转型政策的制定提供依据。另外，在二元边际的分析方面，本书通过数据库技术计算了区分中间品进口和最终资本品出口的广化和深化，为中国制造业行业中间品进口的方向和战略提供了经验参考。

第 2 章

生产网络框架下中间品
贸易的发展及影响因素

在国际生产分工日益深化的背景下，中间产品贸易迅猛发展，零部件、半成品和初级产品的进口对于一国出口贸易格局的调整起到了重要的作用。从全球范围看，世界中间产品的进口额在 17 年间增长多倍，从 1995 年的 26158.76 亿美元上涨到 2011 年 92325.98 亿美元，尤其进入 21 世纪以来，更保持了最高 30% 的年增长率。中间品贸易是一个贸易现象，更是一个生产现象，它通过生产分割把具有生产关系的企业联系在一起形成了一个全球生产网络，所以我们有必要来分析一下在这种网络的框架下，中间品贸易的特点及其内部的产品和地区结构。

2.1 生产网络框架下中间品贸易的发展现状

本书整理了 CEPII 中 BACI 数据库中的 HS6 数据，把它们与 Comtrade 数据库中的 BEC 数据分类相结合，得到按经济大类分类的不同产品及其对应的贸易额，这样既弥补了 BEC 分析缺乏微观基础的不足，又能从商品结构的角度予以分析。

2.1.1 全球中间品贸易的发展现状

从 1995～2011 年，中间品在全球范围内的贸易规模迅速扩大，并促进了最终产品贸易的扩张。虽然在全球贸易占比中，中间品的比重增长不明显，始终处于 50%～60% 之间，但是中间品贸易总额却增长明显，如图 2.1 所示。全球中间品贸易体现了两个特点：第一，中间品贸易的波动性较最终品更强，这说明它更容易受到经济冲击的影响，贸易额在2001年缓慢的经济衰退和2008年震荡的经济危机中都出现相应的下降；第二，中间品贸易对最终品贸易有明显的带动作用，作为生产环节的中间品在不同国家的流转必然会创造出更多的产品来满足消费者需求，而且随着运输、通信等生产者服务的发展也降低了中间品的贸易壁垒，加速了中间品的流转。同时17年间，中间品可贸易的种类由340种增加到376种，增长了近11%，也大于最终品可贸易种类5%的比率，可以看出中间品的贸易不仅是单个产品种类贸易额的提升，同时也取决于贸易种类的增加。

从产品结构来看，最终品包括最终资本品和最终消费品，二者贸易规模相当，但最终消费品贸易额的增速较快，从1995年的6769.98亿美元上涨到2011年的24942.61亿美元，上涨了2.7倍，而同期最终消费品的贸易规模仅增长了1.9倍。根据图2.2所示，最终资本品和最终消费品保持了相近的增长态势，但是前者的波动性略强，而且这种波动与零部件贸易的增长情况较为贴近，在第三次技术革命的初期，零部件贸易规模的增加推动了最终资本品贸易额的显著上升，而2008年经济危机后，零部件贸易规模的下降又大幅拉低了最终资本品的贸易额，直到2010年才反弹，所以不难推断，全球贸易是由制造业的发展推动的，作为制成品的上游投入，零部件贸易起到了重要的作用。因此，我们有必要着重分析一下全球主要国家零部件贸易的状况，从中了解有关国家分工格局的若干变化。

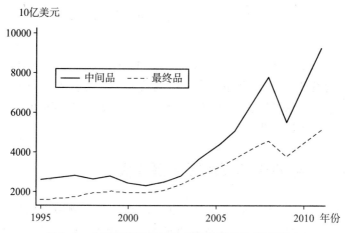

图2.1 中间品贸易与最终品贸易的整体发展状况

资料来源：根据CEPII中的BACI数据库计算所得。

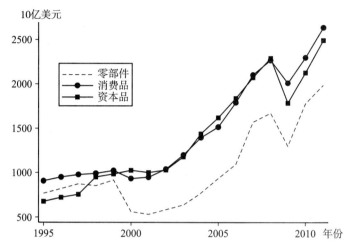

图 2.2　零部件、最终消费品和最终资本品的贸易现状
资料来源：根据 CEPII 中的 BACI 数据库计算所得。

2.1.2　生产网络框架下主要国家零部件贸易发展现状

　　零部件贸易主要体现了不同生产率的国家在制成品生产上的关联，往往中间品贸易比较活跃的国家在国际生产网络中会起到重要的作用，它们进口不同种类的零部件服务最终品的生产，决定了最终品市场上的份额和定价。随着国际生产格局的转变，零部件的主要进口国家也发生了转移，由 20 世纪 90 年代中期的美德等工业化国家转移到了目前以中国为中心的东亚地区，表 2.1 - a 和表 2.1 - b 清楚地展现了这种变化。在 1995 年，中间品贸易尤其是进口比较分散，全球技术含量最高的零部件产品进口主要被发达国家垄断，美国成为世界上进口零部件最多的国家，进口来源地主要为欧盟和日本，德国和法国的中间品进口规模仅次于美国，它们的中间品进口主要有来源于欧盟内部国家，且互为最主要的中间品贸易伙伴，发达国家之间的零部件贸易体现了一种横向的产品内分工，多是为了扩大最终产品的异质性，满足当地市场多样化的需求，而且当时盛行的区域贸易协定也降低了这些国家的贸易壁垒，促进了中间品贸易的发展。来自东亚地区的日本也是零部件进口的主要国家，它的零部件主要来源为生产技术更为先进的美国，与此同时，还将

表 2.1 – a   1995 年主要国家的进口来源地   单位：百万美元

	EU – 15	ASEAN	德国	日本	韩国	美国
中国	3528	810	951	5187	712	1782
泰国	3215	1141	694	6219	897	1904
马来西亚	2570	5512	750	7911	2203	5381
新加坡	3663	9525	1179	70	67	39
越南	161	251	29	6847	415	1559
印度尼西亚	1859	2968	405	3702	308	736
法国	23596	1114	10131	2252	429	429
意大利	15260	360	6407	948	175	1709
德国	30637	2150		5233	637	7076
日本	1468	542	1381		1677	9343
韩国	4195	4209	1525	7974		4596
美国	25333	9530	8432	35069	3881	

资料来源：根据 CEPII 中的 BACI 数据库计算所得。

表 2.1 – b   2011 年主要国家的进口来源地   单位：百万美元

	EU – 15	ASEAN	德国	日本	韩国	美国
中国	39239	35124	24122	55617	39061	10603
泰国	2758	4490	1288	12918	1586	980
马来西亚	5144	7262	2881	4772	2443	3928
新加坡	4858	11351	2088	3219	931	1047
越南	816	931	310	744	939	42
印度尼西亚	1901	5271	723	5958	943	679
法国	47694	1622	24267	2900	631	4026
意大利	29698	622	14762	1347	520	1881
德国	69568	8396		11865	3784	7404
日本	7454	10581	3332		7356	4776
韩国	7782	9304	4102	13690		6840
美国	35574	8616	12791	17977	9313	

资料来源：根据 CEPII 中的 BACI 数据库计算所得。

大量的零部件出口到韩国、中国台湾和东南亚的新兴工业化国家和地区，这是与它的边际产业扩张政策相吻合的，是由其外向型的贸易政策所决定，体现了一种纵向的产品内分工，在学习和创新的同时，通过跨国公司的带动，转移需要大量投入劳动力和土地的生产环节，既保持了日本在东亚区域内制造业生产中的核心地位，同时又降低了生产成本，因为它们生产的最终目的地还是本土和欧美等发达国家。这一时期，随着第三次技术浪潮的逼近和外向型贸易政策的促进，韩国、马来西亚和泰国等新兴经济体开始利用自身廉价的劳动力优势承接来自发达国家的技术转移，通过直接投资进行的技术转移必然会带来中间产品尤其是零部件的大量流入，许多新兴经济体都进入了由日本经营的"雁阵模式"，因此这些国家的零部件绝大部分都是来自日本，经过加工组装最终出口欧美。新加坡由于其特殊的转口地位，大量进口来自欧盟的零部件，在东南亚地区内进行贸易。此时，中国也开始在国际分工中展现自己的重要作用，零部件进口增加但尚不及亚洲四小龙和一些新兴经济体的接纳能力，主要来自日本和欧盟，开始了一些初级的加工贸易，但产业集聚的作用还没有显著发挥。

2011 年，经过经济危机的冲击，多数发达国家的生产能力和市场份额受损，国际分工格局出现了显著的变化。中国作为世界上的第二大经济体，以压倒性的优势成为零部件进口最多的国家，此时全球零部件进口的目的地较为集中，除去中国外，德国和美国也是主要的进口国，但在规模上与中国相差甚远。从进口的角度上，中国的零部件进口主要来自日韩和欧盟、东盟地区。由于地域相近和中国的资源优势，大多数日韩的跨国公司都选择在中国投资建厂并附带出口中间品，或者以东盟的部分新兴经济体为管道间接将一些经过初级加工的工业部件出口到中国进行生产，这样做既是延续了边际产业的转移，同时也是看中越来越庞大的中国市场，可以说这是成本和市场共同吸引产生的结果。而在欧盟的国家中，由于经济危机的影响，最终品市场份额降低，大部分国家纷纷收缩了产品的生产线，这反映出欧洲制造业的缓慢衰退，但在中国从欧盟进口的零部件产品中，来自德国的产品就占据了近三分之二，因此加强与德国的分工协作将有益于中国提高技术的创新水平。从出口的角度上，欧盟的部分零部件是出口到了中国，但占比不到20%，大部分的贸易还局限为欧盟区域的内部贸易，因为欧盟内部有统一的货币和经济政策，所以在贸易的过程中成本较低利于开展；东盟也是零部件的主要供给地，销往中国的产品也占到了三成以上，其余也多为区域内部的贸易，因为东盟国家的研发和创新能力有限，所以出口中多以出口加工过的部件为主，也是生产网络中的中间环节；日韩作为两个独立的经济体，依然是出口零部件最多的两个国家，目的地也主要为中国和东盟地区，这和国家的产业政策相关，也是出于贸易和投资的成本考虑。由此不难看出，经过第三次科技革命的推动和经济危机的巨幅震荡，全球的分工格局出现了显著性的变化，中国的加工组装地位更加突出，美国、德国和日本在技术上的优势依旧明显且更为集中。

图 2.3 再次印证了近 20 年来国际分工格局的深刻变化。从 1995 年到 2011 年，中国在全球零部件进口中所占的地位明显提高，从 2.36% 上涨到 12.81%，增长了近 4.5 倍，成为全球主要经济体中零部件进口增长最快的国家，除此之外，仅有德国、韩国和印度尼西亚占比有小幅增长，美国、瑞典和新加坡等发达国家和新兴经济体的占比均有不同程度的下降。所以无论是从进口总额还是从增长速度都可以看出，中国目前在零部件进口中的地位非常重要，这意味着中国掌握了众多最终品的生产过程，在国际生产网络中的中心地位得到巩固。尽管中国在制造业产品的生产上起到了重要的作用，但是在时间进展上不难发现，中国超越美国、德国等老牌工业化国家，成为世界上进口零部件甚至中间品最多的国家却是近一两年的事情。因为经济危机的影响，一些发达国家在市场和财政上遇到危机，而中国由于在此次危机中受影响较小，在制造业上依然保持着迅猛发展的态势。在对零部件的产品结构进行剖析之后，我们发现，中国零部件产品的进口规模虽大，但与先进的工业化国家相比，产品的内涵还是存在较大的差异。根据上文对于零部件的分类进行统计，结果显示，在各主要国家和地区历年的进口中，BEC - 42（资本货物零部件）的进口规模都会大于 BEC - 53（运输设备零部件），在美国和德国的进口中，前者的规模一般为后者的 1 倍到 1.5 倍，但是在 2011 年中国的进口中，这一比例超过了

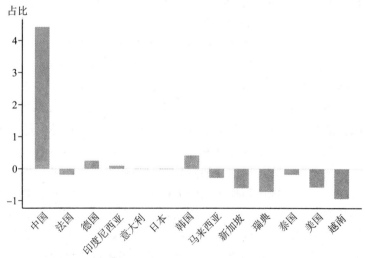

图 2.3　1995 ~ 2011 年主要国家零部件进口占比变化

资料来源：根据 CEPII 中的 BACI 数据库计算所得。

5倍。这种现象反映出两个问题：首先，在中国的零部件进口中，技术含量较低的资本品零部件，例如电动工具等居多，而技术含量较高的运输设备零部件，如汽车发动机等进口规模相对较少，少于美国和德国，这说明中国仍然是在全球生产网络中发挥其加工组装的作用，能够从加工贸易中获得的核心技术还比较有限，长远地看不利于中国在生产分割中提高技术水平、提升分工地位；其次，经济危机的爆发沉重打击了发达国家的制造业生产，而中国正是在经济危机之后成为了零部件进口最多的国家，可见中国应该牢牢抓住全球经济复苏的契机，调整贸易结构，在贸易品质和数量上提升自身地位。

根据国际生产分割条件下对于中间品的界定，存在着"为出口而进口"的现象，中国作为最大的零部件进口国家，由于多年来积极发展加工贸易，在最终品的出口方面也取得了显著的成就，产品出口多个国家和地区，成为主要的加工组装基地。在中国生产的最终品的出口流向上也出现了一些变化，这种变化更证明了中国在国际生产网络中的作用（见图2.4-a

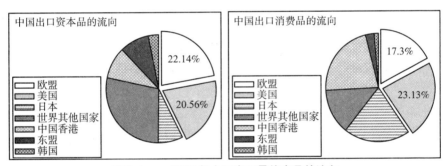

图2.4-a　1995年中国出口最终产品的流向

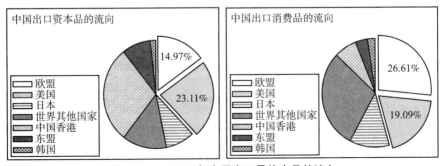

图2.4-b　2011年中国出口最终产品的流向

资料来源：根据CEPII中的BACI数据库计算所得。

和图 2.4 – b)。在 1995 年，中国出口的最终资本品和最终消费品中，均有 40% 左右销往欧美地区，除此之外还分别有 30% 和 21% 的比例销往中国香港，再通过中国香港销往其他地区；2011 年，中国最终资本品和消费品的出口规模分别增长了 26 倍和 4 倍，在流向上增加了对于欧美地区的出口占比，欧盟成为第一大出口市场，同时，中国香港的转口作用降低，更多的产出直接销往目的地。

由此我们不难看出，当今世界市场已经形成了如下明确的贸易格局：中国从日本、德国等技术先进的发达国家进口技术含量较高的核心零件、从东盟中的部分新兴经济体进口经过初步加工的部件，在国内利用廉价的劳动力、政策鼓励和产业集聚的优势来生产最终产品，继而大量出口欧美等发达国家。在这一过程中，跨国公司发挥了重要的作用，它们在全球范围内布局生产链，若干条生产链交织，形成了密集的国际生产网络；与此同时，由于技术的外溢，国内很多独立公司的竞争力正逐渐提高，纷纷成为跨国公司技术研发和生产外包的首选，因此众多的公司加入了国际生产网络中。而该生产网络的核心也由 20 世纪 90 年代初的日本转移到中国，中国主导制成品的加工组装环节，利用自身的比较优势，降低了产品的生产成本，使质优价廉的商品满足了更多生产者和消费者的多样化需求，以中国为中心的全球生产网络也被成为"新三角"贸易格局（见图 2.5）。

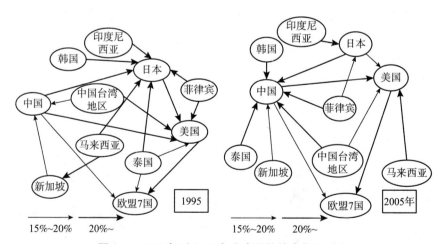

图 2.5 1995 年到 2005 年生产网络的变化和对比

注：2005 年的国际生产网络格局，2011 年基本保持了这样的格局。

资料来源：Yamano, Bo Meng and Fukasaku, "Fragmentation and Changes in the Asian Trade Network", ERIA Policy Brief, No. 2011 – 01, January 2011.

2.1.3　中国中间品贸易的发展现状

作为国际生产网络的中心国家，中国大量进口中间产品的现状也是发展国际生产网络的必然要求，同时中国参与中间产品贸易的情况会对整个国际分工的格局产生重要的影响。接下来，我们将从以下三个方面对于中国的中间产品进口情况做一个全面的了解。

首先，随着国际分工的逐渐深化，中国迅速融入了国际生产网络，因此中间品进口规模也显著提升，从1995年的847.88亿美元上涨到2011年的10495.32亿美元，17年间上涨了11倍多，占中国历年进口总额的60%以上，2011年时这一占比达到了77%。从中间品贸易的产品结构看，进口最多的为初级产品，平均占比为77%，其次是零部件，平均占比为21%，半成品最少为1.6%①，但零部件进口的增速大于初级产品，成为进口潜力最大的中间产品类型。在全世界范围内，中国中间品进口总额在全世界中间品进口总额中的占比从3.24%上涨到11.37%，其中任意一种中间产品进口占比都有显著的增加，以2011年为例，中国零部件进口规模2544.45亿美元，占全球零部件进口的12.81%，初级产品进口规模为7829.12亿美元，占全球零部件进口的11.06%。从中间品进口种类上看，中国进口了世界上超过95%的可以贸易中间品②，其中零部件进口的产品种类增长明显，2011年在可贸易的376种零部件产品中，中国就进口了而其中的363种，可以说中国通过进口制成品的核心零部件，间接地掌握了世界上几乎全部的新技术，这有利于中国通过模仿和学习进行创新，促进国内的产业升级。

其次，长久以来，中国在中间产品的贸易差额上始终处在贸易逆差的不利地位，与最终品的长期大幅顺差形成鲜明的对比（见表2.2）。1995年，中国的中间品贸易逆差为166.69亿美元，2011年逆差规模增大到2958.98亿美元。从逆差的产品结构来看，中间产品的贸易逆差主要来自于初级产品，根据BEC和HS6的产品对应，初级产品主要包括一些工业用的初级工业用品和能源，反映出中国在工业化建设中消耗了大量的资

---

① 根据 Comtrade 中的按产品大类分类方法（BEC），初级产品涉及的产品产品种类要多出约 5~6 倍。

② 根据 Comtrade 中的按产品大类分类方法（BEC）与海关协调编码（HS）6 位产品编码相匹配得到的产品种类数。

源。而且这种初级产品的逆差与外部经济冲击是紧密联系的，2009 年，由于受到经济危机的影响，外部需求萎缩，中国为生产制成品而进口的初级工业产品大幅降低，致使该年中国初级产品逆差有所下降，但随着经济的复苏，需求量反弹，由初级产品主导的中间品贸易逆差又有所回升。这说明中国在发展经济的同时，过于依靠消耗能源的粗放型经济增长方式，同时国内的资源禀赋还存在短板，所以不得不大量进口初级产品，还受到大宗商品价格飙升的影响导致了长期逆差的局面。从逆差的国别结构来看，中国中间品贸易逆差主要来自于日本、韩国、马来西亚、新加坡、泰国、德国和瑞典，其中德国、日本、瑞典和韩国都属于发达的工业化国家，拥有大量的技术优势，主要向中国出口一些高技术含量的核心零件，新马泰是亚洲地区发展较早的新兴工业化国家，它们也与发达国家形成了密切的分工协作关系，是跨国公司布局全球生产网络中的重要一环，它们主要承担了一些初级加工，向中国出口一些部件，发挥重要的产业集聚和上下游的作用。从图 2.6 中，可以看出，中国和日韩两国保持了巨幅的中间品贸易逆差，而且在经济危机后，逆差幅度不降反增，这反映出中国在与主要经济体的中间品贸易中，仍然是在零部件等技术环节具有显著劣势，拉低了中国在对全球零部件贸易中的顺差，说明近年来，中国的工业生产能力虽然有所增强，但与主要发达国家之间仍然存在着巨大的技术差距。

表 2.2	历年中间品逆差变化		单位：百万美元
年份	零部件	半成品	初级产品
1995	− 2942.83	− 2513.53	− 11212.9
2001	430.6448	− 726.207	− 33938.5
2005	18708.31	− 2744.29	− 90225.8
2008	90897.5	− 8070.64	− 181542
2009	79072.45	− 6598.43	− 79536
2010	66004.82	− 7496.97	− 256993
2011	92698.05	− 10348.2	− 378248

资料来源：根据 CEPII 中的 BACI 数据库计算所得。

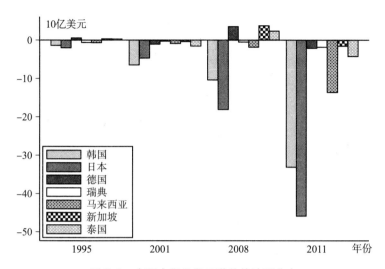

图 2.6　中国中间品贸易逆差的地区分布

资料来源：根据 CEPII 中的 BACI 数据库计算所得。

　　第三，零部件的进口对于中国最终品出口竞争力的提高作用。从 1995 年以来，中国在中间产品进口和最终品出口上都达到了历史峰值，尤其零部件的进口不仅对于最终品出口数量的带动作用明显，而且较大的程度上促进了最终资本品的出口竞争力的提升。根据图 2.7 所示，从 1995 年到 2011 年，中国进口零部件的规模由 181.26 亿美元上涨到 2544.45 亿美元，而此期间中国最终资本品的显性比较优势（RCAcap）也有了显著的提升，而且即使零部件的进口规模由于受到经济冲击的影响出现短暂下滑的同时，最终资本品的竞争力依然保持提升的态势，这反映出随着零件进口的增加，包含在产品内部的先进技术逐渐外溢，国内企业通过学习不断创新，提高了产品在国际市场上的竞争力，有助于维持其市场地位。与此同时，最终消费品的竞争力下降但仍大于临界值 1，这说明由于国内劳动力等成本的提高，资源禀赋的优势逐渐丧失，但与发达国家相比相对优势依然存在，短期内还将具有一定的竞争力。近年来，东盟等国家也学习中国利用廉价的劳动力和土地优势开启工业化的进程，原本落户中国一些低技术的生产环节逐渐被转移，可见，中国要想在对外贸易上保持竞争力并获得质的飞跃，大量进口包含先进技术的零部件是行之有效的方式之一。

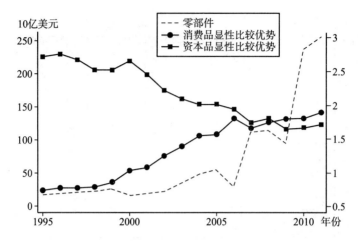

图 2.7　中国零部件进口和最终品出口竞争力的关系

资料来源：根据 CEPII 中的 BACI 数据库计算所得。

2.2　中间品贸易增长因素分析

　　总体来说，中间品贸易增长主要是由三个层面的因素促进的，从第一个层面上来说，中间品的贸易规模的迅速扩大源于不断深化的国际生产分割，以及由此逐渐形成的全球生产网络；第二个层面世界范围内跨国公司的飞速发展，它们将各个国家的生产和国际市场相连，成为生产网络的纽带；第三个层面就是相关国家鼓励出口和投资的外向型贸易政策，推动了各国融入全球生产网络的进程。这三方面原因相互促进，缺一不可，共同作用促成了中间品贸易发展的现状。

2.2.1　生产分割的逐渐深化

　　亚当·斯密早就强调了劳动分工的重要性，并认识到当生产规模逐步扩大后，每一个人都会更加专注于自己的工作，他指出，生产规模的大小将决定专业化分工的程度。该思想对于理解国际的专业化生产也同样有效，也就是说当生产规模较小的时候，产品的整个生产过程通常可以在一国之内完成，但是如果产品的生产规模较大，就可以将其生产链进行分割，则该产品不同的生产环节就可以分别在两个或多个国家进行生产，当然这需要根据不同的生产环节对劳动投入的要求来判断其在全球的生产配置，要比较各个国家的劳动成本和要素禀赋情况，选择适应不同环节、成本最低的国家进行生产。例如，在耐克（Nike）鞋的生产过程中，耐克公司发现它们自身的比较优势存在于设计和营销上，因此就将所有的生产过程移出美国本土。著名的照相机品牌 Leica 的镜头是德国生产的，而它的机身和电子部件是在西班牙、加拿大甚至远东生产的（Jones & Kierzkowski，2001）。可以看出，生产率的不同和要素禀赋的先天差异都可以集中地表现为要素价格的跨国差别，在同一产品内，有的生产环节是劳动密集型的，有的生产环节是资本、技术密集型的，而且即使是先进的信息技术产品，也存在大量的劳动密集型生产环节。利用各个国家投入要素和劳动生产率的差异性而进行的生产分割会使得各个国家内生产的中间品成本大大降低。如图2.8所示，总成本曲线 TC 表示在多个区域进行生产分割的

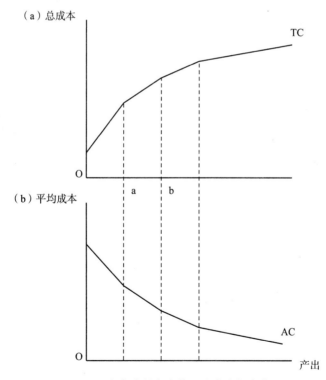

图2.8　生产分割方式的平均成本与产出

资料来源：Jones（1990）.

产品总成本，该成本的特点是在每个区域都拥有一个固定成本和不变的边际成本，随着产量的增加，产品在一个区域或较少的区域内生产的总成本将会越来越高，只有不断增加分割区域，生产总成本才能下降，这就体现在了平均成本上（见图2.8（b）所示），随着产量的不断增加，平均成本有所下降（因为区域内的边际成本不变而固定成本会随产量的增加而下降），每当采取更高程度的分割，总成本和平均成本都会加速下降（表现为 TC 和 AC 线的斜率不断平缓）。

以东亚的生产分割为例，东亚地区既有发达国家如日本，又有新兴工业化国家和地区如亚洲四小龙，还有大量的发展中国家如中国、越南等，这些国家和地区的人均收入水平和要素价格存在明显的差异。因此，东亚的跨国公司可以把产品内各环节要素密集度的差异与各国之间要素价格的差异有效结合起来，合理安排各生产环节的空间布局，最大限度地降低产品的生产成本。目前，东亚地区正在形成一个国际垂直专业化的分工体系和中间产品贸易网络：日本主要从事产品的研发设计和高技术零部件的生产；韩国、中国台湾、新加坡等新兴工业化国家和地区专业化生产中等技术的零部件和部分高技术零部件；中国大陆、马来西亚、印度尼西亚、菲律宾和泰国主要从事产品内其他劳动密集型生产工序的生产和组装。这个产品内分工体系引发了大量的区域内中间产品贸易。由此可见，产品内生产环节的要素密集度差异和各国的要素价格差异是生产分割形成的重要基础（马风涛、李俊，2011），而生产分割的直接表现就是中间产品的跨国贸易迅速发展。

2.2.2 跨国公司在全球范围内的迅速扩张

生产分割是国际分工发展的必然结果，虽然一个产品的生产过程是否可以被分割、能够被分割成几个部分是分工过程中的客观选择，但是跨国公司还是在这样的选择过程中起到了一定的主导作用。跨国公司在全球范围内具有信息和渠道的优势，能够及时精确地了解哪一个国家适合哪一个生产环节，一旦确定就可以通过投资和外包两种方式完成产品在全世界范围内的生产。图2.9为二维空间上的生产分割图。

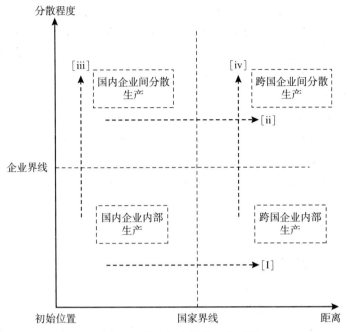

图 2.9　二维空间上的生产分割图

资料来源：ANDO & KIMURA（2009）'Fragmentation in East Asia：Further Evidence'.

　　如图 2.9 所示，当一个企业无法在一个地区完成产品所有的生产过程时，就会选择跨越母国和企业的边界，形成直接投资和外包。首先，企业可以通过在海外进行直接投资建立分支机构来完成除母国之外的生产环节，配置在国外的生产环节越多，表示对外直接投资越多。直接投资又可以因最终品的流向不同分为水平型生产分割投资和垂直型生产分割投资（高越、曲建忠，2009）。水平型生产分割投资意味着，经济发展水平相同或相近的国家之间在工业制成品生产上具有一定的国际分工，则跨国公司会选择具有相似工业化水平的国家作为东道国进行投资生产不同的零部件，运用东道国较为先进的技术生产不同环节，最终运回母国进行组装生产，这一生产过程主要发生在高技术产品的生产上，而且这类产品即使在加工组装阶段也需要较高水平的技术投入；而垂直型生产分割投资是指跨国公司会将资本投入与母国生产水平和经济发展水平具有一定差距的国家，主要就是利用对方国家廉价的劳动力来降低整体的生产成本，这类生产过程主要发生在较为成熟的工业产品的生产上。无论是在哪一种投资中，中间产品在最终品中所占的比重越高，投资成本越低，就会导致中间品贸易增长越快，这时由跨国公司主导的直接投资就会带动中间品贸易的增加，尤以垂直型生产分割投资更为明显（高越、李荣林，2009），表现为图 2.9 的第四象限。其次，企业还可以通过外包的方式，把自身不具比较优势的生产环节剥离出去，外包给其他的企业来进行生产，这样可以降低生产中的成本，因为外包给一个具有生产优势和规模经济的公司远比自己研发或自建的费用更低，随着生产者服务业的发展和交通、通信技术的发展，为了更大程度地降低生产成本，企业还可以跨越国境到国外去寻找外包厂商，因此形成了大量的离岸外包，例如中国东南沿海的生产外包和印度的技术外包，这是跨境生产分割的又一种重要体现，表现为图 2.9 的第一象限。因此，我们可以说是生产分割和跨国公司在全球范围的迅速扩张共同作用，促进了中间品贸易规模的扩大。

2.2.3 相关各国的贸易政策

从全球范围看，生产分割的深化使得越来越多的国家被融入各生产环节紧密相连的格局，国际生产网络的形成不仅会促进这些国家的发展更得益于它们的主动参与。张（Zhang，2001）分析了一国的经济政策对于本国经济的促进作用，作者从研究 FDI 与经济增长之间的因果关系入手，发现了东亚地区与拉美国家之间同在生产网络条件下发展的差异性，因为东亚国家为了吸引更多的 FDI，多主张实行自由贸易政策、提高教育质量、创造良好的适于人力资源发展的环境、鼓励吸引出口导向型的 FDI，这样做既能推动东道国的经济发展，又能稳定该国的宏观经济稳定。劳尔（Lall，2004）也指出在生产分割的条件下，东亚国家之所以能够发展得更快更好，除了区位优势、工资水平、技术等因素的影响，FDI 政策和基础设施的完善程度也起到了极为重要的作用，各国和地区政府致力于扶持当地的生产能力建设、吸引 FDI。恩斯特和小泽辉智（Ernst & Ozawa，2002）考察了亚洲四小龙中的韩国和中国台湾地区的发展，发现它们采取了更为开放的经济政策，更加依赖于外资的引进。

仍以东亚地区为例可以看到，20 世纪 80 年代以来，东亚后起的几个国家（东盟和中国）相继采取了"双轨制"的贸易政策，一方面通过较高的进口关税来保护本国产业，另一方面通过对进口投入品关税的豁免或减让，激励出口产品的生产。马来西亚、泰国从 20 世纪 80 年代中期开始，菲律宾、印度尼西亚和中国在 20 世纪 80 年代末期，开始实行从投资地域到投资领域的全面开放，这些举措对东亚地区以加工为特征生产网络的形成有着举足轻重的意义。接下来，各个国家和地方纷纷建立自贸区和区域贸易协定，对于贸易商品大大降低关税贸易壁垒，即吸引了来自区域外的投资和中间品进口，也加剧了区域之间的投资和贸易协作。

2.3　小结与启示

本章基于 20 世纪 90 年代以来国际生产网络迅速发展的背景，考察了全球范围内主要国家的中间品贸易发展现状，表现出了以下特点：

第一，全球中间品贸易规模增长迅速，并带动了最终产品贸易的发展，其中尤以零部件的贸易对于最终资本品的促进作用明显。

第二，在全球的零部件贸易中，欧盟和日韩是主要的零部件出口国，但是欧盟的出口更多地促进了欧盟内部的制造业发展，日韩的出口主要流向了中国和东盟并且以垂直生产分割为主，加工组装后的最终资本品再从中国等具有廉价劳动力的国家转而出口到发达国家，由此形成了一个以欧美日为源头和市场，以中国为中心，实施加工组装的国际生产网络。

第三，中国作为国际生产网络中的重要一环，是全球进口中间产品最多的国家，因此在中间品贸易中始终处于逆差的地位，该逆差主要来源于相对缺乏的能源类初级产品的进口，但是集中于日、韩和德国等先进的工业化国家，说明由于技术差距所造成的零部件进口也是重要的原因。但是这种逆差也是有弊有利，零部件进口的大幅增长提升了中国最终资本出口的竞争力，促进了对外贸易的整体发展。

总体说来，中间品贸易增长在近三十年来的迅速发展从根本上是得益于国际生产分割的深化，同时跨国公司也在各产品生产环节的全球布局中起到了主导作用，再加上各个国家的政策鼓励综合作用，才使得中间品贸易的规模和增速超过了最终产品。

通过现状的总结和原因的分析，我们不难看出，中间品的进口是可以促进最终品出口的，但是这种促进作用到底是通过什么机制发挥作用的呢？中间品进口的来源是否会影响这种作用的发挥呢？在国际生产网络的框架下，中间品进口是否会对不同的出口增长方式都产生影响呢？本书将在后续章节中对从现状中发现的问题进行深入的研究。

第 3 章

文 献 综 述

从理论和实践的角度上看，中间品贸易，尤其是零部件的贸易已经不是一个很新的现象了。波拉德（Pollard，1981）就曾提到过在英国工业革命的鼎盛时期，纺织和服装工业就已经开始将劳动密集的生产环节转移到东欧地区，目的就是缓解国内劳动短缺和工资水平上涨的压力。但那个时候人们并没有将这种贸易形式归结为中间品的贸易，也没有深刻地分析这种贸易形成的原因。近年来，随着中间品贸易规模的扩大，连接了全球多个国家，存在于多种产品的生产中，对于中间品贸易的理论和实证研究方兴未艾，主要集中于中间品贸易产生的原因、中间品的进口对于国内生产的作用等。

对于中间品贸易的研究可以追溯到新古典贸易理论，比较优势仍然可以在一定程度上解释中间产品产生的原因。但随着经济的发展，新古典贸易理论的前提假设已经变得不现实，因此新贸易理论和新新贸易理论对于这一现象的解释力就变得更强。新贸易理论开始强调分工可以导致规模经济和产业集聚，从产业层面上阐述了中间品贸易的形成机理。近年来，随着新新贸易理论的发展，有少数学者基于梅利兹（Melitz，2003）的异质性企业的研究，开始从微观层面关注中间品贸易及其对于生产及出口带来的影响，开辟了一个新的研究领域。这代表国际贸易理论经历了一个由宏观到微观，由国家层面到产业甚至产品层面的演变。本书遵循学术研究发展的基本脉络，分别从中间品贸易的由来及影响因素、中间品进口对于生产的带动以及出口二元边际三个方面对相关文献进行梳理和介绍，并做了简要的评述。

3.1 生产分割与中间品贸易

在 20 世纪 60 年代，中间品贸易的重要性就已经被有效保护率的理论认识到了。该理论认为最终产品的生产经常依赖于来自国外的投入，并且这种情况应该被纳入一国税收结构的有效保护率（Max Corden，1966）[1]，也就是说在全球经济相互依赖、联系密切的情况下，大量中间产品的进口会增加最终产品进口关税的有效保护率。但这是中间品还没有作为一个正式的概念被提出，也没有学者去关注中间品的内涵及机制。

到了 20 世纪 80 年代，中间产品的概念开始被引入，它作为最终品生产的必需品出现在了国内和国际市场上（Kalyan Sanyal & Jones，1982，Jones & Douglas Purvis，1983）。由于产品的生产过程主要集中在一国境内，因此此时中间品的概念还比较狭窄，仅仅指代了一些劳动力和自然资源产品。艾西尔（1982）首先开始关注了运用于制成品生产的中间产品贸易，但那时中间品贸易的发展规模尚小，而且主要存在于发达国家之间，主要体现了一种横向的产业内贸易。后来人们慢慢发现，垂直的中间品产品贸易（生产环节不同的中间品）发展更加迅速且逐渐成为当今国际贸易发展的主流，而且这种现象的产生同国际生产分割联系了起来。琼斯和凯日科夫斯基（Jones & Kierzkowski，1990）最早提出了国际生产分割理论，他们指出一个整合的生产过程的特点是一系列生产环节（production blocks）通过各种服务链（service links）连接，而处于价值链前端和中端的生产环节就被称为中间产品，作为生产资料继续服务于最终产品的生产。从此越来越多的学者开始关注生产分割的现象，以及这种更加深化的国际分工所带来的中间品贸易。马库森（Markusen，2005）运用多国模型阐述了成本对于生产分割的影响，迪尔多夫（Deardorff，2001）也通过模型阐述了技术的发展是如何促进生产分割的。虽然学者们对于生产分割和中间品贸易研究的角度和落脚点不同，但基本都是对于比较优势理论的继承发展，普遍结论认为由比较优势导致的生产成本的差异是企业自主分割生产环节的主要原因，中间品贸易也就应运而生。

3.1.1　生产分割的动因——理论文献综述

生产分割是 20 世纪 90 年代中、后期发展起来的一种新的生产和分工模式，指生产者将一体化生产过程的不同区段分离开来并使之位于不同的

---

[1]　有效保护率 =（国内加工增值 − 国外加工增值）/国外加工增值×100%。式中，国内加工增值为成品国内市场价格减去投入品费用。所谓附加价值是最终产品价格减去用来生产该产品的进口投入品成本。

地区，按照各区段的要素密集度与当地要素禀赋相适应的原则组织生产。如果这一过程跨越了国界，就是国际生产分割。生产分割的发展将众多国家纳入国际生产网络，使中间产品贸易在国际贸易中的份额迅速提高，也使一定区域经济集团实现了协调发展（牟丽，2012）。

琼斯和凯日科夫斯基（Jones & Kierzkowski，1990）首先注意到了生产分割现象，在市场上，每个生产环节和服务都可以代表一个独立的公司，在产品生产链终点的最终产品生产商需要完全依赖市场上的中间产品和服务的共赢才能生产。如果一个国家不是在商品的所有生产过程中都具有比较优势，那么有效率的生产过程就倾向于选择将生产环节拆分在国内外共同生产。他们通过发展李嘉图和赫克歇尔－俄林的经典模型说明了生产分割产生的原因。在李嘉图的理论框架下，生产被分成若干环节，当某个生产环节的国内投入低于国外投入时就要将该环节放置在国内进行生产；在其余的生产环节中，如若放置在国外生产投入更少就要将中间品出口到国外去进行生产，这样做的目的是为了在全球范围内寻求生产效率高的地方来进行生产。在赫克歇尔－俄林的框架下，更加强调的是在生产环节中各种生产要素的应用。因为在不同的生产环节中所需要的要素密集度不尽相同，所以厂商会根据这一特点来安排生产环节。当生产分割打破只有最终品的贸易模型，生产环节可以被放置在若干国家来生产的时候，这种依据比较优势而进行的选择会带来福利的提升和资源的更优配置。这两种经典理论的沿用和发展进一步加大了生产分割的分散度，从而增强整体生产的规模经济。而且他们还发现跨国公司在国际生产分割中的作用，发现国际生产分割，既可以发生在跨国公司内部，也可以通过市场上不同企业之间的交易产生。同时由于生产分割的出现，通过中间产品贸易将越来越多的发展中国家纳入工业生产中来，也可以提高这些地区的福利水平。

琼斯和凯日科夫斯基（2001a）扩展了原有模型，进一步阐述了在不完全竞争的市场条件下生产分割对于最终品价格的影响。由于生产被分割成若干环节，且每个环节生产都要依据各国的劳动生产率和要素禀赋来决定该环节由哪一国家来生产，也就是说在一个产品的生产过程中充分运用了各国的比较优势，使生产成本降至最低，这样最终产品的世界价格也会随之下降。该模型认为投入价格即生产中比较优势的差别已经不能作为促使生产分割的唯一原因了，通信技术、保险业、银行业和运输等与生产过程相关联的服务业的发展是生产分割重要的推动因素。琼斯和凯日科夫斯基（2001b）再一次强调将产品的生产环节进行垂直分割，即使在存在固定贸易成本和服务成本的前提下，仍可以最大限度地降低产品的生产成本。他们的理论有了两个新的发展可以帮助解释由生产分割导致的中间品贸易：比较优势和规模报酬递增。因此，他们认为中间品贸易的增加是由于以下三方面原因导致的：（1）生产技术的发展，它使得企业可以把整个价值链切片成小的零部件来生产；（2）通信技术的进步，这不仅可以缩短贸易双方的物理距离，而且还有利于建立生产者服务业可以把分割的生产环节用有效率的方式联系起来；（3）东道国和投资国的政策降低了贸易壁垒。而且在他们的模型中，已经指出企业在决定如何分割价值链的过程中起到的重要作用。随着跨国公司的发展，这种生产分割从发达国家之间蔓延到全世界。

迪尔多夫（Deardroff，2001）主要研究了生产分割和贸易服务之间的关系，提出了贸易自由化，尤其是服务贸易自由化对于促进生产分割起到的作用以及生产分割所带来的福利改变。首先，本书认为生产分割允许各个国家生产自身具有比较优势的生产环节，但是不同的生产环节之间需要低成本高效的生产者服务连接起来才能达到最优的生产率。这里，文章把生产者服务业看作是一种中间产品参与最终品的生产。该书强调除了比较优势和地理距离之外，固定贸易成本的降低也有利于生产分割的形成，降低中间品贸易的障碍，而这种固定成本的下降主要体现为贸易自由化和技术进步后，生产者服务的成本降低。其次，生产分割一定会带来全社会福利的提升。假设存在两种产品 X_1 和 X_2，在当经济由封闭转向开放，一国在产品 X_1 的生产上具有比较优势，因此能通过出口部分 X_1 来换取较多 X_2 的消费，由于消费者偏好消费更多的商品，所以该国的福利会因为贸易获得提高；当分工进一步深化出现了生产分割，该国在 X_1 的生产上承担了最具有比较优势的生产环节，其余的环节被配置到其他成本较低的国家，X_1 的生产成本进一步下降，在该国劳动收入不变的情况下，可以成比例地消费更多的 X_1 和 X_2，福利得到了更大的提高。也就是说生产过程越被分割，生产环节和贸易服务就会越多，贸易自由化和科技进步对降低贸易成本的作用就会越发明显，中间品贸易就会越繁盛，国民福利水平提高越大。

虽然贸易自由化可以带动贸易额的增长，促进生产分割的出现，但随着关税的缓慢下降，贸易额迅速增长，尤其是中间品贸易持续增长的情形确实之前的贸易理论所无法解释的，所以易（Yi，2003）就构造了一个动态李嘉图模型来解释贸易额这一夸大的、非线性的增长，这个模型保持了李嘉图模型的精髓——比较优势，但是生产过程的动态化将生产分割诠释的更加真实并且真正提到了国外中间产品进口对于生产模式的影响。根据该模型：假设有两个国家 H 和 F，投入两种要素：资本和劳动进行生产。每个产品的生产过程都包括三个阶段，每个阶段的生产都需要前一个阶段的产品作为中间品投入，且前两个阶段的中间品可以贸易而最后一个阶段的最终品则是用于在生产国进行消耗无法贸易。在自由贸易的情况下，对于每个阶段而言，若 H 国的生产率高于 F 国，那么该阶段就要在 H 国生产，反之则在 F 国生产，但 H 国无法在两个生产阶段都具有生产率的比较优势时，就会有一个环节出现中间产品跨越国境到 F 国进行生产。当贸易中存在贸易壁垒，例如征收关税对于生产来讲等于成本的上升，因此只有少部分生产工序能够克服贸易带来的较高固定成本，所以中间品贸易就会缩减；当贸易壁垒逐渐降低时，即使关税减免幅度较小时也能带动大量的中间品贸易，因为生产分割的特性使得中间品若干次贸易的过程会放大关税减免带来促进作用。

随着生产分割和中间产品贸易逐渐发展，与之同时迅猛发展的还有跨国公司的对外直接投资，可以说基于生产分割的跨国直接投资促进了贸易，尤其是中间品贸易的发展。伯格斯特兰和艾格（Bergstrand & Egger, 2013）在马库森（2002）的知识资本模型的基础上建立了一个三个国家、三种投入要素和三种产品的理论模型，将直接投资融入生产分割中，用以考量中间产品、最终品和直接投资之间的关系。模型中涉及了熟练劳动和非熟练劳动两种不可流动的要素，他们发挥作用需要可流动的资本要素进行匹配，而资本的流动又是由跨国公司来主导的，这些跨国公司可以选择将资金投入国内，在生产分割的情况下，就要通过投资的方式将生产环节转让到其他国家的分支结构来进行生产。模型把生产的过程分成了两个阶段。第一阶段，由各国的中间产品生产商投入熟练劳动和非熟练劳动生产中间品用于满足国内市场和国际市场的需求，第二阶段，中间产品被横向和纵向的跨国公司从总部或从东道国得到与非熟练劳动结合继续生产最终产品，而最终产品也是服务于全球市场的。该模型的重要贡献还在于把投资分成了横向投资和纵向投资，横向投资主要掌握了生产的核心内容，其余生产环节可以外包到具有比较优势的国家，而纵向投资主要是出于成本的考虑较多地涉及一些原材料的贸易。通过对该模型的分析，当进出口两个国家的经济规模相当时，中间品的进口规模才会比较大，说明了中间品的贸易广泛地存在于发达国家之间，这是因为他们之间要有广泛的生产联系，是基于产品内分工的。马库森（2005）也曾指出贸易成本的上升也是催生直接投资的重要因素，而各环节的生产活动也是根据该环节需要投入的要素禀赋来决定的。

目前，国内学者也对国际生产分割的决定因素开展了研究。高越、李荣林（2009）研究了在 DS 垄断竞争条件下，影响跨国公司生产分割的因素和生产分割投资对贸易和福利的影响；他们发现贸易成本越大、产品间替代弹性越大、固定成本越高，跨国公司越倾向于将生产环节安排在国外；生产分割投资与贸易之间关系的非单调性，呈现先互补后替代的关系；贸易成本下降与投资成本下降对消费者福利的影响不同。马风涛、李俊（2011）也从传统贸易理论和新贸易理论两个角度对于生产分割的动因进行了分析，他们认为要素价格的差异是生产分割的重要基础，随着生产分割在不同地区的集聚，规模经济又进一步推动了以生产分割为前提的中间品贸易，当然包括交通、制度环境在内的贸易成本仍是目前生产分割的最重要原因。

3.1.2　生产分割的影响因素——实证文献综述

在生产分割的框架下，有两个现象是比较突出的：零部件贸易的发展和东亚地区的崛起。许多文献也就这两个问题进行了探讨，尤其是从实证的角度给出了结论。

首先，由生产分割影响的全球中间品贸易主要体现在制成品领域，零部件流向加工成本低的国家和地区进行生产，继而回流到最终品消费市场，因为成本因素就成为影响生产分割和中间品贸易的重要因素，当然这里的成本既包括可变成本，更重要的，还包括固定贸易成本。维纳布尔斯（Venables，1999）和哈里斯（Harris，2001）提出交通技术和工具的发展，运输成本的下降是促进了生产分割，使资源可以在全球范围内得到最优配置。努诺·卡洛斯·雷涛和穆罕默德·沙赫巴兹（Nuno Carlos Leitão & Muhammad Shahbaz，2012）运用动态面板数据也说明了运输成本下降对于产品内贸易发展的促进作用。早川（Hayakawa，2007）认为影响国际分工的障碍在过去三十多年在很大程度上被消除了，贸易、投资、通信和协调成本的降低，以及要素价格差异导致东亚国家国际生产分工的产生和国际生产分割在这个区域的发展。藤田昌久和蒂斯（Fujita & Thisse，2006）

研究了货物贸易成本和通信成本下降对中间产品贸易的影响，发现协调跨国公司总部与国外子公司之间进行国际生产的成本降低将促使国际生产分割的形成。山下和信昭（Yamashita & Nobuaki，2011）阐述了在制成品领域中与全球生产分享相关的零部件贸易流量的决定因素，利用1988年到2005年的包括日本和美国在内的集成面板数据库进行了回归估计，结果发现较低的劳动力成本和高质量的法制体系以及完善的基础设施在吸引生产分享上起到了重要的作用。汉森、马塔洛尼和斯劳特（Hanson、Mataloni & Slaughter，2005）对美国跨国公司内部的中间投入品贸易进行了实证检验并得出结论，贸易壁垒对生产分割具有显著影响，东道国分支机构对中间产品的进口与贸易壁垒呈负相关。同时，这种产品内分工的垂直程度还受东道国其他政策与特征的影响。哈特穆特·艾格和皮特·艾格（Hartmut Egger & Peter Egger，2013）分析了1988年至1999年欧盟12个主要国家的面板数据，试图找到欧洲加工贸易流入和流出的决定因素，在经济规模、相对要素禀赋和基础设施等影响因素中，相对要素禀赋和其他成本变量是欧盟加工贸易流出量的重要决定因素，当然成本也对欧盟加工贸易流入起到了重要的作用。布里奇曼（Bridgman，2010）指出生产分割与制造类产品贸易迅速发展的原因在于贸易成本的大幅下降，他认为20世纪60年代关贸总协定的肯尼迪回合谈判之后，关税大幅削减，尤其是制造类产品的零部件贸易的关税大幅下降，这导致与国际生产分割相关的贸易急剧增长。鲍德温（Baldwin，2011）创造性地提出，由于生产分割的存在，中间品贸易日益超过最终产品，因此在用引力模型对于两国贸易的决定因素进行估计的时候，各国的GDP已经不适合作为经济规模的代理变量来衡量对于贸易的影响，中间品贸易额以及在最终品生产国的增值部分对于解释不同国家的经济规模对于最终品贸易流量的影响时效果更加显著。

其次，在国际生产分割的框架下，东亚地区已经逐渐取代欧洲和北美，成为零部件贸易的中心所在，这已经是当今国际贸易领域的一个共识（Hiratsuka，2011，Kimura et al.，2007，Bonham et al.，2007，Gaulier et al.，2007，Kimura，2007），对于这种格局的形成，国内外的学者进行了深入而细致的研究，突出了中国、日韩和东盟国家的生产分割中起到的带动作用。索耶、基里尔和特科乌（Sawyer，William C.，Sprinkle，Richard L. & Tochkov，Kiril，2010）检验了2003年22个东亚、东南亚、南亚和重要国家的产品内贸易水平，用TOBIT模型对于生产分割的决定因素进行估计，结果显示：东亚和东亚高收入国家在生产分割中掌握了大量技术含量较高的生产环节，中国和印度随后。研发投入、开放度和制成品出口的更高份额促进了横向一体化的生产分割，而地理距离和经济规模的差距则对于生产分割的发展有着相反的作用，尤其是对制成品。中亚和南亚地区贸易协定对于初级产品的产业内贸易有积极影响。安多（ANDO，2009）分析了东亚生产网络的生产模式，剖析了包括日本与中国和东盟国家贸易的微观结构，他发现日本和这些国家的贸易以中间品的出口为主，随着 FDI 和自由贸易的发展逐渐一体化，产业的集聚和生产外包形成了这种关联的主要纽带。阿思克拉拉（Athukorala，2013）运用联合国 SITC 第三版的数据库进行了分析，他发现在亚洲地区基于生产分割的贸易比例大于欧洲和北美，且在制造业领域发展极为迅速，但是这种发展也是要依赖于亚洲地区以外的全球市场，视其他国家贸易和投资的政策而定。甘志恩和艾思（Gangnes & Assche，2010）也提出亚洲零部件贸易的发展虽然堪称奇迹，但是由于其三角贸易的格局，仍然严重依赖外部市场对于最终产品的需求。

此外，由于中国在生产分割中的地位日益重要，众多国内学者也对于生产分割、中间品贸易对于中国外贸的影响提出了自己的见解。马涛（2010）从中国工业总体和分部门的角度研究了上述三者之间的内在联系，着重分析诸多变量对中国中间产品贸易的影响，并得出结论：直接投资和垂直专业化生产对中间产品出口的影响是正向的。高越、曲建忠（2009）认为在生产分割的不同阶段，投资和中间品的进口呈现出不同的关系，如分割生产不是很发达时，FDI 的增加减少了中间品的进口，但是当跨国公司由出口转向垂直型分割生产投资时，由于最终产品的需求弹性较大，导致中间产品进口增加，特别是，当跨国公司将中国作为出口平台时，导致中间产品进口增加的可能性更大。杨永华（2013）采用 2001～2008 年我国和世界制造业 26 个分行业的贸易数据，分析了在生产分割的条件下中国比较优势的变化，他认为随着我国参与国际分割生产，我国制造业具有出口比较优势的行业增多了，特别是高技术含量行业的比较优势上升了，但是分离了国际分割生产导致的贸易后，我国制造业的出口比较优势明显下降。这就对我们提出了一个思考，一个国家在充分参与了生产分割的情况下，其贸易的竞争力是否会得到提升？因此仅仅了解何为生产分割以及对于中间品贸易的促进作用还远远不够，所以很多学者就开始探寻决定一国参与贸易的因素是什么，以及这种因素同生产分割和中间品贸易之间的关系。

3.2 中间品进口与出口选择

生产分割的逐渐深化将越来越多的国家通过贸易和投资联系在一起并形成一个生产网络，在这样的生产网络中，一些国家的企业在产品的研发环节具有比较优势，生产核心零部件或具有丰裕的资源禀赋可以供给工业生产，另一些国家则在劳动和土地成本等方面具有比较优势，可以进口中间品用以生产最终产品供给消费。无论哪种国家要想在贸易中获得收益，都需要依赖于逐步提高的竞争力。企业作为国际贸易的微观主体，一国的竞争力主要来自各个企业竞争力的提升，因此大部分研究中间品贸易与贸易竞争力关系的文献多是从企业的微观角度入手。本节将从理论和实证两个角度来梳理在生产网络的框架下，一国（企业）进口中间产品将如何影响其竞争力。

3.2.1 中间产品进口、企业生产率提高与出口选择——理论文献综述

基于赫克歇尔—俄林的要素禀赋理论，阿恩特（Arndt's，2001）研究了自由贸易状态下的生产分割，他假设世界上有两个国家生产两种产品，其中一种产品的生产过程是可分割的，经过推理他发现，每个国家都会生产并出口中间产品，然后另一个国家再进口中间产品加工组装后生产最终产品，双边贸易大部分就是基于生产分割环节的零部件交换产生的。因此，每个国家最终产品的生产和出口也会随着生产成本降低和生产率的提升而增加。

由此，我们不难看出，企业的竞争力往往表现为生产率的高低，所以研究中间品进口对于企业出口选择的文献大多基于新新贸易理论的梅利兹（2003）模型。根据梅利兹（2003），企业在生产率上具有异质性，在一国的所有企业中只有生产率更高的一部分才能成为出口者，梅利兹和奥塔维亚诺（Melitz & Ottaviano，2008）在模型的生产投入中加入了国内与进口的中间品进行阐述，所以要是想了解在生产分割的条件下，中间品进口是否对出口有影响，学者们普遍从企业的生产率角度入手。

玛丽亚·巴斯（Maria Bas，2012）在中间品进口与企业出口选择方面做了大量的研究，并在2012年提出了一个理论性的研究框架，深入地考

察了贸易自由化对于进口中间产品和出口最终产品的影响。该模型假设，世界上存在两个国家：本国和外国，每个国家都有若干企业在垄断竞争的市场条件下进行生产，由于每个企业具有异质性的特点，因此其生产的边际成本不尽相同。在生产过程中只需要投入中间产品，且有本国和第三国两个来源。对于本国而言，如果从第三国进口中间产品可以达到两个效果，第一，降低成本；第二，可以通过进口的中间产品中包含的先进技术获得效率的提高。在生产的过程中，根据利润最大化的条件得到生产函数，从中可以找到进口中间品与最终品产出之间的密切关系：在投入中，进口中间品的比例越高，各国企业的产出就越多，再一次证明了进口中间品会促进产出的增加，这一点和梅利兹（2003）、安特拉斯（Antras，2003）以及安特拉斯和赫尔普曼（Antras & Helpman，2007）的结论是趋于一致的。根据企业的自由进入条件和零利润条件，可以求出企业进口中间品和出口最终品的临界边际成本，当企业生产所需要耗费的边际成本小于进口中间品的边际成本时才可进口，否则无法进口，只有贸易壁垒（例如进口关税）的降低才可以降低进口中间品的边际成本。根据企业异质性的特点，该模型建立了中间品进口与企业产出之间的关系，充分证明了只有贸易自由化才能促进中间品的进口，间接地影响了最终品的产出。

　　但是玛丽亚·巴斯（2012）的模型没有考虑到贸易需要投入的固定成本，而且对于企业生产率的定义和应用也较为狭窄，因此笠原和拉帕姆（Kasahara & Lapham，2013）就在其模型中对上述结论进行了完善。首先，该文将进出口的固定贸易成本纳入总成本函数中，充分考虑了企业进口地位对于生产率和产量的影响。他们认为进口中间产品可以提高企业的全要素生产率，提高企业出口选择的可能性，生产能力的提高不仅是产量的增加同时也是生产创新能力的体现。通过企业在国内外获得的利益与固定成本之间的关系确定企业在做各种贸易选择时候的生产率临界值，该临界值与进口的固定成本相联系就决定了企业的选择：当厂商生产率高于自由进入的生产率且面临的进口固定成本较低时，企业会选择进口中间产品，但生产的最终产品仅限于满足国内市场；当厂商的生产率很高但面临的进口固定成本也很高时，就只能选择出口但不能获得进口的中间产品作为投入，利润也会有所损失；只有当厂商的生产率较高，进口固定成本也适中的时候，企业才能通过进口中间品获得生产率的提高进而促进出口的增加，当然此时企业因为服务于国内外两个市场，同时成本又比较低，所以利润相对是最大的。文章还通过福利分析提出在中间品进口带动下的资源配置更优，市场份额由低效率的企业向高效率的企业转移，并且在开放经济下，消费者的福利也会有所提升。玛丽亚·巴斯和斯特劳斯－卡恩（Maria Bas & Strauss－Kahn，2011）又在上述理论框架的基础上，将进口来源国区分成发达国家和发展中国家，他发现来自发达国家的中间品进口对于生产率提升的促进作用更大。

生产分割条件下的中间产品贸易往往是由跨国公司主导的，他们把产品划分成若干的生产环节，在全球范围内根据各国的比较优势来配置生产环节，因此高越和惠利（Yue Gao & Whalley，2013）主要研究了基于生产分割的框架，具有不同生产率的企业在服务海外市场的时候是如何进行选择的。他们在文章中建立了一个垄断竞争模型，将用生产率衡量的企业行为更加细化，生产率低的企业会退出市场，生产率高一些的企业会进口中间产品生产最终品进行出口，生产率更高的企业进行对外直接投资，而投资又被分成了横向 FDI 和纵向的 FDI。纵向 FDI 是生产分割的具体形式，产品生产的核心环节将在本国完成，因为本国掌握了技术和资本的比较优势，再将其余加工组装环节放到具有劳动力资源禀赋的国家，这期间必定会伴有中间产品的出口，这就需要本国企业的生产效率较高以致来弥补到国外投资的固定投资成本和将中间产品出口的固定贸易成本；横向 FDI 是指本国企业拥有所有权优势，将所有的生产环节都放置在国外完成，因为完全投资面临的风险和固定成本更大，所以需要从事横向 FDI 的厂商具有最高的生产效率。与前面的模型相比，高越和惠利（2013）完善了企业参与国际分工的选择，但是角度不同，以玛丽亚·巴斯（2011）和笠原和拉帕姆（2013）为代表的文献主要是从中间产品进口的角度来说明问题，适合用来解释发展中国家在生产分割条件下的发展路径，而高越和惠利（2013）主要阐述了占有技术优势的跨国公司在对外扩张的时候面临的生产率和固定成本的限制。

上述文献梳理了中间产品贸易和企业生产率之间的关系，而生产率又是决定企业出口选择决定因素（Melitz，2003）。戈德伯格、坎多尔沃、帕维尼克和拓扑娄娃（Goldberg，Khandelwal，Pavcnik & Topalova，2010）就没有深究中间品进口和生产率之间的关系，而是直接分析了和生产，尤其是新产品种类增加之间的关系。该文建立了一个理论模型，研究了中间产品进口对最终品生产的补充机制，即进口中间品可以使得投入的价格下降，减少生产投入的成本来促进企业产品种类增加（扩展边际）的。该文用进口中间品的价格指数来衡量投入的变化，这个指数包括原有进口价格水平的下降和新进口中间品的低价格水平，通过垄断竞争条件下成本加成定价法找到中间品价格指数与边际成本的关系，从而证明了进口最终产品可以单一地通过降低成本的渠道促进企业出口增加。文章还使用进口关税代表贸易的自由化，说明关税的降低会使得国内企业获得更多的进口中间品，即进口种类的增加会提高出口的数量和种类。

3.2.2　中间产品进口对企业出口选择的促进及其影响因素——实证文献综述

基于以上的理论模型，很多学者都在利用企业数据从微观层面来检验中间产品的进口是否真正提高了企业的生产率，在这个过程中贸易自由化的发展带来怎样的促进作用。笠原和罗德里格（Kasahara & Rodrigue，2008）利用厂商数据证明了进口中间品可以提高企业的生产效率，因为进口中间产品可以使得企业接受国外的技术，从国外的研发中受益。葛瀛、赖慧文和苏珊·朱（Ying Ge, Huiwen Lai, & Susan Chun Zhu, 2011）利用了中国的数据来调查贸易自由化给生产率带来的收益，而这个收益是通过进口渠道获得的，他们发现进口关税的减免鼓励进口者增加进口的投入，更增加来自于发达国家的价值较高的中间产品。而且，他们发现进口对于贸易自由化的反应显著地提高了企业的表现，所以通过结果的分析可以认为企业可以通过学习更多种类、更高质量的进口中间产品来促进生产率的提高。进口中间品的种类也会影响到全要素生产率的提高，进口种类越集中，生产率增长越大，越分散，增长率就越下降。玛丽亚·巴斯和斯特劳斯－卡恩（2011）经过计算得出结论，当进口集中度被分散为原来的两倍，TFP 将会下降 20%，这一点也经过了赫尔普曼等人（2008）的证明。

由于在计量上，中间产品的进口和最终品的出口中存在一定的内生性，所以学者们普遍采取工具变量的方法来解决这个问题。戈德伯格、坎多尔沃、帕维尼克和拓扑娄娃（2008）引入关税和国家两个工具变量，来考察中间品进口和最终品出口的关系，结果发现进口中间品的价格越低，产品种类越多；进口中间品的种类越多，产品种类越多且显著。凌峰、李志远和黛博拉·斯温森（Ling Feng, Zhiyuan Li & Deborah L. Swenson，2012）从实证角度证明了对于中国出口企业而言，中间产品的进口对于出口收益提高的正向显著影响。文章考察了 2002 年到 2006 年中国的制造业企业数据（因为加工贸易中，中间产品进口对于产品出口的影响主要体现为政策导向，而制造业也可以通过进口中间产品提高劳动生产率继而提高出口收益的机制来说明二者的关系），检验了不同产业、所有权、进口来源国等不同样本组中，中间产品进口和产品出口之间的关系，来自 OECD 国家、技术密集型行业的和私营企业的中间产品进口对于厂商出口的贡献最大。

　　然而工具变量法在工具变量的选择上存在一定的难度，有时难以完全分清中间品进口和最终品出口之间的相互影响。所以，学者们又开始尝试用 OP/ACF 方法来解决数据的内生性问题，也得到了相似的结论。玛丽亚·巴斯和斯特劳斯 – 卡恩（2011）使用了 OP/ACF 方法，即用投资来替代无法观测到的生产效率（前提是投资和生产率之间有明确的关系）。文章首先检验了中间品进口和全要素生产率（TFP）之间的关系，发现中间品进口对于企业产量有显著的促进作用。随后进一步通过控制与不控制面板中的生产率（TFP，计算所得）明确了中间品进口对于产品出口的促进作用主要是通过提高出口企业生产率这一路径，当然也有直接的影响作用，这种影响主要是考虑生产网络的发展。同时在各种回归中都考察了来自不同国家的中间品进口对于 TFP 和企业出口模式的影响，来自发达国家，尤其是欧盟内部的中间品包含的生产率或质量更高，对 TFP 的提升影响更大，来自发展中国家或欧盟外部的发展国家主要是通过建立生产网络获得更好的资源配置来促进出口。此外文章还用了若干稳健性检验，包括剔除公司内贸易、换用 BEC 的数据依然得到上述显著的结果。斯梅茨和沃兹斯基（Smeets & Warzynski，2010）运用 1998 年到 2005 年丹麦的企业数据来验证中间品进口和企业自我选择之间的关系。通过运用 OP 计量方法，他们得出结论，为寻求低成本从劳动资源禀赋丰裕的国家进口中间品和从发展水平相近的国家进口中间品对于企业生产效率的影响是不同的，从后者进口中间品对于企业生产率的提高作用是长久的。

　　对于如何能够促进中间品进口作用的发挥，很多学者都给出了相似的结论：贸易自由化的发展能够促进消除中间品进口的壁垒，从而充分发挥其对于出口的促进作用。玛丽亚·巴斯（2010）运用智利和阿根廷的企业数据，分别检验了进口关税或者中间品进口密集度对于企业出口收益的影响和出口可能性的积极影响，企业生产率对于企业出口行为的影响，她发现进口关税的降低显著地促进了出口的增长，而这种促进作用正是以企业生产率作为渠道的。肯兹布（Kanznnobu，2011）采用泰国的企业数据运用 PPML 的计量方法，考察了贸易自由化的作用，他发现最终产品的出口与最终产品进口国的关税和出口国对于零部件的进口关税呈反向关系；同样地，零部件的出口与进口国关税和出口国对于最终产品的进口关税呈反向关系，由此可以得到如下政策启示：对于中间产品的关税减免不仅会导致中间品进口的增加也会导致最终品出口的增加。肖尔（Schor，2004）、米蒂和科宁斯（Miti & Konings，2007）分析了印度尼西亚的数据，数据显示较低的进口关税会提高企业的全要素生产率。布斯通（Buston，2011）同样考察了阿根廷的企业数据，他认为贸易自由化可以通过促进中间品进口来影响企业的出口选择，而且这种现象在中等规模的企业中表现得更为明显。戈德伯格等人（Goldberg et al.，2010）认为对于印度的企业而言，进口关税的大幅下降可以显著地促进最终品产出种类的增加。

很多文献还补充了有关贸易改革对于企业技术升级的决策的影响。运用阿根廷企业层面的数据，布斯通（2011）还提出巴西的关税减免促使了更多的阿根廷企业进入出口领域并且提高了他们的生产技术。运用墨西哥企业层面的数据，手岛（Teshima，2009）发现贸易自由化会促使企业增加研发，因为贸易自由化提高了中间品进口的数量和种类，更多的企业可以通过包含高技术的中间品的技术外溢获得先进技术。

随着国际生产网络的发展和中国在其中所处的重要地位，逐渐有国内学者开始关注对于像中国这样的发展中大国而言，中间产品的进口对于微观企业到底会产生怎样的影响，以及这种影响是否能够促进外贸的发展。钱学锋、王胜、黄云湖和王菊蓉（2011）利用 CEPII 的 BACI 数据库 1995 ~ 2005 年 HS - 6 位数微观国际贸易数据，从种类变化的角度考察了进口贸易影响制造业全要素生产率的精确机制，他们发现上游行业进口种类的增加对中国制造业全要素生产率的提高有显著的促进作用（水平效应），而大部分行业自身进口种类的增加未能有效促进全要素生产率水平的提高（直接竞争效应）。两种效应的影响机制和作用程度的差异取决于进口来源国和行业的技术水平。曹亮、王书飞和徐万枝（2012）基于 2000 ~ 2005 年中国工业企业数据库和海关数据库的匹配数据，使用倾向评分匹配的方法分析了进口中间品对企业全要素生产率的因果效应。研究结果表明，总体而言，中间品进口促进了企业全要素生产率的提高。熊力治（2013）将 2000 ~ 2005 年间中国制造业企业的面板数据和海关数据相匹配，用来考察中国本土制造业的中间品进口对企业全要素生产率的影响，并使用 OP 方法更为准确地估算全要素生产率。研究结果表明，使用进口中间品能促进本土制造业生产率的提高，并存在显著的短期和中长期进口学习效应。楚明钦、陈启斐（2013）在他们的研究中将中间品分为零部件和成套机器设备，通过计量经济模型考察了零部件和成套机器设备进口以及控制变量外国直接投资对技术进步的影响。研究结果表明，零部件进口和外国直接投资对技术进步有正向影响，成套机器设备进口对技术进步有负向影响。

近几年来，国内外的学者十分重视对于中间品贸易的研究，并且通过理论模型将中间品进口对企业生产率的影响和生产率对企业自我选择的作用两个领域结合起来，找到了中间品贸易对于企业出口抉择的影响机制。但是随着全球贸易的逐步发展，贸易额的增长已经不能作为一国外贸发展水平的唯一指标，贸易增长的结构是否健康更关系到该国对外贸易的持续性发展，因此还有一部分学者在贸易增长方式的研究上也做出了卓越的贡献。

3.3 有关出口二元边际的文献综述

国际贸易理论历经了从古典、新古典贸易理论到新贸易理论和新新贸易理论的发展，它们在研究贸易增长的源泉时，由于所使用的贸易理论的前提假设不同，得出的结论也不尽相同。产业间贸易理论的假设前提是产品的同质性和消费者偏好的无差异化，强调要素禀赋的比较优势，所以出口扩张主要体现为同种产品数量的增长，体现的是一种集约边际增长模式，而产业内贸易理论则放松了产品的同质性假设，更加强调了出口产品种类的重要性，又纳入了规模经济对于生产的重要作用，蕴含的是一种扩展边际的贸易模式。随着全球产业分工逐渐深化，国际生产网络迅速形成，作为国际经济微观主体的生产企业在国际贸易市场上起到了越来越重要的作用，以往的贸易理论已经不能很好地解释产品内贸易——目前这一主要的贸易方式，而基于企业层面的新新贸易理论恰恰能够较好地从生产率的角度对这个问题给出答案。新新贸易理论为研究集约边际和扩展边际提供理论基础，使其成为研究贸易增长方式的新维度。作为新新贸易理论的代表性文献，梅利兹（2003）认为，由于贸易成本的存在，只有生产率较高的企业才能出口，当贸易成本下降时，除了原出口的企业会扩大贸易（集约边际）外，原来只能供应国内市场的企业也可以参与出口，即通过扩展边际也带来了贸易的增长（Bernard et al. , 2003；Feenstra and Kee, 2004；Eaton et al. , 2008）。

3.3.1　出口增长二元边际的界定

在评估一国贸易发展的时候，人们总是关注该国贸易额的增长，而却忽略了贸易增长中结构的差别，其贸易额的增长到底是依附于数量的增加还是种类的扩张对于经济发展是十分重要的（Rodrick，2006），因此区分出口增长的结构就成为理解外贸差异的核心（Bernard，Jenson，Redding & Schott，2009）。

对于出口额的增加，芬斯特拉（Feenstra，1994）提出了一种测度新产品种类的方法，赫梅尔和克列诺（Hummels & Klenow，2002）借鉴他的方法构建了一种分解方法，将出口分解为两部分；已有产品出口种类的增加和新产品的增加，同时强调了这两种方式的重要性，他们将前者称为集约边际（intensive margin），后者称为扩展边际（extensive margin），至此二元边际概念被明确提出来。

在芬斯特拉（1994）的研究中，新产品种类的变化意味着出口产品范围的增加，就是产品层面的扩展边际。在该研究中，芬斯特拉关于新产品种类变化的度量公式也成为了后来产品层面二元边际度量的基础。随着贸易理论的发展，研究的深化和细化，对于二元边际的界定也逐渐明确，纵观国内外的研究结果，学者们主要从产品层面、企业层面和国家层面这三个维度对二元边际进行了不同的概念界定。

一是产品层面。基于既定国家对（也可包括国家集团），一国出口的扩展边际代表出口种类的扩张，集约边际代表已出口的产品集在出口额上的增长。其中，集约边际考虑的是原本就有出口且当期仍然出口的产品的出口增长率；扩展边际考虑的是新增出口产品的增长率和已有出口产品退出市场的减少的综合作用（Chaney，2008；Amitiand Freund，2007）。赫梅尔和克列诺（2005）给出了二元边际具体的测度方法，使基于产品层面的二元边际可以应用于实证分析，特别地，还在此基础上，进一步将集约边际分解为价格边际和数量边际，形成可计量的三元边际。

二是企业层面。随着企业数据可得性的提高，越来越多的学者从经济的微观行为主体——企业入手去研究出口增长的二元边际，用异质性理论模型解释出口贸易流量中"零"贸易的存在原因。在企业层面，出口的集约边际是指已有的出口企业出口额的增长，扩展边际是指新企业进入出口市场和因生产效率低下被淘汰的旧企业的综合作用。伯纳德和詹森（Bernard & Jensen，1999）在分析美国20世纪80年代末90年代初美国出口贸易增长源泉时，将现有出口企业出口密度的增加界定为贸易的集约边际；将新企业进入出口市场界定为贸易的扩展边际。伊顿等人（Eaton et al.，2004）分析法国出口增长模式时，将贸易额分解为市场的参与度（即出口企业数量的变化）和企业出口额，研究发现，出口企业数量的变化对于法国的出口增长的贡献度约为60%。伯纳德等人（Bernard et al.，2009）也在扩展边际中增加了企业出口产品种类维度。阿克拉克斯（Arkolakis，2008）将广度边际调整为包括新的企业和新的消费者两个维度。

三是国家层面。菲尔博梅伊和科勒（Felbermayr & Kohler，2006）、赫尔普曼等人（2007）指出，从根本上讲，贸易增长可以从多个角度进行分解，而角度的选择取决于研究者的兴趣以及可获的数据。在其研究中，二元边际是以国家角度定义的，扩展边际是指双边贸易关系（国家对）变化的数目，集约边际是指已存在贸易关系中贸易额的增长。随后，鲍德温和蒂尼诺（Baldwin & DiNino，2006）、阿姆伯戈－帕西（Amurgo－Paehee，2006）利用直观的方法将产品的出口结构形象地划分为出口深化和出口广化。出口广化指新产品的出口增长，即出口的扩展边际，它体现了出口的多样化；相对而言，出口深化指已经参与贸易的产品即旧产品的出口，即是上文中的出口集约边际，体现了出口的单一化。但是上述文献遗漏了地理层面的多样化，即一国出口品种虽未发生改变但可能出口到新市场的情况，因为对于新市场的开拓也需要花费较高的贸易成本，也是出口结构变化的重要方面，因此，阿姆伯戈－帕西和彼罗拉（Amurgo－Pacheco & Pierola，2007）和伯纳德等人（2009）同时考虑产品流动结构和空间结构，从产品和地理两个维度对出口结构进行二级分解，第一级分为出口深化和出口广化，第二级进一步将出口广化分为地理广化和产品广化，出口深化集中于国家对之间已有产品的贸易增长情况，而出口广化则主要考虑了全新产品的出口和已有出口过的产品对于更多国家的出口。毕塞德和普吕萨（Besedes & Prusa，2010）将集约边际表示为已有伙伴关系的维持和加深的基础上，还增加考虑了贸易关系维持的时间长短对集约边际的影响进行了扩展。国内学者钱学锋和熊平（2010）也采用国家—产品组的定义方法，以提前一年的出口额为基准实现了对中国整体出口结构的分解。还有一种定位方法就是仅考虑存在贸易关系的国家对数量的变化，赫尔普曼、梅利兹和鲁宾斯坦（Helpman，Melitz & Rubinstein，2008）、菲尔博梅伊和科勒（Felbermayr & Kohler，2006）分析国家间贸易流量，将已有的贸易伙伴关系界定为贸易的集约边际，将与其他国家建立新的贸易伙伴关系界定为贸易的扩展边际。毕塞德和普吕萨（2007）将出口贸易增长分解为三部分：一是开辟新的贸易伙伴关系；二是稳固与保持已经建立的贸易伙伴关系；三是深化已经存在的贸易伙伴关系。其中，创建新的贸易伙伴关系为贸易的扩展边际，保持与深化已经存在的贸易伙伴关系为贸易的集约边际。伊顿等人（Eaton et al.，2007）、布伦顿和纽法默（Brenton & Newfarmer，2007）等学者也从此角度界定贸易的集约边际和扩展边际。

3.3.2 出口增长二元边际的决定即福利影响——理论文献综述

在出口分解的理论基础中，梅利兹（2003）提到当企业开始生产和进入国际市场的时候，都要付出固定成本，而且这些固定成本都是要计入厂商的成本收益核算中，笠原和拉帕姆（Kasahara & Lapham，2013）考虑到国际生产分割的现实，还将企业进口中间品的固定贸易成本纳入总成本函数中用于计算利润。对于企业的自我选择，文献引入企业异质性的概念，该异质性表现为不同的企业具有不同的生产效率，生产率高的企业可以生产更多的产品，这样就可以抵补为生产和出口需要付出的固定成本获得利润；而生产率低的企业则可能因无法补偿固定成本而无法出口，甚至会退出市场。相关文献认为中间产品的进口可以大幅度地提升企业的全要素生产率，能够加强企业的自我选择。这里企业的生产率是一个广义的概念，主要是指一个企业生产能力的高低，即表现为投入不变的情况下产量的增加还可表现为创新能力的增强，可以生产更多种类的商品来满足消费者的需求，因此生产率的提高主要表现为生产数量的增加时，则可以认为是集约边际的扩大，而当厂商生产率的提高主要表现为生产品种的增加时，则必然是扩展边际的扩大。此后，鲍德温和哈里根（Baldwin & Harrigan，2007）对于该模型进行了深化，他们认为厂商的异质性除了表现为生产数量和种类的差别，还表现为产出产品质量的高低。一般认为高品质产品具有较高的附加值，其生产厂商也能获得较高的收益，低品质产品附加值较低则厂商的获利能力也较弱，与贸易成本相对，不同的公司就会做出不同的选择：如果贸易成本较高，那么只有生产高品质产品的公司能够出口，如果贸易成本较低，那么部分生产低品质产品的公司也能出口，会导致出口的平均品质降低。学者们把这种由于产品质量差别导致的出口差异称为价格差异（Bernard et al.，2009），施炳展（2010）认为，这是基于对集约边际的分解。同样的，当进口的中间产品价值较高时，仍然会强化企业的出口选择。

对于出口二元边际的决定，梅利兹（2003）和鲍德温和哈里根（2007）都给出了一定的解释，他们认为固定贸易成本会决定其出口沿着哪种结构增长。所以，成本是影响企业出口的决定性因素，喀纳斯（Kancs，2007）将这种决定因素模型化，从理论的角度给出了答案。他首先提出了"零贸易现象"，认为正是由于几年来零贸易的消除促进了出口扩展边际的增加。然后他引入一个垄断竞争的一般均衡模型找到了二元边际与成本之间的关系。模型推导的结论为：企业出口的扩展边际与固定成本和可变成本相关并呈负相关关系，集约边际与可变成本形成了负相关关系。这里，可变成本被简化为一种冰山成本，即当实施贸易的两个国家距离越近越容易发生贸易，且既会促进已有产品出口数量的增加也能促进出口种类的增加；固定成本被认为是贸易自由度的体现，当贸易自由度水平提高，国家间的贸易更容易开展，则会促进新厂商带着新产品进入出口市场，自然会提高出口的扩展边际。

尽管沿着二元边际发展都可以实现，但不同的增长路径会带来不同的福利影响，若一国的贸易增长主要源自集约边际，则表明大部分对贸易的贡献来自少数企业和少数产品，这将导致贸易极易遭受外部冲击的影响从而导致增长大幅波动，还可能因出口数量扩张引发该国贸易条件恶化进而出现贫困化增长；相反，如果主要沿扩展边际实现增长，表明出口国有多元化的生产结构，企业也有较强的国际竞争力，外部冲击对贸易的作用力会减弱，逆向的贸易条件效应发生概率也会减小（Hummels & Klenow，2005；Hausmann & Klinger，2006）。从资源配置的角度看，经过了企业的自我选择后，市场份额和劳动要素都会由低生产率的企业向高生产率的企业转移，同时要素价格也会得到相应的提升，这种资源配置的优化会提高行业的平均生产率，出口的扩展边际就成为解释出口国生产率进步的重要机制（Bernard et al.，2007）。芬斯特拉和基（Feenstra & Kee，2004）对1982~1977年间34个国家的贸易福利进行了估计，发现一国生产率与出口产品种类（扩展边际）之间的显著关系，尽管产品种类变动仅解释了

2%的国家间生产率差异，却解释了国家内所有产业13%的生产率增长；接着芬斯特拉和基（2006）又在企业异质性贸易模型中引入一个包括了产品种类变化的GDP函数，估计44个国家间生产率与产品种类随时间的变动关系，发现1980～2000年间产品品种数增加了8倍，而生产率总体上也有10%的上升，并且产品种类能从时间维度上有效地解释一国生产率的变动，两篇文献的结论证实了扩展边际对生产率的正向作用，即会引起贸易福利的增长。当然，出口究竟能够带来多大程度上的福利提高还需要取决于二元边际作用力的权衡。

3.3.3 出口增长二元边际的作用发挥及影响因素——实证文献综述

通过研究二元边际对于贸易增长贡献的文献可以得出了两类结论，分别认为扩展边际和集约边际是贸易扩张的重要途径。

第一类文献认为，扩展边际的提高可以带动一国贸易的增加。在赫梅尔和克列诺（2005）的研究中，利用HS6位数据，设定了129个出口国56个进口国的二元边际，最终得出结论一国的贸易增长有62%是由扩展边际带动的。阿姆伯戈－帕西和彼罗拉（2007）通过对于新旧产品和新旧市场的区分也得到类似的结论，他们认为扩展边际对于一国贸易的贡献会大于集约边际，对于发展中国家尤其明显。伊顿等人（2004）通过法国企业层面的数据发现法国出口总量变化主要来自企业数量的变化即扩展边际。伊顿等人（2008）通过对于哥伦比亚企业层面的数据分析，得出出口企业数目的增加是哥伦比亚贸易额增加的重要因素，而且对其占领过市场的扩张是进入OECD市场最好的途径。喀纳斯（2007）利用HK的方法分解东南欧国家贸易的二元边际结构，并在其中加入了企业异质性的参数，同样也发现贸易增长主要沿扩展边际实现。

第二类文献认为，一国贸易的增加是沿着集约边际的途径实现的。埃米蒂和弗洛伊德（Amiti & Freund，2008）以美国高度分解后的HS－10位编码的数据位基础，研究了中国从1992～2005年的出口，发现集约边际的增长支撑了整个出口的增长。布伦顿和纽法默（Brenton & Newfarmer，2007）、赫尔普曼等人（2008）也得到集约边际对出口扩张有主要推动作用的结论。弗拉姆和努德斯特伦（Flam and Nordström，2006）将欧元区国家2002～2005年间的贸易数据与1995～1998年间的贸易数据进行对比，发现了扩展边际对贸易增长的贡献程度大于集约边际。此外，中国的学者在这方面也得出了一些重要的结论。例如钱学锋、熊平（2010）证实，无论在多边层次还是在双边层次，中国的出口增长主要是沿着集约的边际实现的，扩展的边际占据的比重很小。施炳展（2009，2010）将 H&K 方法拓展为三元边际，进一步得出数量边际对出口增长的贡献最大，其次为扩展边际的贡献度，而价格边际的贡献最小的重要结论。

可见，无论是集约边际还是扩展边际都能在一定程度上促进一国对外贸易的发展，因为贸易成本及相关影响因素都会间接影响到二元边际，因此有必要来了解二元边际的影响因素：

第一，地理距离。作为贸易成本的重要影响因素，地理距离的远近不仅会影响贸易的固定成本更会影响到可变成本。现有的研究成果多是从引力模型的角度出发进行分析的。伯纳德等人（2007）在其文章中证明了与目标市场的距离对贸易总量作用主要在于扩展边际；玛蒂娜（Martina，2008）通过对美国的 156 个出口目标市场的研究发现，双边的距离越远，则贸易成本越高，对二元边际的负向影响越大，并对扩展边际有更明显的影响

第二，贸易自由化。贸易自由化包括了关税下降、通关手续和一些贸易促进政策等多个方面，它们都会对于贸易的成本产生影响。伊顿等人（Eaton et al.，2008）发现贸易壁垒的削减也即贸易更加便利后会使法国的贸易额大幅增长，且更多地来自扩展边际。菲尔博梅伊和科勒（Felbermayr & Kohler，2007）在考察 WTO 对贸易尤其是对扩展边际的促进作用时，发现加入世界贸易组织对成员国的扩展边际有显著为正的影响；伊藤等人（Ito et al.，2010）从墨西哥对美国的出口产品种类的扩大中得到 NAFTA 的实施对扩展边际有正面影响的结论；莫利纳等人（Molina et al.，2010）考察了多米尼加共和国加入 CAFTA 对该国出口企业的效应，发现出口企业、出口产品种类以及贸易伙伴关系的增加，即证明签订贸易协定引起的关税削减促进了扩展边际。玛丽亚（Maria，2008）发现对于不同的产品出口交易成本和扩展边际之间存在着显著的负相关系，在发展中国家，如果贸易成本较高，对于异质性产品的扩展边际有较大的负向作用，而对于同质产品扩展边际的负向作用较小。迪拜尔和莫斯塔沙瑞（Debaere & Mostashari，2010）运用伊顿和科图姆（Eaton & Kortum，2002）模型来分析"二战"后关税减免与贸易中新产品之间的关系，更用 1989 年到 1999 年的美国双边贸易和关税数据证明

了关税减免对于美国出口扩展边际的影响甚大。而一些发展中国家也积极进行贸易制度改革或推行贸易促进政策以寻求贸易持续增长，在贸易刺激政策的有效性检验上，智利的贸易鼓励政策同时通过扩展边际和集约边际正向影响了贸易流量（Alvarez & Crespi, 2000）；而秘鲁、乌拉圭和哥伦比亚的出口补贴政策通过出口企业、目标市场或产品品种的增加（扩展边际）有效地促进了贸易的增长（Martincus & Carballo, 2007, 2010；Helmers & Trofimenko, 2010）。

第三，融资约束。大部分研究认为融资约束对企业的出口扩展边际（出口参与决策、进入市场决策等）具有重要的影响，即融资约束低的企业更可能参与出口。格里纳韦（Greenaway）等（GGK, 2007）首次全面地检验了金融状况（financial health）对企业出口行为的直接影响，他们将融资作为企业异质性的表现，使用1993~2003年英国9292家英国制造业企业的面板数据，并采用流动比率（liquidity ratio）和杠杆比率（leverage ratio）来衡量企业的金融状况，结果发现出口商比非出口商拥有较好的金融状况，也就是说融资约束越低则企业越可能出口。苏网特尔丹（Suwantaradon, 2008）利用世界银行对巴西（2003）和智利（2004）的公司调查数据，发现在控制生产率和部门效应之后，出口商更可能是那些信贷约束比较低的企业。布奇等人（Buch et al., 2009）使用德国企业数据支持了融资约束影响企业出口参与的理论假说。贝洛内（Bellone et al., 2008, 2009）运用与GGK类似的研究方法，基于法国制造业企业微观层面数据的实证检验结果认为，融资约束是企业参与出口的障碍，拥有较好的事前金融状况的企业将更容易出口。总体上说，融资约束主要影响了出口的扩展边际。

第四，外部冲击。由于国家之间的贸易联系日益紧密，尤其是在国际生产网络的框架下，各国的贸易流量或方向容易受到外部经济环境的影响。伯纳德等人（2009）对美国的研究表明贸易伙伴间进出口长期波动主要表现为扩展边际，而短期波动（一般为一年）则主要为集约边际，因此，1997年亚洲金融危机对美国出口的冲击主要表现在集约边际。钱学锋和熊平（2010）考察了东南亚金融危机以及2000~2001年世界经济温和衰退两次典型的外部冲击对中国出口的影响，发现了外部冲击对集约边际的作用显著为负，对扩展边际的效应虽然较小却为正的作用方向，为出口的扩展边际提供了发展契机。

其余影响因素。除上述四个因素之外，基础设施的发展、文化联系、汇率制度等都会因为影响贸易成本而作用于出口的二元边际。佩德罗·阿尔巴兰、卡拉斯科和霍尔（Pedro Albarran & Carrasco & Holl，2009）通过对于西班牙的企业数据进行分析发现，基础设施的发展对于中小企业的出口具有促进作用。进一步地，玛蒂娜（Martina，2008）发现目标市场基础通讯设施的便利程度主要通过扩展边际对贸易量增长产生作用。巴斯托斯和席尔瓦（Bastos & Silva，2008）运用葡萄牙的企业数据，研究了他们对199个国家和地区的出口，结果发现：用共同语言、居住社区、殖民传统表示的较强的文化联系可以有效地促进企业零贸易数量的降低并提高既有出口企业的出口量。最后，克拉塞利等人（Colacelli et al.，2010）从136个国家的数据中得出双边的实际汇率波动主要通过扩展边际作用于贸易流量的结论。

3.4 小结与启示

中间品贸易由来已久，但早期的国际贸易被产业间贸易或产品间贸易占据，最终产品贸易一直是国际贸易发展的主流，直到近几十年，随着技术和通讯的发展，国际分工逐渐细化，同一产品的不同生产环节被分割并配置到不同的国家和地区进行生产，中间品贸易才得以迅速的发展，越来越多学者开始关注这一贸易现象，以及这背后的原因。

对于生产分割，多数学者仍沿用了比较优势理论进行解释，但是对于该理论进行了拓展使之动态化。根据生产分割的定义，一个产品的生产过程会包括若干环节，而每一个环节生产的中间品都要投入下一个环节继续生产，所以最终产品的生产厂商（一般为跨国公司）就需要在全世界范围内考察生产环节的配置，他们一般会将核心零部件的生产和研发配置在生产率较高或资本和技术丰裕的国家，将生产和组装环节放到生产率较低或具有丰富劳动力优势的国家，生产过程的紧密交织就形成了全球生产网络。如今全球生产网络迅速发展，不仅囊括了欧洲、北美和东亚地区，中国还成为这个网络的中心，大量的中间品涌入以中国为代表的东亚地区。于是，学者们开始将关注的重点转到中间品进口的效果上来。通过对于新新贸易理论的应用和扩展，学者们发现中间品的进口可以促进企业全要素生产率的提高，是对企业竞争力的提升。同时，该理论还指出企业生产率与固定贸易成本的关系是决定企业出口行为的重要因素，由此可以推断出中间品进口会通过提高生产率来最终影响企业在出口行为上的自我选择。一方面，学者们关心，出口为何会增长；另一方面也在探讨出口增长的方式及其带来的福利如何。因此，学者们将出口额的增长分解出扩展边际和集约边际，并试图去解释它们对于一国对外贸易的影响。可见，中间品贸易已经成为一个越来越重要的课题，特别是中间品进口对于出口的影响机制尚有许多需要完善和延伸的地方，因此，本书认为应对这一问题进行更加深入的分析和验证。

第一，需要明确提出中间品影响出口的机制，而且应该更多地站在发展中国家的角度，因为全球化浪潮把发展中国家迅速卷入了全球生产网络，但是它们在发展的过程中却是机遇与危机并存，这可能是一个提升国家整体竞争力的良机，同时也可能因为过分利用廉价要素而陷入贫困化增长。

第二，从模型的完整程度而言，还需要延伸中间品进口的影响机制，剖析对于出口增长方式的影响。通过参与全球分工，仅仅增加出口额并不是最终目的，而是要通过生产率的提高来优化出口结构。这对国家制定转型升级的政策具有重要的意义。

第三，从数据挖掘的角度，虽然大量现有文献已经对于出口的结构进行了分解，但是大多停留在出口总额的范畴，鲜有对于不同种类商品出口结构的分解，而且仅限于出口方向，几乎没有文献对于进口商品，尤其是在生产分割基础上的商品进口进行分解，这不利于全面了解一国的贸易结构，因此本书将尝试在细分的产品数据的基础上，对于能够反映一国生产分割的最终品出口和中间品进口的贸易额进行分解，这样做不仅可以清楚地看到中间品投入对于出口二元边际的影响，而且通过对中间品进口的分解可以窥见中国在全球制造业中的地位，与现实较为贴近。

第四，从技术层面而言，中间品的进口和最终品的出口存在双向同时关系，今后应该在互动关系上多做研究。

第 4 章

中间品进口对最终品出口二元边际的影响机制研究

大多数的文献研究发现了中间产品进口对于生产率的提升作用，而新新贸易理论又成功地运用了生产率的变化来解释企业的行为，但随着国际生产网络的发展，人们越来越意识到最终品的贸易规模正在被迅猛发展的中间品贸易所取代。中间品贸易不是孤立存在的，是由于生产分割促进生产企业在全球范围内配置生产过程所导致的，因此，中间品的投入必然是以最终品的生产为目的的，而且随着规模经济的发展和世界市场范围的扩大，进口的中间品最终成为了出口产品中的一部分，也可以理解成"为出口而进口"（巫强，2007）。这是一种由发达的国际分工所导致的必然联系，但这种联系中内涵的机制却很少有学者阐明，尤其是进口的中间品是通过何种渠道促进了出口，又在结构上促进了出口的哪个方面。为更好地回答这一问题，本书以新新贸易理论为理论基础，基于笠原和拉帕姆（2013）和喀纳斯（2007）的理论框架，建立了一个理论模型，从微观层面上明确地阐述了进口的中间产品通过提高生产率，使高生产率的企业可以选择出口获得更多的收益，更将机制延伸到出口二元边际，全面的指出了中间产品进口对于出口的影响。

4.1 模型基本假设

由于中间品进口涉及多个企业跨越国界的生产分割，需要充分考虑各国的比较优势和企业的异质性，所以模型需要以新新贸易理论为基础进行分析。

第一，多个国家，两种投入。假设世界由 $N+1$ 个不同的国家组成，每个国家都是最终产品的生产者和消费者以及中间品的生产者和消费者。因为本书主要研究一国进口的中间产品与出口的最终产品之间的关系，结合中国作为"世界工厂"的地位，所以认定作为研究对象国家为外向型发展中国家（S），广泛地参与了国际分工，在国际生产网络中主要从事加工装配的环节，即大量进口中间产品经过加工组装后，最终品又出口国际市场。在该国的生产过程中需要两种投入，一种是劳动，另一种则是中间产品。劳动是国内的禀赋，并假设不可以跨国流动，但可以跨部门流动，并假设工资水平为1。中间品的供给则可能有两个来源，一个是来源于国内，另一个是来源于国外。因此，其余 N 个国家被作为中间产品的供给地和最终品的主要市场，这 N 个国家包括两类：发达国家（N）和发展中国家（S），出于技术和禀赋的考虑，认为北方国家出口的中间品有大部分是包含技术含量较高的核心零件，而南方国家生产的中间品则多为初级产品或经过初步加工的工业部件。不同来源地的中间品对生产率的提升必然会有不同的影响。

第二，两个部门，传统部门 A 和制造业部门 X。其中部门 A 是完全竞争的，只需要投入劳动力生产同质产品，并且存在规模经济不变，投入一单位劳动生产一单位产品，因此在模型中部门 A 的产品被当作等价物。部门 X 是迪格希特—斯蒂格利茨（Dixit—Stiglitz，DS）垄断竞争的，每个厂商在生产过程中投入劳动力和中间产品生产且仅生产一种异质产品，且每个企业具有规模经济的特性。

第三，企业具有异质性。在新新贸易理论中，每个企业具有区别于其他企业的异质性，而该异质性主要地表现为企业固有的生产率（φ）有所不同，假设该生产率服从帕累托（Pareto）分布，具有形为 $G(\varphi)=1-\varphi^{-\gamma}$ 的分布函数，其中 γ 代表生产率异质性的参数，且 $\gamma>2$，当 γ 较大时说明企业之间生产率的异质化程度很高且大部分企业的生产率超过了可以出口的门限值，则企业出口的可能性就比较大。也正因为每个企业之间的生产率都存在异质性，所以我们才可以简单地认为，每个企业只生产一种异质性产品与其他厂商竞争，加强了上一假设条件。

第四，中间品和最终产品都存在运输成本。这里的运输成本指的是包括运费、关税等在内的广义运输成本，并假设运输成本为冰山型运输成本，无论是中间品还是最终产品，要想有 1 单位运抵需求地，就必须装运 τ 单位产品，因为会有 $\tau-1$ 的运输成本在途中被消耗掉。需要解释的是，这里的运输成本除了包括货物的运输费用还包括通关手续等行政费用。

第五，中间品进口和最终品出口都需要花费进入的固定成本。这里的固定成本可以看作是贸易的官僚成本、营销成本和建立分销渠道的管理和运营成本（Martina，2008）、为匹配国外消费者、供应商甚至政府的偏好所做出的改变（Kancs，2007）以及突破多边贸易体制和双边贸易体制中非关税壁垒的影响所付出的沉没成本（钱学锋、熊平，2010）。这种成本在进出口贸易中普遍存在，也正因为有这样的固定成本，所以并非每个企业都能从国外获得中间品或将最终品出口到国外市场，只有那些生产率高的企业才具有这种自我选择的资格。

4.2 中间品进口对生产率的影响机制分析

中间品进口作为一种投入会用于生产最终产品，因此中间品影响的发挥是在供求平衡的条件下实现的，所以本书将从需求和供给两个方面推导出中间品进口对生产率的影响机制。

4.2.1 消费者行为

在任一国家，代表性消费者刚性地供给劳动力 L，这些消费者是生产过程中的要素也是最终产品的消费者，分别消费传统部门的 A 产品和制造业部门的 X 产品。消费者对这两类产品具有柯布－道格拉斯（C－D）的消费偏好，同时由于 X 产品是由一系列的制成品构成的，消费者在消费这些具体的产品时又保持了不变替代效用（CES）的消费偏好，因此消费者要想满足自身的需求就需要消费 C_A 单位的同质商品和若干种、每种数量为 $q(\omega)$ 的制成品，因此消费者面对的效用函数为：

$$U = C_A^{\rho_A} C_X^{\rho_X}$$

ρ_A 和 ρ_X 分别为消费者消费传统商品和制成品的比例，且 $\rho_A + \rho_X = 1$。其中不变替代效用函数 C_X 用 Dixit－Stiglitz 垄断竞争函数模型来表示：

$$C_X = \left[\int_{\omega \in \Omega} q(\omega)^{\frac{\beta-1}{\beta}} d\omega \right]^{\frac{\beta}{\beta-1}} \tag{4.1}$$

ω 代表最终制造品消费的品种，$q(\omega)$ 为第 ω 类商品的消费量，β 是消费制造品的替代弹性且 > 1①。将 $p(\omega)$ 定义为商品 ω 的价格，通过消费者效用最大化的拉格朗日方程可以得到商品 ω 的最优消费量：

$$q(\omega) = Q\left[\frac{p(\omega)}{P}\right]^{-\beta} \tag{4.2}$$

这里 Q 为消费指数，在市场出清的情况下等于最终品进口国消费者的需求 C_X，且每个国家的消费量都是一样的。因此，消费者对于某一种产品 ω 的支出为：

$$r(\omega) = R\left[\frac{p(\omega)}{P}\right]^{1-\beta} \tag{4.3}$$

其中，R 为消费者消费若干种商品的总支出，受到消费数量和商品价格的影响，$R = PQ = \displaystyle\int_{\omega \in \Omega} r(\omega)\,\mathrm{d}\omega$，代表了一国的购买力水平。同样地，每个国家对于最终品的消费指数也是相同的。

4.2.2　生产者行为

生产者将最终产品生产出来后可以服务于本国消费者也可以选择是否出口到国外。在最终品的生产过程中，厂商雇佣劳动力作为要素的投入，同时还需要采购中间产品，因此厂商同样面临在国内采购中间品还是从国外进口中间品的选择。

生产体系中存在一些潜在的进入者，一旦进入就要花费固定的进入成本 f_e，该进入成本是指企业生产特定产品之前用于市场调研的沉没成本。每个新进入者的初始生产率 φ 都是特定的区别于其他企业的异质性的体现，该生产率服从帕累托分布，存在一个连续的累积分布函数 $G(\varphi)$。一个企业初始的生产率都会在短期内维持不变。当企业明确自己的生产率 φ 之后，就可以知道以这样的生产率生产的产量和市场决定的需求是否可以为企业带来收益并抵补成本获得利润，企业会据此做出进入或退出该市场的决策。一旦企业确定进入最终品的生产过程，还将必须支付一个固定的生产成本 f，这里包括厂房、设备等在短期内必须支付的不能调整的生产要素和费用。除此之外，厂商在每个时期都会因为自然灾害、新的法律法规、负债和消费者偏好等变化影响了企业生产率而承担可能性为 ξ 的退出，$0 < \xi < 1$。

---

① Dixit and Stiglitz, 1977.

　　在开放经济条件下，企业会选择进口和出口行为来体现自身利润的最大化，因此需要对最终品生产厂商所处的贸易地位进行描述。设 $d_m \in [0, 1)$ 代表企业的进口决策，当 $d_m = 0$ 意味着企业投入的中间品完全来自国内，不需要国外的供给，而 $d_m = 1$ 时说明企业投入的中间品完全来自国外的进口，但这是一种极端情况很少会出现，当 d_m 位于 0 到 1 之间时说明企业投入的中间品有部分是来自国内，部分来自国外企业，如果一个企业倾向于较多地应用国外中间品进行生产，那么 d_m 将趋近于 1，反之则接近 0；同样地，设 $d_x \in [0, 1]$ 作为企业的出口决策，$d_x = 0$ 表示企业生产的最终品将完全销往国内，而 $d_x = 1$ 时，企业的产品将全部用于出口，是一个完全外向型的企业，其余的取值说明企业有出口行为，但只出口其产量的一部分。综合考虑企业的进口和出口行为设 $d = (d_m, d_x)$ 来代表最终品生产厂商的贸易地位。基于该贸易地位的假设，可以认为厂商的产量即决定于其固有生产率 φ 又会受到中间品进口程度的影响，因此最终品生产厂商的生产函数为柯布－道格拉斯（$C - D$）生产函数：

$$q(\varphi, d_m) = \varphi L^\alpha \left[\int_0^1 x_o(j)^{\frac{\sigma-1}{\sigma}} \mathrm{d}j + d^m \int_1^N \mu_{ij} \cdot x(j)^{\frac{\sigma-1}{\sigma}} \mathrm{d}j \right]^{\frac{\sigma}{\sigma-1}(1-\alpha)} \quad (4.4)$$

　　劳动力和中间品的投入分别以 α 和（$1 - \alpha$）的份额投入最终产品的生产。其中，L 为国内劳动的投入；$x_o(j)$ 为国内生产的中间产品 j；$x(j)$ 为进口的中间产品 j，其进口来源地可以遍布 N 个国家，有可能是发展中国家也有可能是发达国家，来自北方国家的中间产品中可能包含了更多的技术含量，有利于促进中间品进口国的技术进步，因此同样进口一单位中间品所带来的效果可能会更强，所以本书引入技术转让系数 μ_{ij} 来捕捉由于进口来源地不同给生产带来更大促进效果的中间品，若中间品 j 来自发展中国家，则 μ_{ij} 取值 1，说明中间品的进口可以用来满足投入中的更多需求，若来自于发达国家，则 μ_{ij} 的取值将会大于 1，用以代表对产量增加起到的积极作用；$\sigma > 1$ 表示两种中间产品投入之间的替代弹性。

　　当企业被纳入开放经济条件后，企业进口中间品或出口最终品，还将承担除生产固定成本之外的固定贸易成本。第一，不存在出口行为的中间品进口企业需要面临 $f_m + \varepsilon > 0$ 的固定进口成本，f_m 为企业为寻求海外进口来源地付出的前期调查、搜集信息和谈判等沉没成本，而 ε 则代表企业在进口之前遇到的会对进口固定成本产生影响的冲击，这种冲击是跨企业和时间独立分布的，从实际角度考虑，有的冲击会加大企业的进口固定成本，例如突发的战乱罢工等，而有的冲击则会通过先前的业务关系等渠道降低进口特定中间产品的固定成本，所以可设 ε 是一个且服从于连续的累积分布函数 $H(\varepsilon)$ 且存在于区间 $\left[\underline{\varepsilon}, \overline{\varepsilon}\right]$ 并以 0 为均值的数。因此，对于最终品生产企业来讲，进口中间品用来生产也是一件有风险的事情，只有那些生产率较高，能够承担固定进口成本的企业才能实施进口行为，否则就只能在国内寻求中间品的供给，也就是说企业的进口行为是由企业初始的内生的生产率决定的。第二，如果出口企业不从国外进口中间产品，那么该企业在每个时期对每个市场出口都需要承担一个非负的固定出口成本 f_x 用于开拓潜在的国际市场，包括设立办事处或寻找代理商、了解当地市场的特性、建立销售渠道等。第三，若企业不仅在生产的过程中会进口国外的中间品投入，而且在销售的过程中还会将最终产品出口到国外市场，那么企业对每个市场的固定贸易成本就会变为 $\zeta(f_x + f_m + \varepsilon)$，但这不仅是进口和出口固定成本的简单叠加，还考虑到了企业进口和出口行为在固定贸易成本上的互补程度 ζ，且 ζ 的取值范围为 $(0, 1]$。当企业进口的中间品和最终产品互补性较高，即 ζ 较小，会使面临一个比较低的固定贸易成本，但成本是必然会存在的；如果互补性差则企业必须承担全部的进出口固定成本。我们不妨把互补系数看作是国际生产网络发展的体现，因为在生产网络中，进口中间产品的国家的企业生产最终品的目的往往是为了出口，当企业融入生产网络的程度越深或生产网络的范围越大，证明中间品的进口与最终品出口之间的关联性就越强，也就是说二者的互补关系就越明显。当企业步入开放经济后，一些共性的贸易成本得到整合，就会降低企业面临的整体贸易成本。因此，企业生产并贸易所面临的整个固定成本为：

$$F(d, \varepsilon) = f + N\zeta^{d^m d^x}\left[d^x f_x + d^m (f_m + \varepsilon)\right] \tag{4.5}$$

这说明，企业要生产并出口所面临的成本取决于其自身所处的贸易地位和一些外生的因素。在这里我们暂不考虑来自发达国家和发展中国家的中间品进口在进口固定成本上的区别。

在中间品行业中，有若干生产中间产品的厂商，假设每个厂商只生产一种中间品，且每个企业都可以以零进入成本按照计划生产中间品。为了使模型更容易处理，假设一单位的中间产品是在完全竞争的市场上由一单位的劳动所生产的（为保证边际成本等于边际收益），因为劳动力是刚性供给的，所以这就保证了国内中间品的价格为 1。同时假设国外中间品在其生产国国内的销售价格也为 1。如假设中所述，由于中间品的运输会存在冰山型的运输成本 τ_m 且 $\tau_m > 1$，要想保证有一单位的中间产品到达生产国，中间品供应商就必须装运 τ_m 单位的中间品。

同时，假设国内供给中间产品 j 的数量都相同为 $x_o(j) = x_o$。通过成本最小化问题计算，可以得到最终品生产厂商会进口的中间品数量为 $x(j) = x = \frac{1}{\mu}\tau_m^{-\sigma}x_o$，$\mu_{ij} = \mu$，说明当进口来源地为发达国家的时候，企业在确保生产的同时可以少进口一些中间品。因此，考虑了冰山成本后的中间品进口数量为 $X^m = \frac{N}{\mu}\tau^{1-\sigma}x_o$，总共投入的中间产品数量为：

$$X = x_o + X^m = \left(1 + \frac{N}{\mu}\tau_m^{-\sigma}\right)x_o \qquad (4.6)$$

根据对于中间品投入的假设，生产函数（4.4）可以被重新改写成以下形式：

$$q(\varphi,\ d^m) = a(\varphi,\ d^m)L^\alpha\left[x_o + d^m N\tau_m(\mu x)\right]^{1-\alpha} \qquad (4.7)$$

这里，使 $a(\varphi,\ d^m) \equiv \varphi \cdot \lambda$ \qquad (4.8)

通过对生产函数的变形得到 $\lambda = (1 + d^m\mu N\tau_m^{-\sigma})^{\frac{1-\alpha}{\sigma-1}}$，将 λ 称为生产率提升系数，因为 $\alpha < 1$ 且 $\sigma > 1$，所以 $\lambda > 1$。模型中，我们将 $a(\varphi,\ d^m)$ 定义为全要素生产率（TFP），这意味着全要素生产率与企业固有的生产率和生产率提升系数相关。下面，我们分别来考察全要素生产率是如何随影响因素产生变化的：

首先，将 $a(\varphi,\ d^m)$ 针对固有生产率 φ 求导，结果为 $a(\varphi,\ d^m)'|_\varphi = \lambda > 0$，TFP 是 φ 的单调递增函数，证明企业固有的生产率越高，通过进口中间品所获得能力提升就越高，这也说明了另一个问题即企业进口选择的门槛。如上文所述，进口会需要投入固定的进口贸易成本，在企业尚未涉及国外进口来源地时很难确定是否必然会带来收益，只有那些生产率较高的企业，它们通过生产—销售的过程能够抵补在进口之初所付出的固定成本时才会选择进口中间产品。而那些生产率比较低的企业只能继续从国内寻求中间品的供给，以期降低投入的风险性。

其次，考虑 TFP 对于企业进口贸易地位 d_m 的反应。将 $a(\varphi,\ d^m)$ 针对 d_m 求导，结果为 $a(\varphi,\ d^m)'|_{d^m} = \varphi(1 + d^m N\tau_m^{-\sigma})^{\frac{2-\sigma-\alpha}{\sigma-1}}\mu N\tau_m^{-\sigma} > 0$，TFP 也是随着中间品进口地位的提升而提高，说明大量进口中间品的最终品生产厂商的全要素生产率会高于没有中间品进口行为的厂商。

与此同时，我们还可以看到随着进口来源国（进口中间品种类）的增加，TFP 会提高，尤其是来自发达国家的中间品通常会较大幅度地提高 TFP。而且来自于周边国家的中间品进口对于生产率的提升作用也会优于距离较远的国家，当然对于进口来源地的选择还主要依据于对中间品的需要而非距离。因此，我们可以得到如下结论：

结论 1：最终品生产厂商的全要素生产率（TFP）依赖于企业固有生产率（φ），并且会随着企业进口贸易地位（d_m）的提升、进口来源国（N）尤其是发达国家（μ）数量的增加、进口贸易成本（τ_m）的降低而提高。在此基础上，达到促进最终品产量增加和扩大出口的目的。

4.2.3　中间品进口提高 TFP 的渠道

上文提到，进口中间产品的企业在生产过程中决定其生产能力的并不是自身固有的生产率 φ，而是受到过企业进口行为影响的全要素生产率 $a(\varphi, d^m)$。因为中间产品的进口从整体上提升了企业的生产能力，即使企业最初的生产率在短时间内无法改进，仍然可以在劳动投入不变的情况下生产更多的最终产品并且投入海外市场。一个值得关心的问题就是中间品的进口到底如何使企业变得比以前更具有比较优势了？根据梅利兹（2003）的研究，只有生产率高的企业才能克服出口中遇到的固定成本进行出口并获得更高的收益，因此理解中间产品如何对 TFP 施予影响并扩大了企业的出口变得至关重要。通过对于文献的整理，可以提炼出两条影响渠道。

第一种渠道为补偿渠道，主要通过降低成本、增加种类和提高质量三种方式来提高企业的 TFP，提升竞争优势。

（1）降低成本。企业进口中间产品的出口短期目的往往是基于降低成本的考虑。有些中间产品国外厂商在生产上具有比较优势，价格要比国内的中间品供给商便宜，因此选择进口中间品可以降低企业整体的生产成本，获得成本优势，有利于最终品价格的确定和利润的获得。

（2）增加种类。有些中间产品是最终品生产者国内所不具备的，例如多数来自于发展中国家的矿石和能源以及来自发达国家的核心技术，企业通过对这些中间产品的进口可以弥补自身禀赋的缺陷，获得相应的比较优势。布罗达等人（Broda et al.，2006）的研究中提到获得更多的中间品进口会有助于企业出口种类的扩张。哈尔彭等人（Halpern et al.，2009）用匈牙利的企业数据证明了中间品进口对于企业生产率的积极影响更多地来自中间品进口种类的增加。戈德伯格等人（Goldberg et al.，2010）利用印度的微观企业数据说明对于促进最终品的生产而言，中间品进口的种类比进口价格更为重要。

（3）提高质量。进口质量高于国内供给的中间品也会影响到企业的出口表现。在经济和消费水平不断发展的情况下，消费者的消费层次趋于多元化，因此对不同质量的商品的需求成为消费多元化的表现之一，质量高的产品不仅可以满足部分消费者的需求，同时厂商还可以实现更高的利润。库格勒和沃霍根（Kugler & Verhoogen，2009）利用来自哥伦比亚的企业数据分析了进口中间品和国内中间品的相对质量情况，发现相对于利用国内的中间产品，生产者更愿意进口种类独特且价格更高的国外中间品。沃霍根等人（2012）的研究显示相对于在国内市场的供给，发展中国家的最终品生产厂商倾向于出口质量较高的产品。

因此，企业通过进口中间产品，补偿了其在成本、投入种类和质量上的劣势，提高了自身的生产能力，促进了企业的 TFP 提升，可以生产出数量更大、产量更多的最终品并进行出口。

第二种渠道为技术转移渠道。企业通过蕴含在进口中间品的现代技术的扩散获得比完全自主研发支出更低的技术来提高生产力，这种生产力的提高即表现为劳动力生产效率的提高，也可以表现为企业创新能力的提升，通过进口学习更高级的技术生产更多种类的产品，获得更为广泛的市场份额。科和赫尔普曼（Coe & Helpman，1996）提到一国全要素生产率的提高，不仅与国内的研发投入相关更与国外的研发投入相关。继而科和赫尔普曼（1997）又定位发展中国家，通过对 77 国集团的数据分析，再一次说明了发展中国家通过从发达国家进口蕴含了先进技术的多种中间产品可以提高企业自身的生产效率。凯勒（Keller，2002）通过研究发现从1970～1995 年，研发逐渐全球化，相对于本国的创新，来自国外的研发更能提高全要素生产率，且至少能起到90%的作用。麦克多特等人（Miroudot et al.，2009）用1995 年到2005 年的贸易数据和投入产出表进行分析，发现在 11 个 OECD 经济体的 29 个产业中，大部分中间品进口与更高的生产率相关联，部分原因在于进口的投入中包含了更为发达的技术，还有部分原因在于进口中间品可以在最终品的生产过程中降低生产的无效率，使生产接近边界。斯梅茨和沃兹斯基（Smeets & Warzynski，2010）考察了丹麦的企业数据提出不同来源地的中间品进口可以提高企业的 TFP，进而会影响到企业的出口决策。斯通和谢波德（Stone & Shepherd，2011）也提到中间品的进口对于国内生产率的提高主要是通过技术转移的作用实现的。巴斯和斯特劳斯－卡恩（Bas & Strauss－Kahn，2011）将最终品生产企业的中间品进口来源地分为发达国家和发展中国家，他们发现进口产品数目的增加对于企业全要素生产率的提高和出口范围的扩大都发挥了显著的促进作用。

4.3　中间品进口对出口选择的影响机制分析

在上一节本书中描述了中间产品进口对于提高厂商全要素生产率所起到的积极作用，根据新新贸易理论的基本结论——生产率高的企业将能够选择出口来获得更大的利润，梅利兹（2003）、赫尔普曼等人（2004）、布鲁克斯和艾琳（Brooks & Eileen，2006）等学者也都曾提出过理论进行佐证，基于此，本节将重点阐述中间品进口将如何通过提高 TFP 来影响企业的自我选择机制，并对不同条件下企业的利润变化情况进行分析。

4.3.1　企业自我选择——进入与退出

根据假设，最终产品的生产厂商处在垄断竞争的市场结构中，企业具有垄断特性，但也面临着来自潜在进入者的竞争，因此，这些垄断企业不能按照垄断价格定价，此时最有效的定价策略是成本加成定价法（mark-up）。企业将包含产品替代弹性的分数 $\dfrac{\beta}{\beta-1}$ 看作是不变的加成率，与边际成本相乘获得最终产品在市场上的定价。由于假设了中间品的价格均为 1，所以我们就可以得到厂商生产的最终产品在国内市场的售价：

$$p^h(\varphi, \ d^m) = \left(\frac{\beta}{\beta-1}\right)\left(\frac{1}{\Gamma a \ (\varphi, \ d^m)}\right)$$

因为受到 TFP 的影响，所以国内价格仍然决定于企业固有生产率 φ 和进口贸易地位 d^m。此时，$\Gamma \equiv \alpha^\alpha (1-\alpha)^{1-\alpha}$。根据梅利兹（2003），这里还假设最终品的出口也要面临一个出口的冰山成本 $\tau_x > 1$，对于厂商而言，为保证一单位的最终品可以运到目的的，必须装运 τ_x 单位的商品。因此，最终品在国外市场的售价就要考虑到冰山成本，变成 $p^f(\varphi, \ d^m) = \tau_x p^h(\varphi, \ d^m)$。

由公式（4.3），我们可以考虑三种企业收益的具体形式：

第一，当企业即不进口中间品也不出口最终品，投入与消费全部依靠国内市场的时候，企业的收益为 $r(\varphi, 0) = R\left(\dfrac{p \ (\varphi, 0)}{P}\right)^{1-\beta} = R$

$$\left[\left(\frac{\beta-1}{\beta}\right)\cdot P\cdot\Gamma\cdot\varphi\right]^{\beta-1};$$

第二，当企业选择进口中间品来弥补比较优势的不足，但不选择将产品出口国外市场时，企业来自国内市场销售的收益可以写成 $r^h(\varphi,\ d^m)=R\left(\frac{\beta-1}{\beta}P\Gamma a\ (\varphi,\ d^m)\right)^{\beta-1}$；

第三，当企业既进口中间品又出口最终产品时，来自国外单个市场的销售收益为 $r^f(\varphi,\ d^m)=d^x R\left(\frac{p^h\ (\varphi,\ d^m)\ \tau_x}{P}\right)^{1-\beta}=d^x\tau_x^{1-\beta}r^h(\varphi,\ d^m)$。因此考虑到固有的生产率 φ 和进出口地位 d，在全球范围内销售最终品时，企业的总收益为 $r(\varphi,\ d)=r^h(\varphi,\ d^m)+Nr^f(\varphi,\ d)$，这里我们也暂不考虑，发达国家和发展中国家市场会给企业收益带来的影响。经过整理，可以把企业的总收益改写成：

$$r(\varphi,\ d)=(1+d^x N\tau_x^{1-\beta})r^h(\varphi,\ d^m) \qquad (4.9)$$

因此，利用公式（4.8）和公式（4.9），我们发现有进出口贸易行为的企业的收益与既不出口也不进口的企业的收益之间存在着一定的比例关系，而该比例又是与企业的进口地位及进口来源国相关联的：

$$r(\varphi,\ d)=b_m^{d^m}b_x^{d^x}r(\varphi,\ 0) \qquad (4.10)$$

这里，$b_x\equiv 1+Nd^x\tau_x^{1-\beta}$，$b_m=\lambda^{\beta-1}$。从公式（4.10）不难看出，一个企业要想在外部市场获得收益，增加对中间产品的进口，扩大中间产品的来源地尤其是加大来自于发达国家的进口无疑是一个不错的选择，但是收益的增加并不代表企业在生产网络中是否通过出口取得了利润，因为正的利润才是衡量企业是否适合于该市场的标准，因此我们需要通过利润的分析来了解何种企业才适合通过贸易获得竞争力促进企业的出口选择。由 $D-S$ 垄断竞争模型，一个固有生产率为 φ，拥有贸易地位 d 和中间产品进口固定成本冲击 ε 的企业，其利润函数可以写为：

$$\pi(\varphi,\ d,\ \varepsilon)=\frac{r(d,\ \varphi)}{\beta}-F(d,\ \varepsilon) \qquad (4.11)$$

在下面的分析中，为了更好地说明进口中间产品对于企业出口行为的促进作用，我们把整个经济分成四大块：一个封闭经济体和三个贸易经济体，每个经济体都包括若干的最终品生产厂商。自给自足的封闭经济体被称为经济体 A；在开放经济体中，简单地认为中间品进口与最终品出口中不存在明显的互补关系，即 $\zeta=1$，那么将进出口充分贸易的经济体定义为经济体 T，只有出口没有进口的经济体定义为经济体 X，只进口中间品无企业出口的经济体为经济体 M。任何一个经济体 $S \in \{A, T, X, M\}$ 都会有自己的门限生产率 φ_S 和总收益 R_S。

企业在确定生产的过程中首先要面临市场进入的决策，满足了自由进入（FE）条件的企业才会留下来继续生产。在经济体 $S \in \{A, T, X, M\}$ 中存在若干的潜在进入厂商，生产率高的企业在进入市场后发现可以维持生产并获得利润就会留在市场中，而生产率低的企业进入行业后，可能会因无法抵补付出的固定成本而退出，立刻遭到淘汰，进入的企业也会有 ξ 的概率退出市场。因此，我们可以通过自由进入（FE）条件找到，自由进入的生产率门限值 φ_S^*：

$$(1 - G\ (\varphi_S^*))\ \left(\frac{\overline{\pi_S}}{\xi}\right) - f_e = 0 \tag{4.12}$$

也就是说拥有生产率 φ_S^* 的厂商正好处在进入与不进入经济体 S 的临界点，当某一厂商自身固有的生产率 φ 大于 φ_S^* 时，企业可以留下继续尝试生产，但是否会持续获利还要看在市场中的表现，当 φ 小于 φ_S^* 时，企业就没有必要继续留下了。公式（4.12）中的 $\overline{\pi_S}$ 代表所有厂商的平均利润，它又是由各个经济体的平均利润 $\widetilde{\pi}_S(\varphi_S^*, d)$ 决定的：$\overline{\pi_S} = \sum\limits_{d \in \{0,1\}^2} v_S$ $(\varphi_S^*, d)\ \widetilde{\pi}_S(\varphi_S^*, d)$，其中 $v_S(\varphi_S^*, d)$ 代表进入的厂商经营进出口行为的比例。也就是说在经济体 A 中，企业自有进入的生产率门限值完全是内生的，而在开放的经济体 T、X 和 M 中，该生产率门限值的确定还会受到企业进出口地位的影响。

在长期效应影响下，经济体 $S \in \{A, T, X, M\}$ 中每个企业都在追求其价值的最大化，在退出市场的情况下，最大价值为零，未退出市场的情况下，最大价值是企业期望利润总和的现值。在假定没有贴现的情况下，企业的期望价值为：

$$V_S(\varphi, d) = \max\left\{0, \sum_{t=0}^{\infty} (1 - \xi)^t E_{\varepsilon_t}\left(\max_{d_t \in \{0,1\}^2} \pi_S(\varphi, d_t, \varepsilon_t)\right)\right\} = \max$$

$\left\{0, E_\varepsilon\left(\max\limits_{d \in \{0,1\}^2} \dfrac{\pi_S(\varphi, d, \varepsilon)}{\xi}\right)\right\}$，无论企业具有何种贸易地位，只有当 $\varphi > \varphi_S^*$ 时，$V_S(\varphi, d)$ 才会大于等于零，潜在厂商才愿意进入市场。与梅利兹（2003）对于企业自由进入生产率门限值的分析类似，我们得到了结论 2。

结论 2：企业自由进入市场的生产率门限值取决于利润与固定的进入成本，与中间产品的进口和最终品的出口行为暂时不相关联。

4.3.2 企业自我选择——生产、进口与出口

企业确定留下来继续生产并供给市场的时候就会面临第二个决策即生产（ZCP）决策，如果企业在销售中获得的收益能够弥补为生产和销售所付出的固定成本就可以继续生产并获得利润。

在经济体 A 中，只要生产率超过了 φ_S^* 的企业就可以留在市场，此时厂商只在国内寻求中间品供给且产品只服务于国内市场，所以根据利润决定函数（4.11）：

$$\pi_A(\varphi_A^*,\ 0,\ 0) = \frac{r_S(\varphi_A^*,\ 0,\ 0)}{\beta} - f,$$

当上式为 0 时，企业处于进入后生产与不生产的边界，此时企业实施生产的生产率门限值 φ_A^* 决定于零利润条件：$r_A(\varphi_A^*,\ 0,\ 0) = \beta f$。当某厂商生产率 $\varphi > \varphi_A^*$ 时，厂商会继续生产，并且寻求进出口经营；当某厂商生产率 $\varphi < \varphi_A^*$ 时，企业将会停止生产直至退出市场。则借鉴梅利兹（2003）模型，企业的收益可以写成：

$$r_S(\varphi_A^*,\ 0,\ 0) = b_m^{d^m} b_x^{d^x} \left(\frac{\varphi}{\varphi_S^*}\right)^{\beta-1} \beta f$$

在开放经济体 X，M 和 T 中，我们认为选择不从市场中退出的企业可以做出出口最终品和进口中间品的决定。根据正常利润的决定，我们定义如下相对生产率 Φ 为固有生产率 φ 的函数：$\Phi(\varphi) = \left(\dfrac{\varphi}{\varphi_T^*}\right)^{\beta-1} \left(\dfrac{f}{N}\right)$，则在贸易的情况下企业实施进出口的 ZCP 条件为：$r_S(\varphi_T^*,\ d) = b_m^{d^m} b_x^{d^x} \left(\dfrac{\varphi}{\varphi_T^*}\right)^{\beta-1}$ βf。根据利润函数的定义，将利润转化为相对生产率 Φ 的函数：

$$\hat{\pi}(\Phi,\ d) = b_m^{d^m} b_x^{d^x} \Phi N - F(d,\ \varepsilon)$$

为了了解厂商是如何进行进口和出口决策的，我们构造了一个厂商固有生产率和固定进口成本的函数并定义如下的变量以利计算出决策的边界。

首先，在 $\hat{\pi}(\Phi_x(d^m,\ \varepsilon),\ 1,\ d^m,\ \varepsilon) = \hat{\pi}(\Phi_x(d^m,\ \varepsilon),\ 0,\ d^m,\ \varepsilon)$ 的情况下求出临界值 $\Phi_x(d^m,\ \varepsilon)$：

$$\Phi_x(d^m,\ \varepsilon) = \frac{\zeta^{d^m} f_x + d^m\ (\zeta^{d^m} - 1)\ (f_m + \varepsilon)}{b_m^{d^m}(b_x - 1)} \tag{4.13}$$

这代表着一个拥有进口地位 d^m、固定进口成本冲击为 ε 的厂商正好

处在出口与不出口的临界值时的相对生产率 $\Phi_x(d^m, \varepsilon)$，由此我们可以通过对于不同厂商进口地位的调整获得厂商相对生产率所处的区间。

其次，在 $\hat{\pi}(\Phi_m(d^x, \varepsilon), 1, d^x, \varepsilon) = \hat{\pi}(\Phi_m(d^x, \varepsilon), 0, d^x, \varepsilon)$ 的情况下求出临界值 $\Phi_m(d^x, \varepsilon)$：

$$\Phi_m(d^x, \varepsilon) = \frac{\zeta^{d^m}(f_m + \varepsilon) + d^x(\zeta^{d^x} - 1)f_x}{b_x^{d^x}(b_x - 1)} \tag{4.14}$$

同理，这代表着一个拥有出口地位 d^x 厂商正好处在是否进口中间品的临界值时的相对生产率 $\Phi_m(d^x, \varepsilon)$，由此我们可以通过对于不同厂商出口地位的调整获得厂商相对生产率所处的区间。

最后，在 $\hat{\pi}(\Phi_{xm}(d^m, d^x, \varepsilon), 1, 1, \varepsilon) = \hat{\pi}(\Phi_{xm}(d^m, d^x, \varepsilon), 0, 0, \varepsilon)$ 的情况下求出临界值 $\Phi_{xm}(\varepsilon)$：

$$\Phi_{xm}(\varepsilon) = \frac{\zeta(f_x + f_m + \varepsilon)}{(b_m b_x - 1)} \tag{4.15}$$

依然，$\Phi_{xm}(\varepsilon)$ 反映了一个拥有固定进口成本冲击 ε 的厂商在是否进口中间产品并出口最终品时所面临的临界值。由此我们可以通过对于不同厂商进口和出口地位的调整获得厂商相对生产率所处的区间。

为了弄清中间品进口地位对生产率的作用继而明晰对企业出口选择的影响，我们先假设此时企业的中间产品进口行为和最终品的出口行为不存在互补性，二者的进出口决策完全出自生产率和成本的考虑，即 $\zeta = 1$，企业面临的固定成本简化为 $F(d, \varepsilon) = f + N[d^x f_x + d^m(f_m + \varepsilon)]$，依照式 (4.13) ~ 式 (4.15) 计算所得的临界值将企业进口和出口的决策反映在图 4.1 的不同区域中。

图 4.1 在新新贸易理论的框架下刻画了两个基本问题。第一，在一国经济内部，不是所有的潜在生产厂商都可以进入行业并进行生产，只有相对生产率超过了生产的门限值时才可以生产，所以相对生产率小于 f/N 的企业就要退出生产。而且也不是所有进入行业的生产者都可以进行贸易，只有那些生产率较高的企业，在生产后获得的收益可以抵补为生产和贸易所付出的固定成本时，才可以选择进口中间产品或出口最终品。因此，如图 4.1 所示，在从事生产的企业中，大部分企业处在经济体 A 中，即使这部分企业中有些厂商的 Φ 很高[1]，但是因为其无法支付更高昂的进口固定成本 $f_m + \varepsilon$ 而不能获得对 TFP 的提升时，企业还是不能拥有足够高的生产

---

[1]　这个生产率指的是固有生产率 φ。

率来支撑其出口行为。第二，在从事贸易的企业中，绝大部分厂商既进口中间产品又出口最终品，处于经济体 T。原因是这部分企业固有的生产率相对较高，可以抵补进口中间产品产生的额外固定成本，同时它们面临的进口固定成本又相对较低，易于补偿，所以它们会进口中间产品，自身较高的 φ 再加上外来的中间品在生产中的应用进一步促进了企业 TFP 的提高，使得企业有更大的比较优势去实施出口行为，参与到国际市场的竞争中去。处在经济体 M 中的企业，其生产率 φ 虽高于生产的门限值并且能够抵补较低的进口成本，但仍处在比较低的水平，即使有中间品进口的促进作用也达不到足以支持企业出口的较高水平，因此这部分企业只适合进口中间产品弥补自身在生产上的不足却无法出口其最终产品。处在经济体 X 中的企业虽因其进口的固定成本过高而不得不放弃对于国外高质量低价格的中间品的需求，但却因为自身更高的固有生产率 φ 而获得了出口的可能性。

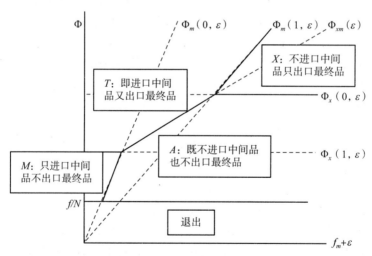

注：$\Phi_x(0, \varepsilon)$ 与 $\Phi_x(1, \varepsilon)$ 之间的区域代表的是因为进口中间产品而引致了全要素生产率的提高，这样对于出口企业固有生产率的要求就产生了差距，低生产率的企业通过引入外部中间品而提高了自身的比较优势仍然能够从事出口。$\Phi_m(0, \varepsilon)$ 与 $\Phi_m(1, \varepsilon)$ 之间的差距说明出口企业与国内企业相比能承受更高的进口固定成本。

图 4.1　当 $\zeta = 1$ 时企业的生产决策

结论 3：进入市场后，拥有较高生产率 φ 的企业在面临较低的进口固定成本（$f_x + \varepsilon$）时更容易做出贸易的选择，而且企业进口地位越高，进口来源国数目（进口中间品种类）越多出口的可能性也就越高。

4.3.3　企业自我选择前后利润的变化

前文提到天生具有生产优势的企业往往会在生产中采用进口的中间品，目的在于通过学习蕴含在中间品中的技术或利用更多元化的投入来获得自身产品的竞争优势，但是这种生产上的优势是否可以为企业带来利润的增加呢？换句话说，无论进口还是出口都需要面临着比国内市场更大的不确定性，对于企业是一种冒险行为，只有确定能够产生利润，企业才会乐于做出这样的选择，所以接下来，我们将对通过不同经济条件下厂商利润的分析来理解企业进行贸易的根本动力。

根据公式（4.11），在封闭经济体 A 中，即内部厂商既不进口中间品也不出口最终品，厂商的利润可以写成：

$$\pi_A = \frac{r_A(\varphi, 0, 0)}{\beta} - f = \left[\left(\frac{\varphi}{\varphi_A^*}\right)^{\beta-1} - 1\right]f = kf \geq 0$$

这里，$\varphi_A^* = \varphi_S^*$。当企业生产率 φ 大于等于临界值时，就可以进行生产并且获得零利润甚至正利润。

在开放经济条件下，企业的投入和销售不仅仅局限于国内，因此企业的利润形成需要考虑来自多个来源国、多个市场的成本和利益。

在经济体 M 中，内部厂商会进口来自国外的中间品来抬高自身的生产率，但目的仅仅是为了提升在国内市场的竞争力，不会全参与国际市场的竞争。在这种情况下，企业的利润来自于两部分：一是由国内投入带来的利润，二是由国外投入带来的利润，所以：

$$\pi^h(\varphi_M, d^m) = \pi_1^h(\varphi_M, 0) + \pi_2^h(\varphi_M, d^m)$$

在这一经济条件下，企业的固有生产率 φ_M 必将大于封闭条件下的 φ，因此企业可以有选择地进口中间品投入生产。此时，$\pi_1^h = \dfrac{r_1^h(\varphi_M, 0, 0)}{\beta} - f = \left[\left(\dfrac{\varphi_M}{\varphi_A^*}\right)^{\beta-1} - 1\right]f = k'f > kf$，且 $\pi_2^h = \dfrac{r_2^h(\varphi_M, d^m, \varepsilon)}{\beta} - F(d^m, \varepsilon) = \left[\left(\dfrac{\varphi_M}{\varphi_M^*}\right)^{\beta-1} - 1\right]\left[Nd^m(f_m + \varepsilon)\right] = k_M F_M > 0$，因此 $\pi^h(\varphi_M, d^m) > \pi_A$。这说明，进口中间产品投入生产可以提高企业的利润，即使进口存在一定的固定成本，企业也愿意部分或全部地引入来自国外的中间品，并且中间品进口来源地越多越能够提高企业的利润。

在经济体 X 中，由于内部厂商通常具有更高的生产率 φ_X 能够抵补出口带来的固定成本，所以部分或全部企业会选择将自己生产的最终品出口，但是企业不会进口中间品产品来投入生产。这时企业的利润仍然来自于两个部分：一是在国内市场销售获得的利润，二是销往国际市场产生的利润，所以：

$$\pi(\varphi_X,\ 0) = \pi^h(\varphi_X,\ 0) + \pi^f(\varphi_X,\ 0)$$

根据利润决定函数，$\pi^h = \dfrac{r^h(\varphi_X,\ 0,\ 0)}{\beta} - f = \left[\left(\dfrac{\varphi_X}{\varphi_A^*}\right)^{\beta-1} - 1\right]f = k''f > kf$，

且 $\pi^f = \dfrac{r^f(\varphi_X,\ 0,\ 0)}{\beta} - F(0,\ 0) = \left[\left(\dfrac{\varphi_M}{\varphi_M^*}\right)^{\beta-1} - 1\right][Nd^x f_x] = k_X F_X > 0$，所以 π

$(\varphi_X,\ 0)$ 必然会大于 π_A。所以，站在企业的角度上，扩大产品的消费市场是增加利润的重要渠道，因为在垄断竞争的市场上，企业是异质性产品的价格制定者，越是细分的市场越有利于企业的定价，当产量增加后固定成本逐渐被稀释，企业就能够在各个市场获得更高的利润。

在经济体 T 中，所有的企业充分竞争，如图 4.1 所示，这一领域内的企业占据了贸易企业绝大多数的席位，这是否意味着在这一领域存在着更大的利润才吸引了众多企业愿意充分贸易呢？我们仍然可以从利润的计算中得到答案。在这种情况下，企业的生产率 φ_{XM} 会大于其他任意情况下的生产率，只有这样才能抵补更大的进口和出口贸易成本继续生产并获利。根据贸易地位 d 的不同，企业的利润可以被划分为三个部分：一是自给自足的国内利润，二是进口中间产品但成品在国内销售的国内利润，三是将产品出口获得利润，所以 $\pi(\varphi_{XM},\ d^m,\ \varepsilon) = \pi_1^h(\varphi_{XM},\ 0) + \pi_2^h(\varphi_{XM},\ d^m,\ \varepsilon) + \pi^f(\varphi_{XM},$

$d^m,\ \varepsilon)$，同理 $\pi_1^h = \dfrac{r_1^h(\varphi_{XM},\ 0,\ 0)}{\beta} - f = \left[\left(\dfrac{\varphi_{XM}}{\varphi_A^*}\right)^{\beta-1} - 1\right]f = k'''f > kf$，$\pi_2^h =$

$\dfrac{r_2^h(\varphi_{XM},\ d^m,\ \varepsilon)}{\beta} - F(d^m,\ \varepsilon) = \left[\left(\dfrac{\varphi_{XM}}{\varphi_M^*}\right)^{\beta-1} - 1\right][Nd^m(f_m + \varepsilon)] = k'_M F_M >$

$k_M F_M$，且 $\pi^f = \dfrac{r^f(\varphi_{XM},\ d^m,\ \varepsilon)}{\beta} - F(d^m,\ \varepsilon) = \left[\left(\dfrac{\varphi_{XM}}{\varphi_{XM}^*}\right)^{\beta-1} - 1\right][N(d^x f_x + d^m$

$(f_m + \varepsilon))] = k_{XM} F_{XM} > 0$，所以 $\pi(\varphi_{XM},\ d^m,\ \varepsilon)$ 大于 $\pi^h(\varphi,\ d^m)$，同时也大于 $\pi(\varphi_X,\ 0)$。通过对于利润的分解，我们不难发现，开放经济条件下的企业所赚取的利润永远大于封闭条件下，所以企业迫切地需要贸易，而且与任一单一的贸易形式相比，充分的贸易总是能够使企业在不改变自身固有生产率的时候获得更大的利润，这更加说明了为了促进出口而进口的中间产品能

够为企业创造更多的价值。

4.3.4　国际生产网络的形成对企业自我选择的影响

通过前文的论述，可以确定进口中间产品能够提升企业的全要素生产率，最终达到促进出口增加企业利润的作用，并且进口的地位越高，进口种类和来源国数量越多对于提高企业的竞争力越为有利。但是这些结论都是建立在中间品的进口和最终品的出口不互补（$\zeta = 1$）的前提假设下，而目前中间品贸易的迅猛发展是与生产网络在世界范围内的形成和扩张紧密关联的。世界范围的贸易形势正在从产业内、产品间贸易向产品内贸易转化，企业将一个产品不同的生产工序进行分割，在全球范围内进行资源的优化配置，把每个生产环节都放在具有比较优势的国家，这样若干条产品的生产链交织在一起组成了生产网络，国与国之间的生产联系变得更为紧密，出于生产环节的考虑，生产网络内的厂商进口中间产品多数是为了最终产品的出口，进出口这种强烈的互补性会在客观上降低贸易的部分固定成本，而这种降低作用也必然会对企业的全要素生率和进出口的选择产生更为深刻的影响。

下面，我们放松假设，认为企业的中间品进口行为和最终品的出口行为存在一定的互补性，那么这种假设是否会改变企业的全要素生产率呢，并且这种改变会给企业的自我选择带来什么样的影响呢？假设 $\zeta < 1$，企业进出口的互补性增强，面临的固定贸易成本将变为 $F(d, \varepsilon) = f + N\zeta^{d^m d^x} [d^x f_x + d^m (f_m + \varepsilon)]$，根据公式（4.13）~公式（4.15）相对生产率确定方法，企业的进出口决策将出现变化，如图 4.2 所示。

由图 4.2，我们可以看到，随着生产网络逐渐形成并迅速扩大，企业参与贸易的相对生产率边界发生了变化，在贸易的情况下，企业固有生产率的门限值下降，意味着原来不具备贸易条件的企业在生产网络中也能参与到全球的贸易当中去了，原来只从事中间品进口或最终品出口的企业的数量变少，更多数量的企业在产品线内部从事着具有分工关联的生产和贸易行为。图 4.2 中的阴影部分就表示了因为生产网络的发展而参与到上下游生产中的企业数量。尤其对于发展中国家的企业而言，它们之中有些企业虽然生产率较低，原本不具备贸易的可能性，但因其可能具备的劳动和土地等要素价格较低的优势，在主动或被动地纳入生产网络后，通过进口

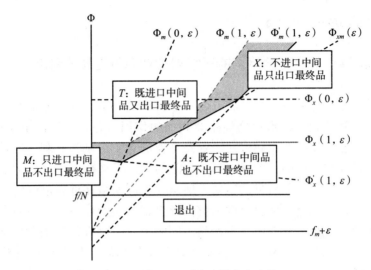

图 4.2　当 $\zeta < 1$ 时企业的生产决策

中间产品，提升了企业的全要素生产率能够胜任更大产量的产品的生产，所以它们可以去选择出口来消耗迅速扩大的产量。简单地说，在国际生产网络内部，企业的中间品进口行为强化了其出口的选择和由此可能带来的收益。

从利润的角度看，充分贸易的企业供给国内的销售利润和国外的销售利润都会产生变化。此时，要考虑到变小的固定成本和更低的生产率门限值：

$$\pi_2^h = \frac{r_2^h(\varphi_{XM}^{\zeta},\ d^m,\ \varepsilon)}{\beta} - F(d^m,\ \varepsilon)$$

$$= \left[\left(\frac{\varphi_{XM}^{\zeta}}{\varphi_M^{\zeta^*}} \right)^{\beta-1} - 1 \right] \left[N\zeta^{d^m} d^m (f_m + \varepsilon) \right] = k_M^{\zeta} F_{MM}^{\zeta}$$

$$\pi^f = \frac{r^f(\varphi_{XM}^{\zeta},\ d^m,\ \varepsilon)}{\beta} - F(d^m,\ \varepsilon)$$

$$= \left[\left(\frac{\varphi_{XM}^{\zeta}}{\varphi_{XM}^{\zeta^*}} \right)^{\beta-1} - 1 \right] \left[N\zeta^{d^x d^m} (d^x f_x + d^m (f_m + \varepsilon)) \right] = k_{XM}^{\zeta} F_{XM}^{\zeta}$$

　　整体收益与非生产网络时代相比是不确定的，因为随着贸易成本下降，进入市场的生产率门限值可能会由于竞争效应而提高①，所以贸易企

----

① $\dfrac{r(\varphi_{XM}^{\zeta^*},\ d)}{r(\varphi_A^{\zeta^*},\ 0)} = d^x \tau_x^{1-\beta} \left(\tau_m \dfrac{\varphi_A^{\zeta^*}}{\varphi_{XM}^{\zeta^*}} \right)^{1-\beta} = \dfrac{F_{XM}}{f}$，当 F_{XM} 下降时，$\varphi_A^{\zeta^*}$ 就会提高，这是因为市场开放后，国内企业的竞争加剧，迫使只有生产率更高些的企业才能进入市场进行生产。

业在国内的利润会受损，但是贸易固定成本的下降是普遍的，能够进入生产的企业更加容易参与贸易，因此企业会获得来自国外的利润，但企业真正的利润所得要通过国内利润和国外利润的权衡来获得。如果企业中来自国内的利润因为竞争下降得很快，要想获得更高的利润，企业就会逐渐提高它的出口地位并从国外进口中间产品，一旦无法通过贸易扩展市场或降低成本就有可能使利润蒙受损失；如果企业是一个新进入者，它必然会因为国外市场所带来的额外收益而获得更高的利润。总之，在国际生产网络逐渐深化的情况下，新进入市场的企业会因为收益的增加和固定贸易成本的下降而获利丰厚，但原有充分贸易的企业却可能因为国内利润的下降而使总利润下降。

结论 4：国际生产网络的形成降低了企业在进口中间产品和出口最终产品过程中的固定成本，因此有利于企业进口中间品进行生产，通过进口中间品可提高企业生产力，在出口选择上更为主动。

4.4　中间品进口对最终品出口二元边际的影响机制分析

对于发展中国家而言，充分参与全球生产网络有利于增强内部企业的出口选择，但是迅速扩大的出口额无法从结构角度解释这种增长的动力是什么。实际上，以中国为代表的大部分发展中国家为了促进经济增长，采取了外向型的贸易政策，因此出现了外贸繁荣的局面，这些国家在过去几十年内国际贸易总量的大幅上升与全球范围内的国际分工细化密切相关（（Dean et al.，2007）、北京大学中国经济中心课题组（2006）以及卢锋（2006）），同时这种上升还依附于全球化背景下跨国公司主导的价值链（GVC，刘志彪，2007）。当然，繁荣与危机并存，这些发展中国家数量型浅层次对外贸易的模式在一定程度上成为发展中国家发挥后发优势的桎梏。这就要求我们最好可以从结构上去了解一国尤其是发展中国家的出口主要是基于已有出口品种数量的增长还是出口品种的增多，或者是原有出口企业出口量的膨胀还是出口企业数目的增加，而且这种对于贸易总额实施的结构分解还应该是建立在国际生产网络的基础上的，即必须考虑中间品的进口对于最终品出口二元边际的影响，只有这样才能更加深刻地了解一国为什么要积极融入生产网络，同时在经济出现冲击的时候，企业的决策和国家政策应该如何调整才可以维持或促进该国出口的增长。

那么何为出口的扩展边际和集约边际呢？通常在实证的文献（Anderson & Wincoop，2003）中，习惯把从出口国 o 出口到进口国 d 的出口总额定义为 o 国运送出口货物船只的数目 W_{od} 与每条船只的平均价值 e_{od} 之积[①]。赫梅尔和克列诺（2005）也同样指出，总贸易额的增长可以分解成两个元素，即贸易的增长是通过贸易的集约边际（the intensive margin of trade，IM）和贸易的扩展边际（the extensive margin of trade，EX）而实现的（Melitz，2003；Bernard et al.，2003）。集约的边际意味着一国的出口增长主要来源于现有出口企业和出口产品在单一方向上量的扩张；扩展的边际则表明一国出口增长主要是基于新的企业进入出口市场以及出口产品种类的增加。类似地，赫梅尔和克列诺（2005）把 W_{od} 定义为贸易品种类的数目，把 e_{od} 定义为每个贸易品种的出口额[②]，即一国贸易总额 E_{od} 是由各个出口贸易品种的具体情况决定的：

$$E_{od} = e_{od} \times H_{od} \tag{4.16}$$

如同前文的分析，中间产品作为一种投入是最终品生产厂商面临的成本的一部分，既表现在固定贸易成本的变化上也表现为可变贸易成本的不同，这样两种成本的变化会影响到企业的全要素生产率，继而在垄断竞争的市场上决定了企业的出口额。结合对于一国出口增长方式的结构分解，玛丽亚·巴斯（Maria Bas，2010）通过对于阿根廷和智利企业数据的计量分析，得出结论，认为中间产品进口的密度[③]都能够显著地提高一国最终品出口的集约边际和扩展边际，中间品进口密度越大，企业的出口增长越快，但是对于集约边际的影响明显地大于扩展边际[④]。这是一个非常有趣的现象，从一定程度上证明了发展中国家中间产品的进口对于出口增长方式的影响。但是阿根廷和智利是以进口替代政策来促进经济发展的，基于这种样本的计量结果无法让人看到中间品进口对处于国际生产网络的国家的出口影响，同时由于进口来源国的不同所包含的不同产品特质是否也会影响到出口的增长方式也是一个问题。而且在国际贸易领域广泛存在着"零贸易"现象，随着国际分工的细化，无论是中间品贸易还是最终品贸

① 出口的二元边际是一个双边的概念，一般只涉及两个国家或两个集团，因此需要对于进出口的方向作为界定。

② 这种定义是基于反映微观层面贸易动因的新新贸易理论的，同时也是为了能够从行业的层面来解释微观的经济现象。

③ 进口的中间品占其总产量的比例，在一定程度上反映的就是一个企业的进口地位。

④ 毕德塞和普吕萨（Besede & Prusa，2007）曾指出对于发展中国家，几乎所有的扩展边际仅仅在短期内影响出口，而对国家长期出口增长几乎没有影响。

易，"零贸易"现象都出现了大幅下降，然而二者是否存在一定的关联也是了解一国中间产品进口对于最终品出口二元边际产生影响的重要方面。因此本书将继续以新新贸易理论为基础，利用喀纳斯（2007）的研究方法深入挖掘前文的研究成果，试图从结构的角度给出中间产品的进口是如何影响一国最终品出口二元边际的①。

4.4.1　中间品进口与国际生产网络框架下生产率门限值的决定

根据梅利兹（2003）的理论框架，我们假设任一国家的每个企业都会选择一种战略来进行生产和定价，因为这种战略是充分考虑了市场中所有厂商和消费者之后的结果，同时一国所有企业的战略组合起来就会形成一国的出口战略。因此，这就为我们从微观企业层面的现象来解释一国宏观出口的增长模式提供了前提。假设给定出口国中企业的最优定价策略和进口国中消费者的最优需求策略，我们可以得到出口地 o 国的单个出口企业到目的国 d 国的出口额：

$$e_{od}(\varphi_{XM}) = p_{od}(\varphi_{XM}) x_{od}(\varphi_{XM}) = d^x R_d \left(\frac{p_{od}(\varphi_{XM})}{P_d} \right)^{1-\beta} \qquad (4.17)$$

该公式为充分贸易的企业来自单个国外市场收益的变形：$r^f(\varphi, d^m) = d^x R \left(\frac{p^h(\varphi, d^m) \tau_x}{P} \right)^{1-\beta}$，因为集约边际涉及的是双边的概念，我们须对中间产品的进口国和最终产品的出口国进行标注。这里 φ_{XM} 是充分贸易的企业特定的生产率，是 o 国内部所有生产企业生产率集合的子集，同样服从帕累托分布和累积分布函数 $P(\varphi_{XM} < \varphi_{XM}^*) = G(\varphi_{XM}) = 1 - \varphi_{XM}^{-\gamma}$，其概率密度函数为 $g(\varphi_{XM}) = \gamma \varphi_{XM}^{-\gamma-1} d\varphi$。出口额会受到 d 国经济规模的影响，这反映出口市场消费者的购买力，同时出口产品的相对价格也是决定出口额的重要因素。这里的相对价格指的是 o 国出口到 d 国的商品的到岸价格与 d 制成品的价格指数 P_d 之间的比例关系。根据新新贸易理论中有关企业生产率对出口表现的影响的论述，在充分贸易的企业和潜在竞争者中一定存在着一个生产率门限值 φ_{XM}^*，只有生产率大于该门限值的中间品进口企业

---

① 从实用性的角度考虑，本书只研究中间产品进口对于充分贸易企业（既进口中间品又出口最终品的企业）的出口增长方式的影响。

才能够从事出口，因此根据价格指数的构成公式，目的国的价格指数可以写成：

$$P_d = \left(\sum_{o=1}^{N} R_o \int_{\varphi_{XM}^*}^{\infty} \left(\frac{\beta-1}{\beta} \cdot \frac{\Gamma a(\varphi,\ d^m)}{\tau_x} \right)^{\beta-1} \mathrm{d}G\ (\varphi) \right)^{\frac{1}{1-\beta}} \qquad (4.18)$$

该价格指数表示的是 d 国消费者消费某一产品的价格指数，而该产品可能来自世界上每一个国家的最终产品生产商。

根据企业的生产决策，o 国的厂商将产品出口到 d 国，只要出口收益足以抵补自身的贸易成本就可以获利，企业就会愿意进口中间产品并将最终品出口到 d 国，因此，我们可以通过零利润条件①，获得 o 国中间品进口企业进行出口时的门限生产率，由公式（4.11）等于0，可以得到：

$$d^x R_d \left(\frac{p_{od}(\varphi_{XM})}{P_d} \right)^{1-\beta} = \beta F_{XM} = \beta \left(N \zeta^{d^x d^m} \left[d^x f_x + d^m (f_m + \varepsilon) \right] \right) \qquad (4.19)$$

所以该门限生产率 φ_{XM}^* 为：

$$\varphi_{XM}^* = b_1 F_{XM}^{\frac{1}{\beta-1}} R_d^{\frac{1}{1-\beta}} P_d^{-1} \tau_x \ \left(1 + d^m \mu N \tau_m^{1-\sigma} \right)^{-\frac{1-\alpha}{\sigma-1}}$$

其中，$b_1 \equiv \Gamma^{-1} \beta^{\frac{1}{\beta-1}} d_x^{\frac{1}{1-\beta}} \left(\dfrac{\beta}{\beta-1} \right)$ 是一个常数。将门限生产率 φ_{XM}^* 带入价格指数公式（4.18）就可以得到一般均衡的价格指数：

$$P_d = b_2 \lambda^{\frac{\gamma+1-\beta}{\gamma}} \left(\frac{R_d}{R} \right)^{\frac{1}{\gamma}} R_d^{\frac{1}{1-\beta}} \theta_d \qquad (4.20)$$

其中，$b_2 \equiv \left(\dfrac{\beta}{\beta-1} \right)^{\gamma(1-\beta)} \Gamma^{\gamma(1-\beta)} \left(\dfrac{\gamma}{\gamma+1-\beta} \right)^{\gamma} b_1^{\gamma(\gamma+1-\beta)}$，$R \equiv \sum_{o=1}^{N} R_o$。公式（4.20）中的 $\theta_d = \left(\sum_{o=1}^{N} \dfrac{R_o}{R} F_{XM}^{\frac{\beta-\gamma-1}{\beta-1}} \tau_x^{-\gamma} \right)^{-\frac{1}{\gamma}}$ 代表目的国与世界上其他各国贸易的多边阻力项，可以将其看成是双边贸易成本的加权，世界上各出口国自身的经济规模与世界总经济规模之比作为权重。当目的国从除我们要研究的出口国之外的其他国家进行贸易时，如果贸易成本越高，距离越远则这个多边阻力项就越大，说明如果目的国要同其他国家进行贸易会遇到很大的阻力，所以它转而与研究对象 o 国进行贸易的可能性增大，会吸引更多的企业投入到 o 国出口到 d 国的出口中。值得注意的是，本书中的多边阻力项不仅会受到充分贸易企业的出口固定成本的影响还会受到其进口

---

① 本书是在生产企业的范围内寻找充分贸易企业作为研究对象，因此为方便分析，在零利润条件中，只考虑固定的贸易成本。

固定成本的影响，这说明中间品进口和最终品出口的互补性大小会决定着出口企业面临的阻力，若进口国与其他出口国组成国际生产网络，那么这种互补性会增强，互补性越强，系数 ζ 越趋近于 0，其他国家充分贸易企业面临的固定贸易成本降低，根据公式 d 国与其他国家贸易的阻力就会减小，相对而言，本国企业想要将产品打入进口国的市场就会变得困难。这与安德森和温库普（Anderson & Wincoop，2003）中定义的"多边阻力变量"相似，但是该方法没有考虑到固定成本、生产网络的形成和生产企业异质性的影响。

将一般均衡的价格指数带入门限生产率 φ_{XM}^* 的决定公式，可以更加细化 φ_{XM}^* 的决定因素：

$$\varphi_{XM}^* = b_3 \left[N\zeta^{d^x d^m} \left(d^x f_x + d^m (f_m + \varepsilon) \right) \right]^{\frac{1}{\beta-1}} \left(\frac{R}{R_d} \right)^{\frac{1}{\gamma}} \left(\frac{\tau_x}{\theta_d} \right)$$
$$\left[1 + d^m \mu N \tau_m^{1-\sigma} \right]^{-\left(\frac{1-\alpha}{\sigma-1} \right)} \tag{4.21}$$

其中，$b_3 = b_1 b_2^{-1}$。这里由于考虑了厂商进口中间品的行为对于企业出口决策的强化作用，所以我们需要突出三方面因素对于充分贸易企业门限生产率的影响：第一，贸易地位 d 越高，尤其是出口比例 d^x 越高，则门限生产率也会越高，因为贸易的比例越高遇到的贸易壁垒就会越多，这就要求只有生产率较高的企业才能跨过贸易壁垒实现贸易，但是当进口比例为 d^m 的时候，可以通过提高企业的全要素生产力来提高企业弥补固定贸易成本的可能性，所以进口比例 d^m 对于门限生产力的影响要视企业竞争力提升的幅度和进口贸易壁垒的比较来决定。第二，若 o 国的贸易企业倾向于将更多的产品出口到国际生产网络内部的贸易伙伴 d 国，也就是说中间品进口和最终品出口的互补性越强，即系数 ζ 越小，则门限生产率就会越低，因为同属于生产网络内部，企业之间的生产关联更加密切，因此参与贸易的企业将会更多。第三，中间品进口来源地的不同也会影响到门限生产率的设定，进口自发达国家的中间产品数量越多，意味着产品中包含的技术含量越高，则门限生产率越低，因为通过进口为企业带来的全要素生产率的提高效果更为明显，只要能够在进口中学习，原来固有生产率相对较低的企业也可以参与国际贸易了。

结论 5：中间品进口比例越高，国际生产网络越发达，从发达国家进口的中间产品越多，目的国的规模越大，与之距离越近，其多边阻力项越大，出口贸易成本越小，决定中间品进口企业的出口选择的门限生产率 φ_{XM}^* 越小，说明会有更多的企业参与国际分工。

根据这个结论，随着国际生产网络的发展，由多种中间品进口造就的出口品种多样化降低了所有贸易领域内的"零贸易"现象，这将有助于提高出口的集约边际和扩展边际。数据显示，制造业中"零贸易"占比下降明显[①]，截止到 2004 年已经下降到 42.9%，其中差异化产品和高技术产品的"零贸易"占比最低。

4.4.2 中间品进口与出口的集约边际（IM）

在上一个问题中，根据充分贸易企业的生产决策条件，我们已经求出中间品进口企业在进行出口决策时的生产率门限值 φ_{XM}^{*}，以及每个国家制成品的价格指数。本部分我们将利用 φ_{XM}^{*} 来了解每个厂商的出口情况。根据梅利兹（2003）只有生产效率高于门限值的企业才能在贸易中抵补所付出的贸易成本，中间产品进口企业才能从事出口的选择，因此一般均衡情况下，出口地 o 国的单个出口企业到目的国 d 国的出口额，即公式（4.17）可以改写为：

$$e_{od}(\varphi_{XM} > \varphi_{XM}^{*}) = \lambda_4 \varphi_{XM}^{\beta-1}\ (1 + d^m \mu N \beta \tau_m^{1-\sigma})^{\left(\frac{\beta-1}{\gamma}-2\right)(\alpha-1)} \left(\frac{R}{R_d}\right)^{\frac{\beta-1}{\gamma}} \tau_x^{1-\beta} \theta_d^{\beta-1}$$

$$(4.22)$$

其中，$\lambda_4 \equiv d^x \left(\Gamma b_2 \dfrac{\beta}{\beta-1}\right)^{\beta-1}$。这就是单个企业的出口数量（单一品种产品的出口数量）也就是出口的集约边际。我们依然关注 d^m、ζ 和 μN 这三方面因素对于出口集约边际的影响，这是本书的核心内容之一，也是本书区别于之前研究成果的重要内容。首先，企业进口中间产品比例的增加毋庸置疑会提高企业出口的竞争力，这就促使更多的企业将产品出口。进口比例越高，企业通过对国外中间产品的引入可以迅速填补自身的比较劣势或提高比较优势，在投入不变的情况下生产更多数量，这样就能够实现企业在海外市场上的收益的增加，足以抵补不变的固定贸易成本，可以获得正利润。其次是中间产品来源地的不同对于集约边际的影响，一般认为来自发达国家的中间产品中包含了更多的技术含量，所以越多地进口来自发达国家的中间产品越容易从技术外溢中获得生产力的提高，继而单个企

---

① 施炳展：《中国出口中零贸易分布特点及其影响因素：基于新新贸易理论的实证》，载《世界经济文汇》，2010 年 2 月。

业的数量持续增加。最后，国际生产网络的发展对于出口集约边际没有直接的影响，是通过影响生产率门限值 φ_{XM}^* 间接产生影响的。也就是说，企业要想维持或增加自身产品的销量只需要降低生产成本或提高劳动生产率就可以实现，只要企业定价低供给充足，进口方就愿意与之合作，而那些固有生产率较低的企业就只能与生产网络内部有生产联系的贸易伙伴进行贸易，因为它们要面临的固定成本相对较小。就中国而言，我们可以看到加工贸易企业往往生产率比较低，从一个侧面验证了生产网络的发展对于企业出口选择的间接影响。当然，针对不同种类的最终品，这一结论也会有些许出入，可以想象在最终消费品的出口中，这种现象会更加明显，我们可以通过计量来进一步验证。

结论 6：在其他条件不变的情况下，中间品进口比例越高，从发达国家进口的中间产品越多，固有生产率越高，出口的集约边际就会越大。

注：这里的其他条件指：目的国的规模①，与之距离及其多边阻力项。

4.4.3 中间品进口与出口的扩展边际（EX）

一国贸易的增长除了依赖于单个贸易企业出口的扩大，更重要的，还会受到出口企业数量（出口产品种类）增加的影响，即扩展边际。由定义可知，扩展边际衡量的是在出口国的总体经济中，生产率大于出口门限值 φ_{XM}^* 的充分贸易企业的数量，因此我们可以通过企业异质性的分布函数得到扩展边际：

$$H_{od} = R_o P(\varphi_{XM} > \varphi_{XM}^*)$$

$$= b_5 \left[N \zeta^{d^x d^m} (d^x f_x + d^m (f_m + \varepsilon)) \right]^{-\frac{\gamma}{\beta-1}} (1 + d^m \mu N \tau_m^{1-\sigma})^{\frac{1-\alpha}{\sigma-1}} \frac{R_o R_d}{R} \left(\frac{\tau_x}{\theta_d} \right)^{-\gamma}$$

$$(4.23)$$

其中，$b_5 \equiv d^x b_3$。作为文章的重要结论，我们继续分析 d^m、ζ 和 μN 这三方面因素对于出口扩展边际的影响。第一，企业的贸易地位对于出口的扩展边际具有直接的影响，这种影响的发挥是通过对于固定贸易成本和全要素生产率的作用来实现的，因此与对生产率门限值的分析类似，只要企业进口中间品的比例能够大幅度地提升企业的竞争力，并且足以抵补为此而花费的固定贸易成本时就可以达到扩大出口扩展边际的作用。第二，来

---

① 进口国的市场越狭小，竞争者越少，垄断厂商越容易进行控制。

自发达国家的中间品进口因此包含了较多的技术含量而促使生产率的提高，并且这种提高会影响到出口的每一种增长方式。第三，当 o 国与越来越多的国家组成国际生产网络的时候，中间品进口与最终品出口之间的互补性日益增强，系数 ζ 的变小促进了出口扩展边际的提高。这是因为在生产网络内，贸易成本的降低会促使最终品生产厂商进口多种中间产品，通过不同的加工组装工序就可以完成多样化的最终品供给。

结论7：在其他条件不变的情况下（同结论6的前提条件），中间品进口比例越高，国际生产网络越发达，从发达国家进口的中间产品越多，贸易成本越低，出口的扩展边际就会越大。

结论6和结论7是本书最核心的两个结论，它揭示出一国参与国际生产网络的重要性。因为随着国际分工的不断深化，任何一家企业甚至任何一个国家都无法完成一种产品的独立生产，所以融入国际生产网络的内部，根据自身条件承接生产的某一环节或者工序，不仅有利于利用自身的比较优势实现利益的最大化，还有益于发展中国家通过学习发达国家外溢的技术提高自身的竞争力。值得注意的是，跨国公司在中间品进口主导的国际生产网络中起到了载体的作用，它们利用自身的优势在全球范围内进行资源配置，将生产和销售的环节串联起来，实现了全球范围内中间产品的大量进口和最终产品的出口。

由上述分析可知，一国的出口沿着两个方向持续增长：一是出口的扩展边际，二是出口的集约边际。对于充分贸易的企业而言，通过进口中间产品可以提高企业的全要素生产率，并由此决定着企业的出口行为选择，而且其所在的出口国是否属于国际生产网络的一部分也在一定程度上决定着这种选择和企业出口的二元边际。

4.5 中间品进口的贸易效果

中间品进口的增加是国际生产网络逐渐发展所催生出来的必然结果，越来越多的企业和国家愿意融入这种国际分工细化的大格局中，进行中间品贸易，这是因为中间品贸易可以给各国的企业带来好处，有利于实现生产专业化、消费多样化、资源的优化配置和促进技术进步。本节将对中间品进口会引起的贸易效果进行分析。

4.5.1　中间品进口对生产者福利的影响

以出口最终产品为目的而进口中间品的企业通常会在进口的过程中使自己的全要素生产率得到显著提升，如同芬斯特拉（Feenstra）在 2006 年曾经指出的"贸易利益经常隐藏在一国生产率的提高中"。因为进口的中间产品可以降低企业的投入成本、增加企业投入的种类并通过技术外溢提高企业的生产效率。企业作为生产的主体，逐渐改善的比较优势是其能够进行生产专业化和优化资源配置的推动力。

生产专业化。对于进口中间品的企业，尤其是发展中国家的企业而言，通过加工组装实现产品的最终价值，这是一个生产流程规范化和规模化的过程。由此而形成的规模经济和产业集聚更提高了加工组装企业的专业性。同时随着分工的深化，生产企业的异质性表现明显，通过进口特定中间产品进行加工生产提高全要素生产力，企业竞争力增强，生产也更趋向于专业化。随着多国多个企业加入国际生产网络，专业化生产的产品品种增加，企业的产出也就更加多样化。

资源的优化配置。通过中间品进口对于全要素生产率的作用，企业在新的市场条件下进行自我选择，生产率得到提高的企业留在市场上进行生产并且可以选择出口，而生产率没有得到提高的企业可能就会因为竞争被淘汰出市场，因此带动了资源的优化配置。首先，根据梅利兹（2003），从封闭到开放，产品的市场份额将从低生产率的企业向高生产率的企业转移，通过本章的理论模型，我们认识到，如果开放经济也允许中间品的大量进口，这种转移效应将会得到增强，因为这种额外的投入会促使全要素生产率的提高。如果企业自身固有的生产效率很高，面对市场时只选择出口却在生产的时候没有进口中间品，那么该企业的市场份额也会遭到损失。原因在于，当经济完全开放时，与国内和国外进口中间产品用于生产的厂商相比，该厂商只有比较劣势因此会影响定价和销量。也就是说，缺乏中间产品的进口会对企业生产率和利润产生一个负面的影响。如图 4.3 所示，无论是企业自身不愿意进口中间品（$d^m = 0$）还是面临很大的贸易壁垒而无法进口（$\tau_m \rightarrow \infty$），都会导致进口收益 b_m 趋近于 1，这时，企业是否出口完全取决于固有的生产效率，$\Phi_X(1, \varepsilon)$ 将上移与 $\Phi_X(0, \varepsilon)$ 重合为同一条直线。这就使得原来生产率较低但是可以通过中间品进口来提高全要素生产率的企业不得不退出贸易，失去了选择出口的机会，图中的阴影部分表示的就是生产率较低的企业因无法弥补比较劣势而在竞争中丧失出口市场份额。换句话说,在开放经济条件下,对于一个企业,尤其是发展中国家的企业而言,如果没有进口中间品作为生产的投入,那么它在出口市场的份额也将减少,这说明更多地参与全球生产网络有利于企业更好地开拓海外市场,通过增长的集约边际(单个产品数量的增加)和扩展边际(出口产品种类的增加)获得更大的利润实现资源的优化配置。其次,随着中间品进口带动的出口企业的优胜劣汰,与中间品匹配的要素禀赋,例如本书中涉及的劳动也将发生变化。由于假设劳动要素是不可跨境流动的,而且国内又存在传统部门 A 和制造业部门 X 两个部门,因此劳动的转移将会存在两个层次的流动:在制造业部门 X 内部和两部门之间的流动。在 X 部门内部,充分贸易的企业将获得更高的全要素生产率和更大的利润空间,由于需求量大的增加和工资水平的提高,更多的劳动由低效率、进口贸易地位比较低的企业流向了生产率高的企业,实现了劳动力在部门内部的转移。同时,随着中间产品进口提升了制造业部门整体的全要素生产率,最终品的产量和出口量提高,对于劳动尤其是熟练劳动的需求增加,在制造业部门的工人工资将上升,因此原来处于传统部门的劳动力将会转移到制造业部门实现劳动的跨部门流动。这样,资源就在全球范围内实现了优化配置,并且这种优化效应在国际生产网络内部体现得更为明显。

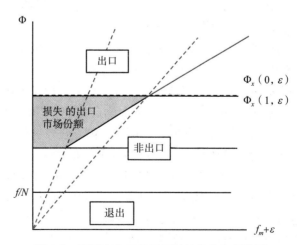

图 4.3　当没有中间品进口时的企业生产决策

4.5.2　中间品进口对消费者福利的影响

　　中间品的进口不仅直接带来了企业全要素生产率的提高，还通过这种提高间接地影响到了消费者的福利水平。当经济由封闭转向开放，消费者的福利会受到两种效应的影响：一种是消费者可支配收入的变化，另一种是消费者可消费种类的变化。首先，消费者的实际可支配收入会受到商品价格的影响：$W_S = \dfrac{1}{P_S}$。由公式（4.18）可知，当最终品的生产过程中投入的进口中间产品越多，那么该最终品的价格就会越低，这是由于进口中间产品提高了企业的生产率降低了企业的生产成本所导致的。同时，在垄断竞争的市场上，最终品的充分贸易又会带来价格的竞争，因此，进口了中间产品进行生产并最终出口的最终品价格具有绝对的优势，因此，$W_A < W_X < W_T$ 并且 $W_A < W_M < W_T$，说明贸易引起的竞争最终会扩大消费者的可支配收入。其次，如前文所述，进口中间品可以提高企业的全要素生产率，使固有生产率较低的企业有了进入出口市场的可能性，而且每个企业都具有异质性生产异质产品，进入充分贸易的企业数目越多说明在市场上存在的商品种类越多，尤其在国际生产网络的框架下，参与贸易的企业会带来更多的商品可以用来满足各个层次的消费者需求。因此消费者的收益可以购买更多数量和更多种类的产品，实现了消费者福利的提升。

4.5.3　中间品进口对技术进步的影响

　　根据前文的分析，中间品进口对于企业全要素生产率的促进主要通过两个渠道起作用，一个是补偿渠道，另一个就是技术转移渠道。中间产品，尤其是从发达国家进口的零部件中往往包含着先进的技术，这更高的技术含量会通过技术扩散被中间品进口国的企业学习和模仿，并在此基础上进行工艺改进和创新，起到促进技术进步的作用。而且本国企业在进口零部件的同时，发达国家也往往会提供一定的技术指导和培训，从而间接带动本国技术水平的提高（张会清、唐海燕，2011）。此外，高技术零部件进口产生的市场竞争压力会迫使国内企业采用更先进的技术和更熟练的劳动力，市场需求压力逼迫非熟练工人不断提升自身素质和知识技能，逐渐适应高端环节的生产，从而带动本国的技术升级（楚明钦、陈启斐，

2013）。从格罗斯曼和赫尔普曼（Grossman & Helpman，1991）首次用理论模型分析中间产品贸易与技术溢出的关系开始，众多学者都从研发溢出的视角分析了发达国家研发资本通过中间品进口对伙伴国（地区）全要素生产率的影响。进口中间产品可以让厂商从国外获得技术并从国外的研发中受益（Kasahara & Rodrigue，2008），尤其是零部件的进口，由于竞争效应、示范效应、模仿效应以及关联效应而促进的技术进步。霍尔格等人（Holger et al.，2004）从长期和短期两个方面证明了以零部件进口为主要特点的生产外包对技术进步的影响，他们认为，在短期内进口质优价美的中间投入品，可以导致生产力的膨胀而使企业的生产函数外移，长期内通过改变生产要素的份额来影响生产力。哈沃尔（Jabbour，2007）证实了垂直专业化下的中间品进口可以成为技术扩散的主要途径。阿明尼（Amighini，2005）对中国 ICT 产业的分析表明，中国在这类产业的国际垂直分工中从低端起步，从技术扩散中获益，这对整个国家的产业升级都产生了积极影响。

4.6　小结与启示

随着国际生产网络的逐渐形成和扩大，中间品进口已经成为越来越重要的经济现象。为了更为清晰地解释这一现象，本章在新新贸易理论的框架下，构造了一个 $N+1$ 个国家，两个部门，一种要素一种中间品投入的理论模型，明确地梳理出中间品进口促进了最终品出口的机制，并且将这一机制深化，指出了中间品对不同的出口增长方式即出口的二元边际起到的作用。

本章首先在模型的前提假设中明确研究对象为发展中国家的企业，且这些企业在固有生产率上存在差别形成了企业之间的异质性，根据梅利兹（2003）企业异质性模型，正是这种异质性和固定贸易成本之间的关系决定了企业是否可以进行出口选择。但在完全开放的条件下，企业的这种异质性不是一成不变的，它会随着企业进口中间产品的比例而发生变化（Kasahara & Lapham，2013），同时本书还创造性地考虑了中间品进口来源地（进口种类）对于企业全要素生产率的影响，从而揭示出中间产品进口通过补偿渠道和技术转移渠道提高企业竞争力以增大其出口选择的内在机理。接下来，企业可以根据自由进入（FE）条件决定是否进入市场，进入进口市场后再根据零利润（ZCP）条件决定其产量和出口量。这看起来是个简单的决定，但是在开放条件下，厂商不得不考虑到包含了中间品进口的复杂情况。如果企业的生产率较低（但也需要高于封闭条件下的生产率门限值），但进口的固定成本也很低，企业就可以选择进口中间品来弥补生产过程中的比较劣势，但不能通过出口获得来自国外的利润；如果企业的生产率很高可以选择出口，但进口的固定成本无法被抵补的时候，企业就只能利用高成本的国内中间品来生产并且出口，利润必然会受到损失；只有生产率较高企业面临的进口固定成本也相对较低才能充分贸易，这样既能通过进口中间品提升自身的全要素生产率，增加竞争力，又可以提高出口地位，坐享来自国内外市场的利润。在这个选择和提高的过程中，我们重点关注了企业进口地位 d^m、中间品进口来源地（进口种类）即技术转让系数 μ 以及全球生产网络指标 ζ 对于相对生产率的影响，发现企业进口越多的中间品，来源地越广泛尤其来自发达国家的品种越多、全球生产网络越发达，企业进行充分贸易的可能性越大，获得的利润就越多。

对于发展中国家而言，仅仅弄清进口中间品是如何促进生产和出口的机制还不够，还必须明确对于出口结构的影响，才能给予全面评价。由喀纳斯（Kancs，2007）的理论框架，本章又将企业生产的最终品的出口总额分解成出口的集约边际（单一出口产品数量的增加）和扩展边际（出口产品种类的扩展），寻找中间品进口对于出口二元边际的影响。根据一般均衡的推导，我们得到充分贸易条件下企业均衡的生产率，只有大于这个均衡生产率 φ_{XM}^* 的企业才能出口。结论显示：中间品进口地位、技术转让系数 μ 与出口的二元边际均有正相关的关系，而生产网络的发展程度主要影响了出口的扩展边际。

综上所述，进口中间产品可以提高企业的出口竞争力，促进技术进步，增加了生产的出口收益，满足了消费者更多样化的消费需求，提升了全社会的整体福利。因此，在国际生产网络快速发展的情况下，发展中国家的企业只有积极融入进入才能获得长足的发展。

第 5 章

中间品进口对出口选择
影响机制的实证分析

随着中国经济越来越深刻地融入全球生产网络的框架中，中间品进口尤其是零部件的进口对于最终品贸易的影响越发突显，生产分割不仅促进了中国在世界市场上的参与程度，更改变着中国经济各行业内部的贸易格局。通过理论模型的推导，不难发现，中间品进口可以促进最终品出口，而且这种促进作用是通过全要素生产率的提升来传导的，现有文献通过大量数据证实了中间品进口对全要素生产率（TFP）的提升作用以及 TFP 的提升对最终品出口的促进作用，鲜有实证检验能够将二者合而为一，从整体上检验开放经济条件下，中间品进口的积极作用，这不能完整地描述中国目前的"世界加工厂"地位。对于像中国这样中间品进口占到进口总额 2/3 以上的发展中国家而言，从 TFP 的角度揭示为何要持续进口中间品和提升进口中间品的质量是尤为重要的。

本章试图在以下方面对现有文献进行扩展：（1）全面分析各类中间品进口对于最终品贸易的影响的异同；（2）以制造业作为研究对象，着重分析零部件的进口对于中国最终品本品贸易的促进作用，兼而检验 TFP 的传导作用；（3）检验不同类型的制造业零部件进口的作用的差异，并根据这种差异进行分类，找到形成差异的原因。

5.1 计量模型的推导

通过上一章的理论推导，可以确定最终品的出口在很大程度上受到中间品进口额、种类、质量和来源地的影响，并明确了这种影响作用的理论机制。本章将对所述及的理论机制进行实证检验。

5.1.1 与现有计量模型的差异性比较

现有文献大多使用引力模型来解释贸易的影响因素，传统的引力模型往往考虑的是经济质量即贸易双方的 GDP 对于贸易的影响，但是贸易的计量口径是一个总额，而 GDP 则记录的是日常经济活动的价值增值，二者在统计口径上存在差异，并且随着国际分工的日益细化，商品的生产已经不大可能完全在一国境内生产完成，在发达国家和发展中国家，甚至是发展中国家之间形成了大量的中间品贸易，东亚地区形成了世界上重要生产网络，在有效分工的前提下，实现了国与国之间资源的优化配置（Kimura，Fukunari，Yuya Takahashi & Kazunobu Hayakawa，2007），在这样的生产框架下，总贸易流量已经无法准确地表达价值增值的具体额度，这就对传统的引力模型中的影响因素提出了质疑。1962 年，丁伯根（Tinbergen）首先构造传统的引力模型用于解释双边贸易的影响因素，该模型来源于消费者支出方程（Poyhonen，1963；Linnemann，1966；Anderson，1979；Bergstrand，1985，1989，1990），双边的贸易流量是基于双方的 GDP、距离和其他一些控制因素进行回归的，这对于解释产业间和产品间的贸易是非常合适的，使用目的国的 GDP 来代表消费需求，出口国的 GDP 代表供给。但是，当中间品贸易占据世界贸易的大部分份额时，单纯用 GDP 来衡量贸易双方之间的贸易流量已经不甚准确了。后来，许多学者开始研究对于适用于中间品贸易的引力模型，但是研究成果也相对有限（Egge，2004；Baldone et al.，2007）。伯格斯特兰和艾格（Bergstrand & Egger，2010）发展了一个可以计算的一般均衡模型用来解释最终品、中间品和 FDI 的双边流量。总之，当中间品贸易尤其是零部件贸易蓬勃发展的时候，需要对引力模型的影响因素尤其是供给方面的经济质量进行重新定义才能更为准确而深刻地反映生产分割的深远影响。

因此，本章将基于上一章业已推导出来的理论机理，以克鲁格曼和维纳布尔斯（Krugman & Venables，1996）的"垂直联系"（vertical linkages）模型为基础，并借鉴鲍德温（Baldwin，2011）的分析框架，尝试在最终产品市场为垄断竞争的前提假设下构建改进的引力模型，重要的是，将中间产品的进口纳入最终品的生产函数和成本函数中，这样做可以说明中间产品的贸易而非 GDP 对于一国最终品贸易的作用，体现全球生产网络的形成对于国际贸易格局的影响。

5.1.2 改进的引力模型推导

假设世界上存在若干个 O（riginal）国（地区）和 D（estination）国（地区）。每个国家存在两个部门，分别生产食品（A）和制成品（M）[①]。D 国（地区）作为最终产品的消费国（地区），消费食品 A 和最终制成品 M 两种商品。其中 A 部门是完全竞争的，只需要投入劳动（L）；M 部门是 Dixit – Stiglitz 型的垄断竞争部门，需要投入中间产品（X）和劳动（L）。而且在 M 部门中，每个企业都具有规模经济的特征，只生产一种区别于其他厂商的异质性产品。O 国（地区）是最终产品的生产国（地区），在其生产过程中需要投入中间产品和劳动。当然 O 国（地区）生产过程中所投入的中间产品会有国内外两个来源，D 国（地区）消费的最终制成品既有可能是进口的也有可能是本国供给的。为简化问题，这里认为 D 国（地区）消费的最终产品只来自于 O 国（地区）的出口，O 国（地区）生产所投入的中间产品只来自于从国外的进口。

1. 消费者行为

在全球生产网络中，作为主要的需求方，D 国（地区）消费者的需求可以由 A 和 M 两类商品来满足，其满足程度由 $C-D$ 效用函数来表示：$U = A^{1-\mu} M^{\mu}$，其中 A 部门是同质产品，μ 是常数，代表最终制成品 M 的支出份额，则 $1-\mu$ 就是同质产品 A 的支出份额。M 是 D 国（地区）消费者对异质产品的效用函数，假设所有消费者都具有相同的偏好，消费者都有多样化需求，但也不会对某些特定的工业品具有特殊的偏好，也就是说消费者对各种工业品的偏好程度是相同的。这样，消费者对异质产品的效用函数可以用不变替代弹性（CES）函数来表示：$\left[\int_0^n m(k)_{od}^{1-\beta} dk\right]^{\frac{1}{1-\beta}} = M$，$m(k)_{od}$ 代表每种制成品在最终产品进口国的消费数量，共有 n 种制成品。

消费者面临的预算约束为 $E_d = p^A A + \int_0^n p(k)_{od} m(k)_{od} dk$，$E_d$ 为 D 国（地区）消费者的总支出。p^A 是同质产品 A 的价格，$p(k)_{od}$ 分别为每种制成品的在最终产品进口国的到岸价格，共有 n 种制成品。

所以，D 国（地区）面临的需求需要分两步来完成：

---

① 从现实情况考虑，每个地区都既是消费地，又是生产地，本书是根据在制成品的生产和消费过程中的主要地位来进行设定，因此指向单一。

第一步，考虑在制成品部门的支出最小化：$\min \int_0^n p(k)_{od} m(k)_{od} dk$，即不论制成品组合 M 是多少，需要选定每一个 $m(k)_{od}$，使消费者获得 M 的支出最小。β 是商品间的替代弹性，反映各产品之间的相互替代能力，$\beta > 1$。可以看到，当 β 趋近于无穷大时，效用函数就变成线性效用函数，这意味着产品间具有完全的可替代性，在这种产品具有完全可替代性的情况下，消费者也就无所谓多样性需求，此时多样性需求强度为 0；当 β 变小时，产品间的可替代性减弱，消费者认为产品间的差异性在加大，消费者的多样性需求欲望变强烈。因此在约束条件中，β 反映了消费者对产品多样性的需求强度，β 越大，多样性需求越弱；β 越小，多样性需求就越旺盛。

通过这一步，我们可以得到在国际生产网络内部的每个需求方都会消费若干种制成品

$$m(h)_{od} = M \frac{p(h)_d^{-\frac{1}{\beta}}}{\left[\int_0^n p(k)^{\frac{\beta-1}{\beta}} dk\right]^{\frac{1}{1-\beta}}} \tag{5.1}$$

每种制成品与制成品组合的比例由该产品的价格和相对价格指数来决定，其中将 $P_d = \left[\int_0^n p(k)_d^{\frac{\beta-1}{\beta}} dk\right]^{\frac{\beta}{\beta-1}}$ 定义成 D 国（地区）消费最终制成品的价格指数。

第二步，考虑将 D 国（地区）消费者的总消费如何分配到 A 与 M 中，根据 C - D 效用函数的特性，对于 D 国（地区）消费者来讲，对于 A 的需求数量为 $A = (1-\mu)\frac{E_d}{p_a}$，对于 M 的需求数量为 $M = \frac{\mu E_d}{P}$，带入公式（5.1）得到 $m(h)_{od} = \left(\frac{p(h)_d}{P_d^{1-\beta}}\right)^{-\frac{1}{\beta}} \mu E_d$，这里 μE_d 代表 D 国（地区）消费者在 M 产品上的支出，$m(h)_{od}$ 代表 D 国（地区）消费的每一种制成品所需花费的支出。

将 D 国（地区）从 O 国（地区）进口的 n 种最终商品加总，得到 D 国（地区）的间接需求函数：

$$V_d = n \times m(h)_{od} = \mu n E_d \frac{1}{P_d}(p(h)_{oo}\tau_{od})^{-\frac{1}{\beta}} = \left[np(h)^{-\frac{1}{\beta}}\right] \mu E_d \tau_{od}^{-\frac{1}{\beta}} \frac{1}{P_d} \tag{5.2}$$

我们看到这种需求函数的设定符合国际生产网络中的需求方对于消费的期望，因为各个国家（地区）的消费者既要实现消费的多样化满足更多的需求，又要花费支出最少，通过国际生产网络，生产者可以实现专业化，在降低成本的同时还可以集中力量研发适应市场需求的新产品，易于

满足消费者的要求。

2. 生产者行为

作为国际生产网络的供给方，来自 O 国（地区）的厂商生产最终制成品 M，且供给 D 国（地区）满足需求。在制成品的生产过程中，需要投入中间产品和劳动力。为了简单起见，我们假设中间产品的投入全部来自外部，即 O 国（地区）进口中间产品利用劳动力来加工组装成制成品来出口，这也只有在国际生产网络的条件下才能以更低的成本实现要素资源在全球范围内的优化配置。为了与 D 国的消费相对应，O 国（地区）任何一个厂商生产某产品的生产函数也采取 C – D 生产函数的形式：

$$Q_o = L_o^{1-\alpha} X_o^{\alpha}$$

Q_o 代表 O 国（地区）任一厂商制成品的产出，L_o 代表该厂商为生产制成品投入的劳动量，X 代表厂商为生产最终品进口的中间产品，由于中间产品的异质性，O 国（地区）会进口多种中间产品，不同的中间产品间具有替代弹性 σ，σ 取值大于 1，当 σ 的取值接近于正无穷时，说明进口哪类中间产品对于最终产品的生产和出口的影响并不大，而 σ 接近于 1 时，说明中间产品的投入和最终产品的产出有着严格对应关系。这里假设中间产品也处于 D – S 垄断竞争的市场环境下，也采用经典的 CES 生产函数来代表中间产品的投入量：$X_o = \left[\int_0^m x\ (i)_{od}^{1-\sigma} \mathrm{d}i \right]^{\frac{1}{1-\sigma}}$。

所以单个厂商在生产最终产品的过程中需要进口中间产品，并配以劳动进行生产，假设该厂商面临的成本为两种投入之和：$C_o = wL_o + G_o X_o$，由于中间品的生产函数是 CES 形式，因此定义 $G_o = \left[\int_0^m (g_{d,i} \tau_{do})^{1-\sigma} \mathrm{d}i \right]^{\frac{1}{1-\sigma}}$ 表示中间品的价格指数。其中，$g_{d,i}$ 表示在 d 国（地区）生产的第 i 种中间产品在当地的价格，τ_{do} 为进口中间品的冰山成本，取值大于 1，二者相乘即为本国厂商要进口第 i 种中间品所需要花费的价格。

厂商需要考虑成本最小化，可以得到：$L_o = Q_o \left(\dfrac{G_o}{w} \right)^{\alpha} \left(\dfrac{1-\alpha}{\alpha} \right)^{\alpha}$，$X_o = Q_o \left(\dfrac{G_o}{w} \right)^{-\alpha} \left(\dfrac{\alpha}{1-\alpha} \right)^{-\alpha}$，将劳动投入和中间产品进口带入成本函数 C_o，得到：$C_o = Aw^{1-\alpha} G_o^{\alpha} Q_o$

其中 $A = \left(\dfrac{\alpha}{1-\alpha} \right)^{-\alpha} + \left(\dfrac{\alpha}{1-\alpha} \right)^{1-\alpha}$，说明 O 国（地区）生产最终产品的成本取决于中间产品投入的进口价格和劳动力价格，将生产函数带入成本

函数，就会有：

$$C_o = A(wL_o)^{1-\alpha}(G_oX_o)^{\alpha} \tag{5.3}$$

这里 O 国（地区）的成本包括中间产品的投入和劳动的投入，如果 O 国有 n 种产品出口到 D 国（地区），即存在 n 个厂商，那么 O 国（地区）的总供给（总成本）就等于 nC_o。

在开放条件下，考虑到市场出清的条件，假设 O 国（地区）生产的制成品全部用于出口，被世界其他国家消化，则

$$nC_o = np(h)_{oo}^{-\frac{1}{\beta}}\Big[\sum_d \frac{\tau_{od}^{-\frac{1}{\beta}}}{P_d^{\frac{\beta-1}{\beta}}}(\mu E_d)\Big],$$

其中，$\Omega_o = \sum_d \tau_{od}^{-\frac{1}{\beta}} P_d^{\frac{\beta-1}{\beta}}(\mu E_d)$ 代表 O 国（地区）的市场潜力，与距离、进口国的价格指数和收入水平相关，则将 $np(h)_{oo}^{-\frac{1}{\beta}} = \dfrac{nC_o}{\Omega_o}$ 和成本函数（5.3）带入 D 国（地区）的间接需求函数（5.2），得到

$$V_d = KE_d\tau_{od}^{-\frac{1}{\beta}}\frac{1}{P_d}\frac{(wL_o)^{1-\alpha}(G_oX_o)^{\alpha}}{\Omega}, \quad 其中\ K=\mu nA \tag{5.4}$$

方程（5.4）将处于全球生产网络内的出口国（地区）的生产与进口国（地区）的需求结合起来，通过对于出口国（地区）成本的分解，得到中间产品投入和最终产品出口间的直接关系：中间产品进口的增加会使得该国（地区）最终商品的出口变得更多。

根据上文的理论模型，考虑到数据可得性，我们建立经验研究需要的计量模型。将式（5.4）取对数，得到：

$$\ln f_{ot}(\ln capital_{ot}/\ln consumption_{ot}) = \gamma_0 + \gamma_1\ln m_{ot}(\ln component_{ot}/nprimary_{ot}) +$$

$$\gamma_2\ln e_{dt} + \lambda_3\ln\ (lf_{ot}) + \gamma_4\ln dist_{od} + \gamma_5\ln p_{dt} + \gamma_6\ln x_{ot} + \ln free_{dt} + \varepsilon \tag{5.5}$$

在该计量模型中，主要考察零部件的进口和本国劳动的投入对于最终产品的外部需求的影响程度，从而从经验的角度来证明最终产品的出口国即中间产品的进口国在整个全球生产网络中的地位。

5.2　中间品进口对最终品出口的影响——基于整体最终品出口的考虑

本节将利用中国与全球生产网络中的主要贸易伙伴之间的中间品和最

终品贸易额，对上一节中推导出来的改进的引力模型进行验证，探讨中间品进口以及国内增值对于最终品出口的影响。

5.2.1 整体最终品出口样本的选择

本节将 2000 年到 2010 年间设定为样本时段，采用中国与 33 个来自欧美和亚洲的国家或地区组成的全球生产网络作为研究对象，他们分别是印度尼西亚、马来西亚、菲律宾、新加坡、泰国、越南、保加利亚、塞浦路斯、马耳他、捷克、丹麦、爱沙尼亚、芬兰、法国、德国、希腊、匈牙利、爱尔兰、意大利、拉脱维亚、荷兰、波兰、葡萄牙、罗马尼亚、斯洛伐克、斯洛文尼亚、西班牙、瑞典、英国、中国香港、日本、韩国、美国。

中间产品进口和最终品出口的产品层面的细分贸易数据来源 CEPII 的 BACI 数据库，继而根据联合国 Comtrade 数据库对于产品大类的分类标准，将产品数据归纳为总体的贸易数据用于计量。

5.2.2 数据选取

根据计量模型（5.5）数据来源和处理方法如下，主要变量的统计特征见表，为尽量避免数据的异方差对于计量结果造成的影响，本章的贸易数据均须经过对数化处理。

1. t 年最终产品出口（V_{dt}）

因为存在市场出清的前提假设，本节用出口国（地区）对于最终产品的出口来表示进口国（地区）对于最终产品的需求，所以此处采用的数据是中国对 33 个全球生产网络内的伙伴国（地区）出口的最终产品数额，数据全部来源于 CEPII 的 BACI 数据库，采用 Comtrade 的 BEC 分类方法，将不同产品对应到相应的产品分类中，分别考察了总体最终产品、最终消费品和最终资本品的出口情况，作为被解释变量。分别以 $\ln f_{ot}$、$\ln consumption_{ot}$ 和 $\ln capital_{ot}$ 进入模型。

2. t 年中间产品的投入（$G_{ot} X_{ot}$）

中间产品的投入是依靠价格和数量来对最终产品产生影响的，总体看来就是中间产品的进口额会左右最终产品的出口，且我们预期这种影响会是正的，因为中间产品的进口会通过技术外溢提高出口国的生产效率，或者通过进口种类的增加来提高产品的差异性。这里我们用中国从各对应贸易伙伴进口的中间产品的总额来代表中间产品投入，表现供给一方的重要的供给能力，数据全部来源于 CEPII 的 BACI 数据库，采用 Comtrade 的 BEC 分类方法，将不同产品对应到相应的产品分类中，以 $lnintermediate_{ot}$ 进入模型。根据分析的需要，本节还着重考察零部件进口的作用是否显著以及对不同最终品的影响程度。根据上述 BEC 的分类方法，整理零部件的数据，并以 $lncomponent_{ot}$ 进入模型。

3. 目的国（地区）t 年的经济质量（E_d）

为了衡量一国（地区）的经济质量，本书采取 Bvd 宏观经济数据库中中国和各伙伴国（地区）的实际 GDP 来代表。这里将 GDP 作为一个控制变量，以 $lned_{dt}$ 进入模型。

4. 生产国（地区）t 年投入的劳动（$w_t L_{ot}$）

生产国（地区）的劳动投入是供给方的供给能力的另一个重要体现，是形成价值增值的基础，这里引入生产国（地区）的劳动投入是在国际生产网络的背景下，考虑中国作为制造中心，拥有劳动力中的优势，且大多数劳动力与贸易和外商直接投资相关，中国通过加工组装中间产品实现产品的价值增值。但是在产品的整体价值中需要弄清到底是生产分割后的哪个环节对于产品价值的实现贡献最大，一个简单的办法就是看一看生产国当年进口的中间产品和劳动的投入对于最终产品的出口哪个影响大，所以对于像中国这样的"世界工厂"而言，我们预计劳动投入对于最终产品出口的贡献将小于中间产品的进口。所有劳动工资和劳动力数量的数据均来自 Bvd 宏观经济数据库，作为解释变量，以 $lnlf_{ot}$ 进入模型。

表 5.1　　　　　　　　　　　主要变量的统计特征

variable	Mean	Std. Dev	Max	Min
lnf_{ot}	7.59	3.68	12.07	3.14
$lnconsumption_{ot}$	6.86	3.89	11.47	1.68
$lncapital_{ot}$	6.65	4.94	11.26	-0.37
$lnintermediate_{ot}$	11.90	0.27	12.50	11.12
$lncomponent_{ot}$	5.61	9.98	10.85	-7.13
$lnlf_{ot}$	6.59	0.12	7.13	6.00

资料来源：作者根据 Comtrade 中的 BEC 分类和 CEPII 中的 HS6 位产品编码的对应，将相应产品的贸易额加总所得。

5. 运输成本（τ_{od}）

对于出口的最终产品而言，运输作为成本的重要组成部分会影响产品的定价，所以有必要考虑运输成本的影响，而冰山成本的概念能够比较确切地反映出在运输过程中消耗的产品并计入产品的成本中。与经典文献一致，本书采用中国与伙伴国（地区）的首都（主要城市）之间的距离作为至此指标来考察冰山成本的影响。两国（地区）相离越远，运输时间越长，在运输途中消耗的产品则越多，对于最终产品而言，除生产成本之外的运输成本就越大，则出口贸易会受到影响；相反，两国（地区）距离越近，运输成本越小，会促进出口贸易的增长。首都之间的距离数据均来自CEPII 数据库，作为控制变量，以 $\ln dist_{od}$ 进入模型。

6. 目的国（地区）的价格指数（P_{dt}）

目的国（地区）的价格指数说明其价格水平，会影响到最终产品出口到目的国（地区）的定价，继而影响销量，因此需要将其固定成控制变量来考察解释变量对被解释变量的影响，数据 Bvd 宏观经济数据库，以 $\ln p_{dt}$ 进入模型。

7. 最终产品的市场潜力（Ω_{ot}）

出口国（地区）最终产品的市场潜力也是影响因素之一，市场潜力大将会增加对于最终产品的需求，所以也需要作为控制变量考虑。本书参照拜仁和贝格施特兰德（Bairer & Bergstrand，2001）的处理方法，利用公式 $\Omega_{ot} = \left(\sum_d GDP_{dt} \times (Dist_{od})^{1-\sigma} \right)^{\frac{1}{1-\sigma}}$，设弹性 σ 为 4，即最终产品的市场潜力受到目的国（地区）消费能力和距离的限制，以 $\ln x_{ot}$ 进入模型。

8. 进口国（地区）的经济自由度

一国（地区）的出口往往也会受到进口国（地区）开放程度的影响。一般地，如果进口国（地区）更加开放，进口商品遇到的壁垒就会更少，在进口国（地区）开拓市场需要花费的费用也越少，例如，渠道拓展、广告宣传等费用。本书用进口国（地区）的经济自由度来代表其开放程度估计对于最终产品出口的影响，经济自由度的数据来自 dataplut 数据库，包括对于商业自由度、贸易自由度、财政自由度、政府支出、货币自由度、投资自由度、产权、腐败程度、劳动力自由度 9 方面因素的衡量。经济自由度越高，代表该进口国（地区）的开放程度越高，出口的最终产品想要进入这样的市场需要付出的固定成本越有限，则出口应该越多。该数据是一种指标，以 $\ln free_{dt}$ 进入模型，作为控制变量。

5.2.3 计量结果及分析

本节采取面板数据的形式，因此在估计之前首先使用稳健的豪斯曼检验来确定估计的模型。根据检验结果，而对于最终总产品、最终资本品和最终消费品的估计均适用随机效应模型。估计结果如表 5.2 所示。

表5.2 　　　　　中间品进口对于整体最终品出口影响的回归结果

变量	最终产品	最终资本品	最终消费品
	(1) RE for $\ln f_{ot}$	(2) RE for $\ln capital_{ot}$	(3) RE for $\ln consumption_{ot}$
$\ln intermediate_{ot}$	0.707 *** (5.26)		
$\ln component_{ot}$		0.068 ** (2.20)	0.034 * (1.88)
$\ln ed_{dt}$	0.834 *** (13.15)	0.709 *** (7.50)	0.896 *** (13.39)
$\ln dist_{od}$	−1.080 *** (−4.53)	−1.244 *** (−4.2)	−0.994 *** (−4.4)
$\ln lf_{ot}$	−0.704 (−0.9)	2.257 * (1.25)	0.892 (1.25)
$\ln p_{dt}$	0.000726 * (1.66)	0.00188 ** (−2.4)	−0.000958 ** (−2.18)
x_{ot}	−215.098 * (−1.70)	55.963 (0.25)	−88.464 (−0.72)
$\ln free_{dt}$	1.467 *** (3.94)	2.436 *** (1.92)	0.687 ** (1.92)
constant	866.059 (1.69)	−243.371 (−0.27)	353.283 (0.71)
$N-sample$	330	330	330
R^2	0.8505	0.8006	0.8734

说明：*、** 和 *** 分别表示在 1%、5% 和 10% 上显著，括号内为 t 值，方差为稳健标准差。

首先，就主要的解释变量与被解释变量的回归结果进行分析：

1. 对最终产品总额的估计结果

根据表 5.2，可以看出，中国对各伙伴国家（地区）出口的总体最终产品显著地受到其从对应国家（地区）进口的中间产品的影响，而中国劳动的投入对于最终产品出口的影响则不显著，这一点符合预期。从计量上说明了在中国对外出口的最终产品中，只有增加国外中间产品的进口才会促进出口，而即使投入较多的国内丰裕的劳动也不能提高最终产品的出口，因此揭示出了中国在全球生产网络中的地位，即"世界工厂"，但由于劳动力工资较低，价值增值却很少。

2. 对最终资本品和最终消费品的估计结果

为了更好地说明中间品投入的结构特征对于不同最终品出口的影响，本节又进一步将中间产品细化为零部件，将最终品分为最终资本品和最终消费品分别进行回归，结果如表5.2所示。在表的（2）列中，列出了对最终资本品估计结果，可以看出，从对应国家（地区）零部件的进口额对于中国最终资本品出口的影响程度依然显著，而中国投入的劳动显著性小于进口的零部件，说明在最终资本品的出口上，依然要依靠国外零部件的进口。在第（3）列中，列出了对最终消费品估计结果。结果与总最终产品和最终资本品类似，相对于劳动的投入，仍然呈现出零部件进口对于出口更为显著的影响。

对比零部件进口对于两种最终产品的影响，其对于最终资本品的影响比最终消费品的影响更加显著，且在弹性上也更大。这是因为最终资本品主要包括了一些高技术产品，在其核心零部件的研发过程中投入大量的资金和技术，这是中国的比较劣势，因此中国需要大量进口来弥补劣势，同时投入具有比较优势的劳动完成产品的生产，将最终产品出口到购买力更强的发达国家（地区）去。而由于中国消费者购买力的增强，最终消费品可以更多地在中国国内找到市场，所以单就零部件的进口而言，对于最终资本品的影响程度要大于最终消费品。同理，由于最终资本品包含了高技术含量的特征，即使是在加工组装环节，也需要更为熟练的劳动，因此，国内劳动的投入对于最终资本品的影响也显著地大于最终消费品。通过对于产品种类的分解，更加印证了中国处在全球生产网络的中心，但主要承担加工组装的环节，这样在最终产品的出口中，收益大部分要用来到对应国家（地区）去购买零部件，而由于劳动力的价格低廉，真正留在国内的价值增值则很少。

其次，就影响最终产品出口的控制变量进行简要的分析。

贸易伙伴的经济质量对于中国最终产品的出口影响均显著地为正，这说明中国生产的最终产品，尤其是最终消费品需要外需的拉动，伙伴国（地区）的经济质量即购买力越大，中国出口的最终产品就越多。地理距离与最终产品的出口成显著地反比，两国（地区）距离越远，运输成本越高越不利于最终品的出口。最终资本品受距离影响更大，因为这类商品的价值较高，距离的增加带来的运输成本的提高和保险的附加使得单位产品的成本更大，不利于在市场上的销售。伙伴国（地区）经济自由度的上升会显著地提高中国最终产品的出口，且这种影响程度甚至超过了进口国

（地区）经济质量对于出口的影响，说明市场开放程度的提高可以有效地降低最终产品出口的固定贸易成本，利于在垄断竞争市场上获得有利的价格优势，继而促进出口量的增加。由于最终资本品所处的市场环境，垄断竞争性更强，所以伙伴国（地区）经济自由度对于中国出口的影响更大。伙伴国（地区）的价格指数影响不显著，且弹性较小，意味着中国出口的最终产品受到市场其他产品价格影响的可能性较小，但考虑到这类商品在进口国（地区）市场上本身价格就较低，因此这种对于物价水平相对稳定的反应正说明了中国出口产品的附加值较低，不能获得更多的收益。中国出口产品的市场潜力影响也不显著，但弹性较大，最终资本品市场潜力的提高会较大程度地促进出口，而最终消费品市场潜力的提高则会降低出口，说明最终消费品越来越多地服务于国内市场。

5.2.4　计量分析的相关结论

本节在全球生产网络的背景之下，基于 2000～2010 年，考虑中国与 33 个主要的贸易伙伴的对应的双边 HS6 和 BEC 贸易数据，由基于理论扩展得到的计量模型对中国的投入产出进行简单的分析，由此揭示中国在国际分工所处的地位。计量分析显示，作为"世界工厂"，中国最终产品出口的增加主要是由中间产品的大量进口促进的，而国内劳动投入的增加只起到了较少的带动作用，从商品结构的角度，零部件的进口对于最终资本品的出口具有更大的影响，表明中国仍然处在全球生产网络的中心，对外贸易的发展依然强烈地依赖外部市场的供给和需求，尚未摆脱简单粗放的外贸增长方式，且在这样的贸易形式下，由于国内投入的劳动相对廉价，所以中国在融入全球贸易的同时却无法获得相应的贸易利益。

5.3　中间品进口对最终品出口的影响机制——全要素生产率的作用分析

通过上一节的计量检验，已经显示出不同类型的中间品进口对于最终品出口的影响程度是不同的，其中零部件对于最终品的出口，尤其是最终资本品的出口影响更大，这样的回归结果符合国际生产分割的特点，也是全球生产网络发展的必然要求。

5.3.1 对改进的引力模型的扩展

在全球贸易格局中，制造业的发展最能反映生产分割的优势，也能够反映中间品进口的促进作用和影响机制，因此本节仍然利用改进的引力模型，着重对中国的 7 个制造业行业整体的零部件进口和最终资本品出口的贸易额进行计量检验，并从实证的角度揭示全要素生产率（TFP）在这一过程中所起到的传导作用。本节的分析逻辑分为两步：首先，考察零部件的进口是否可以提高相应行业的 TFP（方程（5.6））；然后再参考玛丽亚和斯特劳斯－卡恩（Maria & Stranss－Kahn，2011）的做法，分别在不考虑和考虑 TFP 的情况下按照改进的引力模型对最终资本品的出口额进行回归，根据零部件进口规模的回归系数的变化来判断 TFP 是否发挥了传导作用（方程（5.7））。依据上述分析逻辑，需要对于改进的引力模型进行扩展：

$$TFP_t = a_0 + a_1 \text{lncomponent}_t(\text{variety}_t) + a_2 Z_t + v_t \tag{5.6}$$

$$\text{lncapital}_t = c_0 + c_1 \text{lncomponent}_t(\text{variety}_t) + (TFP) + \text{lnlabor}_t + U_t + \omega_t$$
$$\tag{5.7}$$

其中，TFP_t 代表中国的 7 个制造业相对应的全要素生产率，lncapital_t 代表对应制造业中国对 33 个贸易伙伴国（地区）出口的最终资本品总额，lncaomponent_t（variety_t）代表对应行业中国从 33 个伙伴国（地区）进口的零部件总额及种类数目，lnlabor_t 为对应行业的国内劳动投入，是创造国内价值增值的主要过程，Z_t 和 U_t 分别为两个模型中的控制变量，主要包括距离、经济开放程度、关税等。

5.3.2 制造业行业数据的来源及处理

鉴于研究目的的限制，从本节开始的实证研究拟从行业的层面考察中间品进口对于最终品出口的促进作用，主要包括促进作用发挥的机制以及行业差别，本节主要从进口额和进口种类两个方面考察前者，下一节将主要分析行业的差别。本节中所涉及的数据主要来源于 CEPII 数据库和中国工业行业统计数据库[①]。鉴于中国工业行业标准分类在 2002 年的时候做了一次比较大的调整，全要素生产率的计算将受到这一调整的限制，因此从

---

① HS6 和中国国内行业分类的对应关系参考盛斌（2002）。

本节开始，研究时限将选取 2003 年到 2010 年，研究对象细化为涉及零部件进口和最终资本品出口的 7 个制造业，它们分别是金属制品业（34）、通用设备制造业（35）、专用设备制造业（36）、交通运输设备制造业（37）、电气机械及器材制造业（39）、电子及通讯设备制造业（40）和仪器仪表及文化办公用机械制造业（41）①。

1. 行业层面贸易数据的获得

从本节开始使用细化到行业的零部件进口规模及种类和最终品出口规模，这些都是贸易数据，因为中国工业行业统计数据库中不涉及各行业的贸易数据更没有对应产品大类的划分，所以需要将来自 CEPII 数据库中的 HS6 位数据进行处理。处理过程需要将 HS6 和中国工业的 7 个制造业行业进行对应，同时还要将 HS6 同 BEC 的分类进行对应，将二者合并才能得到各个行业所包含的产品，再经过分类加总能得到每个行业的对应贸易大类的贸易规模和种类，即计量模型中的 $lncapital_t$ 和 $lncaomponent_t$（$variety_t$）。

2. 全要素生产率（TFP）计算及简要分析

为考察全要素生产率（TFP）在中间品进口的影响机制中起到的传导作用，需要对相关行业的 *TFP* 进行计算和总结，考虑到数据结构，本书采取数据包络法（DEA）以 2002 年为基期对于各行业的全要素生产率进行计算，从图 5.1 中，不难发现 8 年间各行业的 *TFP* 均呈现了一个上涨的趋势，其中尤以电子行业和文化办公行业上涨幅度较大，而且这两个行业 *TFP* 的增长丝毫没有受到经济危机的影响。这与对应年份各行业相应的零

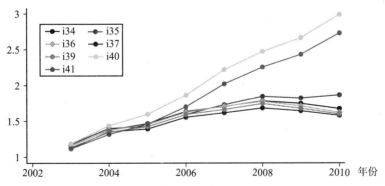

图 5.1 2003~2010 年中国主要制造行业的全要素生产率

资料来源：中国工业统计数据库。

───────────────

① 对应 2002 版本的中国工业行业分类中的 34~41 类，其中 38 类空缺。

部件进口增长确实相近，但增长幅度略小，说明零部件的进口通过投入成本的节约、种类的增加和技术的外溢带动了企业的全要素生产率的上涨，从统计上证明了中间品进口的作用和促进相应产品进口的重要意义。

3. 其他行业数据

在本节的计量中使用了涉及 7 个制造业的面板数据，除零部件进口和最终资本品出口的数据外，还会使用到如下的控制变量。

最终资本品生产国企业的劳动投入：这是模型中的另一投入，这里我们用各个行业的从业人数来代表，即模型中的 $\ln labor_t$，该数据来自中国工业统计数据库。主要变量的统计特征如表 5.3 所示。

表 5.3　　　　　　　　　　　　主要变量的统计特征

variable	Mean	Std. Dev	Max	Min
$\ln capital_t$	16.59	1.77	19.48	13.87
$\ln component_t$	15.58	1.40	17.27	11.95
$\ln lf_o$	4.58	0.56	6.32	3.02
TFP_{ot}	1.66	0.16	2.98	1.11

资料来源：作者根据 Comtrade 中的 BEC 分类、CEPII 中的 HS6 位产品编码和 GB2002（中国工业行业分类）的对应，将相应产品的贸易额加总所得。

零部件进口国的进口关税（$duty_t$）：这直接影响了零部件进口过程中的可变成本，由于没有直接的数据获取来源，同样需要将从海关下载的根据 HS6 确定的产品税则和 HS6 与 BEC 的产品对应表相对应，利用每种产品进口额的比例作为权重计算出历年零部件的加权进口关税。通过对于数据的搜集和整合，可以发现零部件的进口关税低于中间品的平均水平，尤其是在近几年这种下降比较明显，这体现了中国对于包含技术的零部件的需求。由于零部件进口国的进口关税与该国的 TFP 不存在直接的相关关系，但却会影响零部件的进口额和进口种类，因此在计量模型中可以被当作工具变量考察对 TFP 提高及最终资本品出口的影响（见附表 2）。

进口的零部件所代表的技术含量：在上一章的理论推导中，我们发现来自发达国家的零部件进口因其含有较高的技术含量，对中国这类的发展中国家而言，容易通过技术外溢获得更好的生产能力，所以当来自发达国家的零部件较多的时候，中间品的促进作用将会更加明显，在计量模型中，我们利用设置虚拟变量的方法，将样本中属于发达国家的样本设置为 $area = 1$，其余为 $area = 0$，用以考察零部件进口来源对于最终品出口的影响。

其他控制变量，如最终资本品消费国的经济规模、最终资本品生产国（地区）的经济开放程度等的变量设计和数据来源与上一节相同，此处就不做赘述了。

5.3.3　检验结果及分析

1. 零部件进口与 *TFP* 和最终品资本品出口相互关联的初步分析

根据理论模型的构建，我们总结出零部件进口——*TFP* 提升——最终资本品出口增加的分析逻辑，那么为了说明三者之间的关系，首先给出两两之间的散点图，来辨明数据上是否存在相关关系。图 5.2 说明零部件的进口从整体上会带动对应 *TFP* 的提升，但是这种提升呈现出 U 形的趋势，可能的解释是零部件进口的初期，其所带来的外溢效应还没有显现，但是由进口而导致的贸易成本的增加会影响全要素生产率的提升，但是随着进口规模的增加和在生产中适用性的增强，中期零部件进口对于 *TFP* 的外溢已经超过了成本的支出，形成了对于 *TFP* 提升的促进作用；图 5.3 说明 *TFP* 的提升明显地促进了最终资本品的出口；图 5.4 则更直接地验证了上一节的结论，即零部件的进口会促进最终资本品的出口，而且从散点图和拟和曲线上可以看出来，这种促进作用有着作用增强的趋势，这也是与对 *TFP* 的 U 形影响相关的。

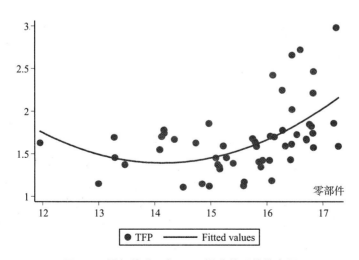

图 5.2　零部件进口与 *TFP* 提升关系的散点图

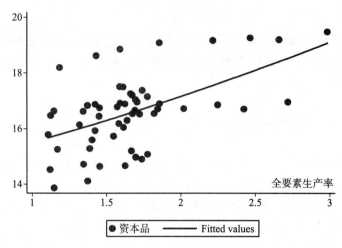

图5.3　TFP与最终资本品出口增长关系的散点图

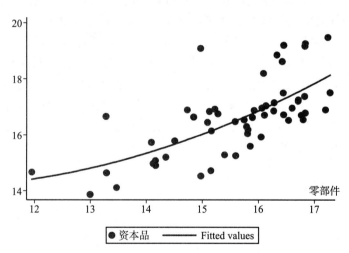

图5.4　零部件进口与最终资本品出口增长关系的散点图

2. 零部件进口与TFP的面板估计结果及分析

笠原和罗德里格（Kasahara & Rodrigue，2008）已经利用智利的企业数据证明了如果一个企业从一个非中间品进口商变为中间品进口商，那么它的TFP将会提高，阿尔托蒙特等人（Altomonte et al.，2008）利用1996~2003年35000家意大利制造业企业数据，分析了进口渗透率对全要素生产率的影响，哈尔彭等人（Halpern et al.，2009）利用1992~2003年匈牙利制造业企业面板数据验证了中间品进口对全要素生产的促进作用，并提出中间品进口作用的发挥不仅在于零部件进口规模的大小，更在于进口种类的多少，因为这在一定程度上代表着中间品进口的多样性和质量，会通过潜在的外溢效应带动 TFP 的提升。根据已有文献对于该问题的分析，我们也利用行业数据分析了中国制造业零部件进口对于 TFP 的影响以及通过何种渠道发挥的作用。在计量方法上，由于零部件进口与 TFP 之间存在一定的内生性，所以本书用差分 GMM 方法对于样本进行估计，并使用零部件进口的加权关税作为工具变量。估计结果如表 5.4 所示。

表 5.4 各行业零部件进口与 *TFP* 的回归结果

	TFP	
	（1）	（2）
TFP （$t-1$）	-2.68^{***} (-6.39)	-3.07^{***} (-9.85)
ln$component$	0.20^{***} (5.52)	
ln$component$ （$t-1$）	-0.0088 (-0.28)	
ln$variety$		0.52^{***} (7.38)
ln$variety$ （$t-1$）		0.09 (0.80)
lngdp	1.63^{**} (1.91)	3.47^{***} (2.83)
lngdp （$t-1$）	-2.48^{***} (-2.51)	-4.33^{***} (-3.24)
ln$free$	4.69^{***} (7.22)	4.15^{***} (8.64)
$area$	2.05 (1.22)	4.62^{*} (1.57)

注：＊、＊＊和＊＊＊分别表示在 1%、5% 和 10% 上显著，括号内为 t 值，方差为稳健标准差。

表 5.4 是对应计量模型（5.6）得到的计量结果，根据第（1）列结果显示，当期零部件的进口额会对 TFP 的提升有显著的促进作用，验证了理论模型中中间品的进口有助于提升全要素生产率的结论。与此同时在第（2）列的结果中，可以看到，零部件进口种类的增加也会对 TFP 的提

高有显著的正向作用。这里的全要素生产率是一个综合的概念，不仅仅是技术进步的表示，同时也代表了更新、更多种类、成本更低的国外投入对于本国生产能力的提升，这种提升有助于增强中国在全球生产网络中的竞争力，既能够促进出口企业和产品数量的增加，又能在长期内提升中国的分工地位，这与钱学锋、王胜等（2011）的研究结果相似。而滞后一期的零部件进口对于当期 *TFP* 的影响不太显著，这与散点图的结果可以相互印证，表示了由于进口零部件引致的固定贸易成本的增加。关于出口国的经济规模，当期经济规模的增加有助于提高 *TFP*，而滞后一期的 GDP 则会起到相反的作用，暗示中国的经济增长可能还比较粗犷，不具有很好的长期效果。中国的对外开放程度有助于促进 *TFP* 的提升，因为只有开放度提升，才能获得更广泛的中间品进口来源，其中来自发达国家的进口越多越好（Maria Bas，2011）。而中国参与全球生产网络的程度对于 *TFP* 的影响虽不显著，但仍为正向的促进关系，说明置身全球生产网络还是能够给中国竞争力的提升带来好处的，而这种不显著很可能是因为以出口的指标来替代无法全面说明进口问题造成的。

2. 零部件进口对最终资本品出口的面板估计结果及分析

进一步地，我们来考察对于中国而言，各个行业的零部件进口和最终资本品出口之间的关系以及影响机制。表 5.5 是对应计量模型（5.7）得到的计量结果。其中第（3）列和第（4）列分别给出了零部件进口额与最终品出口之间在不考虑 *TFP* 和考虑 *TFP* 影响的情况下的结果。根据第（3）列的结果，零部件的进口能够对对应行业的最终资本品的出口起到显著的促进作用，而且滞后一期的零部件进口效果反而更大，在第（4）列中考虑了 *TFP* 对于最终资本品出口的影响也都呈现了显著的促进作用，这印证了新新贸易理论中关于企业异质性可以促进出口的自我选择的结论。通过对于第（3）列和第（4）列的对比可以反映出来，在不考虑 *TFP* 的情况下，零部件进口对于最终资本品出口的影响系数即影响程度整体上是会大于考虑 *TFP* 的情况，这在一定程度上说明了这种促进作用的实现是依靠对于 *TFP* 的影响完成的。而且第（3）列对于全球化参与度考察肯定地说明了全球生产网络的发展有助于中国通过进口零部件来促进最终品的发展，这种促进不仅在于对出口的影响更在于对进口的促进，是一种接触外部经济环境的好渠道。第（5）列和第（6）列分别给出了零部件进口种类与最终品出口之间在不考虑 *TFP* 和考虑 *TFP* 影响的情况下的结果。作为对模型（ii）的稳健性检验，也得到了类似的计量结果。在考

虑 *TFP* 的情况下，零部件进口种类对于最终资本品的促进作用从整体上显著但却小于未考虑 *TFP*，再一次验证了零部件进口是通过提升 *TFP* 来促进出口竞争力的，而且在考虑 *TFP* 的情况下，零部件进口种类的增加所产生的促进作用比零部件规模增加所产生的促进作用更大，这意味着零部件进口种类的增加会带来更大的示范作用，发展中国家的制造业可以从中模仿和学习促使生产和出口能力的提升。值得一提的是，如果不考虑 *TFP* 的影响，当期零部件进口种类的增加对于最终品出口的影响几乎为零，更证明了 *TFP* 所起到的传导作用，而且这种传导是当期的，是一个连续的过程。

表 5.5　　　　　　各行业零部件进口与最终资本品出口的回归结果

	lncapital			
	（3）	（4）	（5）	（6）
lncapital（$t-1$）	-1.31^* （-1.71）	-0.88^{***} （-2.92）	-0.63^{***} （-2.65）	-0.41 （-1.07）
lncomponent	0.22^{***} （3.13）	0.24^{***} （3.36）		
lncomponent（$t-1$）	0.56^{***} （2.95）	0.22^{***} （2.66）		
TFP		4.79^{***} （3.58）	7.52^{***} （3.47）	
TFP（$t-1$）		4.16^{***} （2.96）	4.60^{***} （3.02）	
lnvariety			0.32^{***} （3.23）	-0.02 （-0.15）
lnvariety（$t-1$）			0.51^{***} （2.45）	1.03^{***} （2.73）
lngdp	16.16^{***} （3.65）	4.76^{***} （4.56）	6.22^{***} （4.22）	13.33^{***} （3.65）
lngdp（$t-1$）	-13.65^{***} （-3.46）			-12.26^{***} （-3.3）
lnlabor（$t-1$）	-3.83^{***} （-2.72）	-6.78^{***} （-3.867）	-9.88^{***} （-3.71）	-0.24^{***} （-2.48）
area	29.87^{***} （2.46）			
$N-sample$	56	56	56	56

注：*、** 和 *** 分别表示在 1%、5% 和 10% 上显著，括号内为 t 值，方差为稳健标准差。

对于其他控制变量的估计也得到了较为理想的结果。从供给的角度看，GDP 可以代表中国的生产和出口能力，且会在当期显现对于出口的促进作用，而滞后一期的 GDP 可能会由于对市场的前期占领减小抑制当期的最终品出口。有意思的是，作为最终品生产过程中另一种重要的投入——劳动力对于出口则表现出显著的反向影响。这与中国的加工贸易出口方式是相关的，中国进口零部件在国内进行加工组装，转而出口到欧美等发达国家，在这样的生产和销售过程中，成本尤其是人工成本是中国产品得以行销世界各地的重要优势，而相应的制造业已经达到了规模化和程序化，因此增加的劳动投入无疑会造成成本的提高，使中国产品丧失比较优势，继而使得出口规模下降。这也再一次说明了在中国制成品的出口过程中，中间品尤其是零部件产品的进口所起到的积极且重要的作用。

5.3.4　计量分析的相关结论

本节通过对于中国 7 个行业 2003 ~ 2010 年的分产品大类的贸易数据的 GMM 计量分析可以验证上述影响机制的存在。首先零部件的进口规模先可以显著地促进对应行业 TFP 的提升，这种提升能够使企业在出口的过程中获得较高的收益足以弥补较高的出口固定成本，会有更多的企业选择出口国外市场来赚取利润，因而这就会带动本行业中最终资本品的出口；其次在检验零部件进口规模对于最终资本品出口的促进作用时，通过对 TFP 的考察与否可以看到，这种促进作用的发挥在考虑 TFP 的影响时系数要小一些，说明促进作用部分的是通过提高 TFP 实现的。为得到稳健的计量结果，本书还利用零部件进口种类的变化来检验影响机制的作用也得到了相似的结论。计量结果还在一定程度上证明了来自发达国家的零部件进口因为包含了较高的技术含量，会推动中间品影响机制的发挥。

5.4　中间品进口对最终品出口的影响机制——基于中国制造业行业差异的分析

在上一节中，我们通过计量检验，对国民经济行业分类中涉及的 7 个制造业行业的总体面板数据进行了分析，发现在全球生产网络的背景下，中国从主要贸易伙伴中进口的零部件在一定程度上促进了最终资本品的出口，并且这种促进作用是通过提升 *TFP* 达到的。但制造业各行业间由于要素密集程度和发展水平不尽相同，因此零部件进口对于行业生产能力和出口能力的影响也必然会有所差别，本节将通过制造业各行业面板数据的统计和计量分析找到行业间的差别并试图解释这种差别形成的原因所在。

鉴于研究对象深入到行业层面，与之相对应的数据挖掘也是以行业为基础的，数据获得方法与上一节类似，即通过数据匹配找到各行业对应的HS 六位产品编码及所属的产品大类（BEC 分类），分别计算中国与 33 个全球生产网络中的贸易伙伴在对应行业上的零部件进口规模（种类）和最终资本品的出口规模①，借以分析 7 个制造业行业中是否都存在中间品进口的促进机制。

5.4.1　各行业零部件进口及最终资本品出口数据的初步分析

中国的制造业充分参与了全球生产网络，并在其中奠定了"世界加工厂"的基础性地位，这是中间品贸易繁盛发展的结果，同时也推动了以中国为中心的零部件贸易的增长。各个制造业也因其自身的生产特点，在零部件贸易中占据了不同份额，而这一份额也是与对应行业最终资本品的出口相互关联的。根据表 5.6，零部件平均进口规模较大的通用设备制造业（35）、电气机械及器材制造业（39）和通信设备及电子设备制造业（40），最终资本品的平均出口规模和行业平均 *TFP* 也是处于前列的。但是平均水平较高并不代表整体贸易规模的走强，在这 7 大制造业当中，交通运输设备制造业（37）最终资本品的出口规模最大，其中主要的出口流向为美、德、日和东南亚的新兴国家，是中国制造业的龙头行业，可以说交通运输设备制造业是中国制造业中最为开放的行业之一，这种开放不仅是由于出口规模的增长，更是中间品进口提高的重要表现，所以我们有必要站在行业的角度，对这种外向型的贸易增长方式进行分析。

---

① 鉴于各个行业中国对外贸易的规模有所差别，所以每个行业的国家样本数会稍有差别。

表 5.6 　　　　　　　　中国各制造业行业主要变量的统计特征

	mean						
	34	35	36	37	39	40	41
$lncapital_{odt}$	9.83	11.01	11.53	7.24	11.91	13.56	11.06
$lncomponent_{odt}$	6.89	10.29	9.35	8.79	10.04	9.93	8.82
$lnvariety_{odt}$	2.04	3.27	2.73	2.39	3.19	2.50	2.27
TFP_{oit}	1.56	1.60	1.55	1.49	1.52	2.05	1.87
	variance						
	34	35	36	37	39	40	41
$lncapital_{odt}$	3.37	3.36	3.56	5.74	3.71	4.65	4.43
$lncomponent_{odt}$	9.40	9.67	10.32	11.80	8.20	10.19	10.82
$lnvariety_{odt}$	0.95	0.84	1.08	1.04	0.80	0.64	0.91
TFP_{oit}	0.04	0.06	0.04	0.03	0.04	0.35	0.29
	max						
	34	35	36	37	39	40	41
$lncapital_{odt}$	13.60	14.96	15.86	15.59	15.70	18.11	15.48
$lncomponent_{odt}$	13.32	15.94	15.46	15.91	16.14	15.82	15.15
$lnvariety_{odt}$	3.26	4.30	3.95	3.66	4.23	3.55	3.40
TFP_{oit}	1.78	1.86	1.78	1.68	1.74	2.98	2.72
	min						
	34	35	36	37	39	40	41
$lncapital_{odt}$	0.29	6.56	6.63	1.04	6.28	7.32	5.94
$lncomponent_{odt}$	0	1.64	0	0	0.26	0.14	0
$lnvariety_{odt}$	0	0	0	0	0	0	0
TFP_{oit}	1.15	1.17	1.15	1.11	1.12	1.18	1.111

资料来源：作者根据 Comtrade 中的 BEC 分类、CEPII 中的 HS6 位产品编码和 GB2002（中国工业行业分类）的对应，将相应产品的贸易额加总所得。

从制造业整体的角度考虑，零部件的进口可以通过提高 TFP 来促进最终资本品的出口，但各个行业的表现也会有所差别，接下来，首先通过散点图（见图 5.5 和图 5.6）对各制造业中零部件进口和最终资本品出口的相关关系进行一个初步的分析和分类。从零部件进口规模上看，7 个制造业行业中，只有交通运输设备制造业（37）和仪器仪表及办公机械制造业（41）和金属制品业（34）带动了最终资本品出口的增加，但带动力度明显不一，其余 4 个行业随着零部件进口的增加都出现了最终资本品出口下降的情况，而且在趋势上都有一个先上升后下降的发展过程；从零部件进

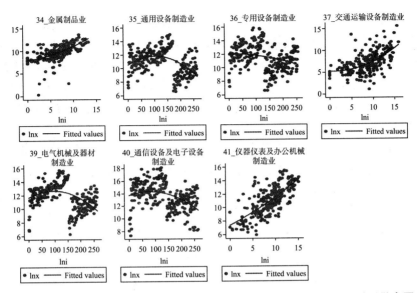

图5.5　中国各制造业行业中零部件进口规模与最终资本品出口相关关系散点图

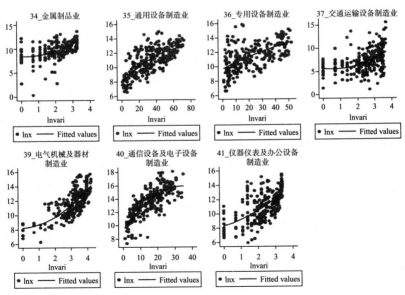

图5.6　中国各制造业行业中零部件进口种类与最终资本品出口相关关系散点图

口种类上看，7个制造业行业都因进口种类的增加而促进了最终资本品的出口，间接验证了第4章的相关结论，但在最终资本品出口的增长率上，多数行业保持了递进加快的增长速度（如金属制品业（34）、交通运输设备制造业（37）、电气机械及器材制造业（39）和仪器仪表及办公机械制造业（41）），其余行业在增长速度上则有些放缓但依然保持了较高的增长态势。鉴于各行业在零部件进口和最终资本品出口的相关关系所展现出来的特点，可以尝试把这七大制造业进行分类来研究中间品进口的作用机制：

第Ⅰ类，零部件进口促进作用显著的行业：金属制品业（34）、交通运输设备制造业（37）和仪器仪表及办公机械制造业（41）。在这三类行业中，不但零部件的进口规模而且进口种类的增加也都显著地促进了最终资本品的出口，说明这些行业通过进口零部件，在生产的过程中不仅降低了生产成本，而且由于更多样化的零部件供给使得最终产品也更加丰富，易于满足最终消费者的多种需求，与此同时，可以产生更多的技术外溢提高企业的生产能力和竞争实力，因此最终资本品的出口会相应增加。

第Ⅱ类，仅零部件进口种类发挥显著促进作用的行业：通用设备制造业（35）、专用设备制造业（36）、电气机械及器材制造业（39）和通信设备及电子设备制造业（40）。从对比图中可以看出，在这些行业中，零部件进口规模的增长拖累了最终资本品的出口，根据上一章的理论推导，可能的解释是，大量的零部件进口虽然丰富了生产原料，但是由此而产生的贸易成本的增加却也构成了出口企业的负担，所以出口量减少。相反地，虽然贸易成本上升，但也无法磨灭产品多样化作用的发挥，因此零部件进口的促进作用主要是通过满足消费者更加多样化的需求来实现的。但是有一个现实不容忽视，这四个行业中，尤其是涉及大型机械设备制造业的行业，中国的生产能力较弱，核心技术大多被国外知名跨国企业所垄断，虽然近年来，中国相关企业的研发投入和能力有所增强，但整体实力仍然较弱，而且在从国外的进口过程中，所涉及的核心技术多被垄断或限制出口，这就使得中国企业想要通过"干中学"来获得竞争能力的提升变得越发困难。

5.4.2 各行业零部件进口及最终资本品出口数据的计量分析

基于中间品进口影响机制的理论模型和改进的引力方程的思想，本节在考察了整体制造业中零部件进口的作用后，更进一步地，对各制造业行业中零部件进口的促进作用进行考察，我们将通过计量检验来验证这种影响是否是通过 TFP 所起到的作用，并且探求 TFP 传导作用不同的原因。

1. 计量模型

在计量模型和方法上，以中间品进口影响机制的理论模型为基础，通过考察中间品进口规模、种类和代表技术水平的来源来解释蕴藏在制造业行业内部的中间品进口的传导机制，同时依赖改进的引力模型的方法对于各制造业行业的国别面板数据进行计量分析（具体计量结果见附表 3），为了简化起见，正文中将分别列出零部件进口规模、种类对于最终资本品出口的影响，并从中分析 TFP 所起到的传导作用，同时由于零部件进口与最终资本品出口的贸易数据具有内生性，为避免数据内生性影响计量结果的准确性，同时考虑数据量比较有限的问题，选择两阶段最小二乘法（2sls）来对模型进行稳定性检验。

2. 计量结果及分析

为了能够充分揭示零部件进口对各制造业行业最终资本品出口的影响差异，仍将按照上述对于制造业的分类来分析计量结果：

第 I 类（表 5.7 ~ 表 5.9）：这一类行业通过进口零部件显著地促进了最终资本品的出口，它们共同的特点有三：第一，考虑 TFP 时，零部件进口规模（种类）的回归系数比未考虑 TFP 的时候要小或者变为不显著，且 TFP 的回归系数显著为正，这说明零部件进口对于最终资本出口的促进作用是通过提升 TFP、提高在国际市场上的竞争能力所起到的；第二，对数据的内生性进行处理后，零部件进口规模（种类）的回归系数变得更小或更不显著，而与此同时 TFP 的作用也更加显著，再一次说明了 TFP 在零部件进口影响机制所起到的传导作用；第三，零部件进口种类的作用更加明显，从表 5.9 的回归系数可以看出来，无论是零部件的进口还是 TFP 对于最终资本品出口的影响，由进口种类增加所引致的影响都会更加大而显著一些，这类行业是中国参与全球生产网络程度较深的行业，因此多样化的零部件供给能够促使最终品生产厂商生产多样的产品来满足最终消费者的需求，而且零部件进口的种类越多，国内厂商就越容易获得技术的外溢来提高自身的生产能力。

表 5.7 　　　　　第 I 类行业零部件进口规模对最终资本品出口的影响

	$\ln capital_{odt}$					
	34	34 with tfp	37	37 with tfp	41	41 with tfp
$\ln component_{odt}$	2.54***	0.18***	0.61***	0.43***	0.09***	−0.00
	(7.08)	(4.70)	(7.90)	(5.59)	(4.17)	(−0.21)
TFP		1.31***		4.18***		0.60***
		(4.38)		(6.53)		(8.72)
_cons	8.09***	5.78***	1.62***	−2.75***	10.30***	9.97***
	(31.939)	(15.37)	(7.9)	(−2.9)	(55.83)	(60.5)
R − sq:	0.4201	0.4331	0.4754	0.4754	0.7065	0.7065
No. obs	232	203	248	248	264	264
individual	Yes	Yes	Yes	Yes	Yes	Yes

表 5.8 　　　　　第 I 类行业零部件进口种类对最终资本品出口的影响

	$\ln capital_{odt}$					
	34	34 with tfp	37	37 with tfp	41	41 with tfp
$\ln variety_{odt}$	0.09***	0.38***	1.50***	0.78***	0.08	−0.16**
	(3.86)	(3.93)	(5.69)	(2.97)	(1.23)	(−2.59)
TFP		1.64***		4.70***		0.66***
		(5.81)		(6.9)		(10.32)
_cons	0.09***	6.50***	3.64***	−1.61*	10.87***	10.18***
	(27.92)	(14.89)	(5.65)	(−1.68)	(69.21)	(69.66)
R − sq:	0.0687	0.3632	0.3329	0.3329	0.6389	0.6389
No. obs	232	232	248	248	264	264
individual	Yes	Yes	Yes	Yes	Yes	Yes

表 5.9 　　　　第 I 类行业零部件进口（规模、种类）对最终资本品出口的
　　　　　　　　　影响——稳健性检验

	$\ln capital_{odt}$					
	34	34	37	37	41	41
$\ln component_{odt}$	0.17***		0.37***		−0.00	
	(3.77)		(4.21)		(−0.06)	
$\ln variety_{odt}$		0.36***		0.58**		−0.17
		(3.36)		(2.02)		(−0.36)
TFP	1.95***	2.27***	6.41***	7.84***	0.45***	0.53**
	(3.79)	(4.72)	(5.51)	(6.55)	(5.74)	(2.13)

| | $lncapital_{odt}$ | | | | | |
	34	34	37	37	41	41
_cons	5.58 ***		−5.67 ***	−5.98 ***	10.28 ***	10.48 ***
	(7.4)		(−3.51)	(−3.52)	(58.85)	(16.47)
R − sq:	0.4331		0.5244	0.3935	0.7299	0.6663
No. obs	203		217	217	231	231
individual	Yes		Yes	Yes	Yes	Yes

第 Ⅱ 类（表 5.10 ~ 表 5.12）：对于这类一行业而言，零部件的大量进口会造成贸易成本的上升，但是进口种类的增加可以提高厂商的 *TFP*，进而增强企业的国际竞争实力，促使其在国际市场上占据更大的市场份额。从实证角度上，可以看出零部件进口规模对于最终资本品的出口并不显著，而零部件进口种类的影响则相对显著且较大，这就对于理论推导进行了实证检验，说明零部件的进口，尤其来自发达国家的零部件进口越多越能在更大程度上促进最终资本品的出口，而且当考虑到 *TFP* 的时候，零部件进口种类的影响程度会下降，*TFP* 的影响程度会上升，且在对数据进行了内生性处理之后，这种趋势更加明显，说明 *TFP* 的传导作用确定存在。与上一类行业相比，这类行业的实证结果较为复杂，在影响机制上虽然主要结论符合理论推导，在各行业的差别表现得也更加明显：通用设备制造业（35）和通信设备及电子设备制造业（40）的零部件进口对于最终资本品的出口都存在一个不显著的促退机制，也就是说在这两个行业中，当零部件进口规模和种类增加的时候，最终资本品的出口会出现下降的趋势，这是因为在这两个行业中，中国需要进口的是技术含量较高的核心零部件，这类产品的进口通常会付出较为高昂的进口成本和与之相匹配的技术转让费等，而且也会受到零部件出口国一些贸易壁垒的限制，大量进口会造成生产成本的上升，且对于 *TFP* 的影响也较小，因此这类行业参与国际市场竞争的能力会受到损失。在其余两个行业中，专用设备制造业（36）的零部件进口几乎没有能够促进最终资本品的出口，我们注意到在这一行业中的核心技术被世界上少数几家专业的跨国公司所垄断，这些跨国企业对相应的技术采取了极强的保护措施，因此想要通过进口零部件来获得技术外溢进行学习和模仿是一件极其困难的事情，所以该行业的中间品进口规模和种类都相对较少，且能够起到的促进作用也不明显，企业必须增加研发的力度

获得技术水平的提高；与之相反，电气机械及器材制造业（39）零部件进口种类的增加对于最终资本品的出口具有较为显著的促进作用，电气机械是中国目前着力开发的制造业行业之一，通过学习来自各主要制造业国家的核心技术已经在一定程度上提升了自身的竞争能力，补充了通过进口而带来的贸易成本的增加，是需要在未来重点开拓零部件进口的领域。

表 5.10   第Ⅱ类行业零部件进口规模对最终资本品出口的影响

	$lncapital_{odt}$							
	35	35（tfp）	36	36（tfp）	39	39（tfp）	40	40（tfp）
$lncomponent_{odt}$	−0.003 (0.40)	−0.001*** (−3.28)	−0.0002 (−0.18)	0.0003 (0.41)	−0.001*** (−2.48)	−0.001*** (−2.87)	0.001* (1.68)	−0.0003 (−0.59)
TFP		2.38*** (33.36)		4.24*** (24.56)		1.62*** (11.42)		0.72*** (15.25)
_cons	11.06*** (99.91)	7.34*** (61.04)	11.56*** (64.75)	4.93*** (17.26)	12.09*** (152.04)	9.62*** (42.59)	13.39*** (124.54)	12.13*** (107.73)
R−sq:	0.1484	0.8295	0.1613	0.7311	0.2223	0.3793	0.2389	0.5098
No. obs	264	264	256	256	264	264	264	264
individual	Yes	Yes	Yes	Yes	Yes	Yes	Yes	Yes

表 5.11   第Ⅱ类行业零部件进口种类对最终资本品出口的影响

	$lncapital_{odt}$							
	35	35（tfp）	36	36（tfp）	39	39（tfp）	40	40（tfp）
$lnvariety_{odt}$	−0.003 (0.40)	−0.001*** (−3.28)	−0.0002 (−0.18)	0.0003 (0.41)	−0.001*** (−2.48)	−0.001*** (−2.87)	0.001* (1.68)	−0.0003 (−0.59)
TFP		2.38*** (33.36)		4.24*** (24.56)		1.62*** (11.42)		0.72*** (15.25)
_cons	11.06*** (99.91)	7.34*** (61.04)	11.56*** (64.75)	4.93*** (17.26)	12.09*** (152.04)	9.62*** (42.59)	13.39*** (124.54)	12.13*** (107.73)
R−sq:	0.1484	0.8295	0.1613	0.7311	0.2223	0.3793	0.2389	0.5098
No. obs	264	264	256	256	264	264	264	264
individual	Yes	Yes	Yes	Yes	Yes	Yes	Yes	Yes

表 5.12　　　　　　　　第 II 类行业零部件进口（规模、种类）

对最终资本品出口的影响——稳健性检验

	$\ln capital_{odt}$							
	35	35	36	36	39	39	40	40
$\ln component_{odt}$	−0.003 *** (−3.51)		0.0005 (0.16)		−0.005 (−0.81)		−0.0006 (1.15)	
$\ln variety_{odt}$		−0.02 (−0.67)		0.0006 (0.01)		0.52 (0.76)		−0.07 (−0.29)
TFP	2.45 *** (21.68)	2.91 *** (3.77)	6.01 *** (16.97)	5.97 *** (4.26)	2.12 *** (5.38)	1.68 * (1.93)	0.60 *** (11.95)	0.69 *** (1.94)
_cons	7.54 *** (34.58)	7.12 *** (31.7)	2.02 ** (2.34)	2.13 *** (3.92)	9.26 *** (7.25)	7.76 *** (8.21)	12.47 *** (102.76)	13.24 *** (4.66)
R − sq:	0.7093	0.6271	0.6296	0.6332	0.1991	0.6574	0.4307	0.7257
No. obs	231	231	224	224	264	227	231	231
individual	Yes	Yes	Yes	Yes	Yes	Yes	Yes	Yes

注：系数估计值后的括号内为 t 值，检验值后的括号内为 P 值，* 、** 和 *** 分别表示 0.1、0.05 和 0.01 显著性水平下显著。

5.4.3　典型性行业零部件进口及最终资本品出口数据的计量分析

在对外开放的过程中，中国的电子通讯及设备制造业是较为开放的一个行业，在这样的一个行业中将会更多地表现出中间品进口的促进作用，因此本部分将对这一典型性行业进行深入剖析。

1. 计量结果

针对中国电子通讯及设备制造业的进出口情况，模型 1~模型 6 分别验证了从全体伙伴国（地区）进口的零部件总额、零部件种类、从生产网络内的发达国家进口的零部件总额、零部件种类和从发展中国家进口的零部件总额及种类对于最终资本品出口的影响，用以证明在中国的外向型行业中，来自外部的供给是否存在促进出口的积极作用。

根据计量结果，从国际生产网络内部进口的零部件规模和种类的扩大可以显著地提高同行业中最终资本品的出口。因为在电子通讯及设备制造业中，产品的生产过程容易分割且生产流程趋于成熟，市场遍布全球，所以零部件进口和最终资本品出口的现象较为普遍。而且零部件进口种类增加对于最终资本品的促进作用更加突出，这表明相对于既有零部件进口的增长而言，来自更多国家或地区或更多零部件的进口更能带来技术外溢，促进中国对于先进技术的学习和吸收。接下来，根据理论模型的推导，来自发达国家的中间品进口往往会由于包含了先进的技术而展现出更大的促进作用，因此，本部分将样本区分为发达国家或地区和发展中国家或地区分别进行回归，结果发现零部件进口普遍地能够对于最终资本品的出口起到显著的促进作用，而且仍然是零部件进口种类的增加对于出口的促进作用更大，但是有两个问题值得关注：第一，从零部件进口总额看，来自发达国家或地区的零部件进口并没有起到更为明显的作用，第二，但从零部件的种类看，来自发达国家或地区的零部件进口的促进作用更大也更显著。针对这种现象，可能的解释是在中国的电子行业中，位于发达国家或地区的零部件进口来源地较为分散，易于从不同国家或地区吸收更多的技术优势，而来自发展中国家或地区的进口则集中于韩国、马来西亚、新加坡等少数几个新兴经济体，且由于全球生产网络的形成，中国同这些国家或地区的生产分工联系紧密导致零部件的进口迅速增加，发展中国家或地区对于技术的原始创新能力不足，促使中国通过进口获取的竞争力提升较为有限。基准模型的估计结果如表 5.13 所示。

表 5.13 基准模型的估计结果

	模型 1	模型 2	模型 3	模型 4	模型 5	模型 6
$\ln com_{ot}$	0.34 *** (4.13)					
$\ln var_{ot}$		8.11 *** (3.84)				
$\ln com\_developed_{ot}$			0.59 ** (1.90)			
$\ln var\_developed_{ot}$				6.65 *** (4.03)		
$\ln com\_developing_{ot}$					0.72 *** (12.18)	
$\ln var\_developing_{ot}$						5.97 ** (1.93)
$\ln ed_{ot}$	0.11 *** (12.83)	0.11 *** (12.91)	0.11 *** (12.54)	0.11 *** (12.92)	0.08 *** (9.89)	0.11 *** (12.85)
$\ln ed_{dt}$	0.01 (1.46)	0.01 (1.52)	0.01 (1.40)	0.01 (1.53)	0.01 (1.90)	0.01 (1.45)

续表

	模型1	模型2	模型3	模型4	模型5	模型6
ln$dist_{ot}$	−0.80 (−1.33)	−0.22 (−0.42)	−0.79 (−1.33)	−0.33 (−0.52)	−0.80 (−1.34)	−0.33 (−0.53)
ln$price_{dt}$	0.03 *** (12.77)	0.03 *** (13.41)	0.03 *** (12.77)	0.03 *** (13.42)	0.02 *** (10.96)	0.03 *** (13.36)
ln$free$	4.84 *** (7.72)	4.71 *** (7.48)	4.94 *** (7.78)	4.70 *** (7.48)	4.10 *** (7.18)	4.87 *** (7.67)
ln$labor_{ot}$	1.73 *** (3.42)	2.93 *** (6.86)	1.73 *** (3.42)	2.92 *** (6.85)	0.22 (0.51)	2.91 *** (6.81)
_cons	−90.56 *** (−11.66)	−152.15 *** (−9.65)	−98.50 *** (−12.93)	−139.67 *** (−11.18)	−60.02 *** (−7.69)	−131.68 *** (−6.96)
R − sq	0.7672	0.7596	0.7602	0.7596	0.8127	0.7596

注：系数估计值后的括号内为 t 值，检验值后的括号内为 P 值，*、** 和 *** 分别表示0.1、0.05 和 0.01 显著性水平下显著。

在控制变量方面，与伙伴国（地区）的需求水平相比，中国的供给能力是促进出口的主要方面，因为中国的产能加大且物美价廉，对外输出的主动性强。与伙伴国（地区）的距离越远，在运输过程中耗费的冰山成本就越高，出口规模自然会受到影响。因此当伙伴国（地区）的经济质量较小且距离很远时，意味着对于伙伴国（地区）而言，中国的市场潜力就越小。伙伴国（地区）的价格指数越高，最终资本品出口的单位收益就越高，利于国内企业选择出口；同样地，伙伴国（地区）的经济自由度越大说明中国进口零部件和出口最终资本品遇到的贸易阻力就会越小，降低了贸易的固定成本，会对企业充分参与国际竞争起到有力的推动作用。中国的劳动投入也显著地促进了电子产品的出口，充分显示这一行业中加工贸易的特征。

2. 稳健性分析

实证结果的可靠性可能会受到内生性问题的影响，从行业的角度来看，中间品的投入是影响产品成本的重要因素，继而会影响到出口，而出口市场的开拓又会对于中间品的进口提出新的要求。在计量模型中，中间品的进口作为影响出口竞争力的关键，应该将其视为内生的，因此本部分通过面板数据的两阶段最小二乘法来克服数据之间的内生性，对于模型进行了稳健性检验。稳健性分析的估计结果如表5.14所示。

表 5.14　　　　　　　　稳健性分析的估计结果

	模型1	模型2	模型3	模型4	模型5	模型6
$\ln com_{ot}$	−8.67 (−0.88)					
$\ln var_{ot}$		8.19*** (3.85)				
$\ln com\_developed_{ot}$			2.95 (0.19)			
$\ln var\_developed_{ot}$				6.74*** (4.06)		
$\ln com\_developing_{ot}$					2.43*** (7.55)	
$\ln var\_developing_{ot}$						5.93** (1.91)
$\ln ed_{ot}$	0.15** (2.07)	0.10*** (11.82)	0.14 (0.69)	0.10*** (11.82)	0.01 (0.69)	0.10*** (11.76)
$\ln ed_{dt}$	−0.01 (−0.48)	0.01 (1.49)	0.01 (0.33)	0.01 (1.50)	0.01 (0.73)	0.01 (1.40)
$\ln dist_{ot}$	−0.72 (−1.12)	−0.21 (−0.39)	−0.82 (−1.40)	−0.32 (−0.61)	−0.83 (−1.41)	−0.33 (−0.53)
$\ln price_{dt}$	0.07 (1.48)	0.03*** (13.68)	0.03 (1.09)	0.03*** (13.69)	0.01 (1.14)	0.03*** (13.62)
$\ln free$	4.84*** (7.72)	4.81*** (7.45)	5.59*** (4.81)	4.80*** (7.46)	2.76*** (2.80)	4.98*** (7.65)
$\ln labor_{ot}$	32.08 (0.96)	2.64*** (6.86)	−6.18 (−0.13)	2.64*** (6.30)	−6.16*** (−4.66)	2.63*** (6.25)
_cons	−280.38 (−1.30)	−144.29*** (−9.09)	−70.76 (−0.13)	−131.80*** (−10.49)	24.16 (1.34)	−123.03*** (−6.47)
R − sq	0.3165	0.7438	0.3483	0.7438	0.6110	0.7438

注：系数估计值后的括号内为 t 值，检验值后的括号内为 P 值，*、** 和 *** 分别表示0.1、0.05 和 0.01 显著性水平下显著。

通过与基准模型估计结果的比较，我们发现零部件进口规模的扩大对于最终资本品出口的促进作用被削弱，只有来自发展中国家（地区）的中间品进口额仍然有显著但是较弱的积极影响，这是由于零部件的进口会带来额外的进口贸易成本，也会对于产品的出口竞争力造成负面的影响，而反观发展中国家零部件进口的积极表现仍是得益于全球生产网络的发展，越来越多的跨国公司将零部件的生产基地放在亚洲的新兴经济体境内，充分利用这些国家的技术和资本，并且得益于这些国家或地区的地理位置，降低了到中国进行加工组装的运输成本。经过稳健性检验，零部件进口种类的增加仍然会显著地促进最终资本品的出口，而且在不同的国家或地区分类中，仍然是来发达国家的零部件进口作用更为明显，且影响幅度也要略高于基准模型，因为来自发达国家或地区的多种零部件进口可以带来更多的技术信息，有利于中国实现技术的跨越式发展，这更加证明了零部件进口是通过提高出口竞争力来促进最终资本品出口的。

对比其余变量，也与基准模型的结果基本相符，但国内劳动投入的估计结果却部分地呈现出负向的影响，这反映了中国在全球生产网络的发展中面临的问题。因为中国主要承担电子产品的加工组装环节，投入了大量的熟练劳动力来承接来自发达国家或地区和新兴经济体的零部件生产外包，产品的核心价值掌握在零部件生产商的手中，但是随着中国劳动力价格的上升，这一禀赋优势正在逐渐减弱，再投入更多的劳动力不仅不会提高产量，反而会增加成本，所以我们不认为劳动力的投入促进了零部件积极作用的发挥。

3. 区分不同贸易发展阶段的估计结果

中间品进口对于最终产品出口的促进作用是生产分割不断深化和全球生产网络发展壮大的产物，国与国之间的经贸往来往往相互关联，为了证明外部环境变化的影响，本书将样本时期划分成三个时间段分别对中间品进口的促进作用进行检验。经过稳健性检验，零部件进口种类的变化对于最终资本品的出口影响显著为正，因为下文将利用面板数据的两阶段最小二乘法仅检验在中国的电子行业中，从全球生产网络整体、发达国家或地区和发展中国家或地区进口零部件种类的增加是否会促进最终资本品出口的增加以及这种影响作用变化的趋势。

表5.15	考虑全球生产网络的计量结果		
	入世前	入世后——经济危机前	经济危机至今
$lnvar_{ot}$	6.00 ***	6.55 **	4.41 **
	(3.77)	(1.99)	(2.10)
$lnvar\_developed_{ot}$	4.46 ***	4.31	3.88 **
	(4.13)	(1.03)	(2.10)

续表

	入世前	入世后——经济危机前	经济危机至今
lnvar_$developing_{ot}$	3.11 (0.78)	2.82 ** (2.29)	14.95 ** (2.10)

注：①2006 年前后，商务部发布了一批加工贸易限制目录，使得 2006 年中国零部件的进口规模骤然下降，为了规避异常数据对于检验结果的影响，本文在此处的回归中剔除了 2006 年的数据。系数估计值后的括号内为 t 值，检验值后的括号内为 P 值，＊、＊＊和＊＊＊分别表示 0.1、0.05 和 0.01 显著性水平下显著。

　　表 5.15 给出的检验结果分别为入世前、入世后到经济危机前和经济危机后，中国电子行业零部件进口种类的增加对于出口所发挥的显著的促进作用，经过对比，我们发现如下几个特点：第一，从入世后到经济危机发生前的这一阶段，中国从全球生产网络所有伙伴国（地区）家进口的零部件种类的增加对于最终资本品出口的促进作用最大，这是由于入世后关税及非关税贸易壁垒的降低，降低了进口零部件的贸易成本，促使加工贸易的迅速发展；第二，经济危机之前，尤其是入世前，来自发达国家（地区）的零部件进口对于出口的促进作用明显强于从发展中国家（地区）的进口，因为在此之前，发达国家（地区）的资金实力雄厚，垄断了世界上先进技术的研发和使用，而且巨大的市场规模也为中国最终品的出口提供了消费基地，但是经济危机使得发达国家（地区）的研发投入和消费水平受到重创，至今尚未完全恢复，所以对于中国的电子产品出口而言，来自发达国家（地区）的零部件所包含的技术的先进水平正在逐渐下降，对出口竞争力的促进作用也在减弱；第三，经济危机之后，来自发展中国家（地区）的零部件显著地促进了对于生产网络内所有国家（地区）的最终资本品出口，并且这一影响程度超过了经济危机之前的发达国家（地区），原因在于在"新三角"贸易的格局下，大部分新兴经济体成为零部件的主要供给方，产品种类和技术含量不断提高，跨国公司的全球布局也加剧了中国与这些国家（地区）的经贸往来。综上所述，中间品进口对于最终产品出口的促进作用会随外部环境的变化而呈现不同程度的促进影响。

5.4.4　小结

　　本节关注了零部件进口影响机制在制造业行业内部的差别。首先通过初步的统计分析，我们发现，并非每个行业的零部件进口都能有效促进最终资本品的出口，而且也并非每个零部件进口具有促进作用的行业都是通过 *TFP* 的提升来传导的，这依赖于行业内部的生产结构及所面临的国际市场竞争环境。随后，对不同类型的行业进行了分类的计量检验，实证结果证实了统计分析的结论：金属制品业（34）、交通运输设备制造业（37）和仪器仪表及办公机械制造业（41）的零部件进口规模和种类的增加都能够有效地促进最终资本品出口的增加，这是因为在这些行业中，中国所面临的国际市场更加开放，进口的固定贸易成本较低，大量零部件的进口使贸易企业通过学习和模仿快速提升了自身在国际市场上的竞争实力，能够更加充分参与国际市场；通用设备制造业（35）、电气机械及器材制造业（39）和通信设备及电子设备制造业（40）的零部件进口规模的增加给出口企业的生产带来更大成本压力，但是多样化的零部件进口却提高企业的生产能力，不仅表现为生产效率的提升更表现为最终产品的种类的增加，通过满足更多的需求获得的垄断空间是这类行业在未来的竞争中获得发展的重要方向，当然其中也有像专用设备制造业（36）这样的行业暂时不能通过融入全球生产网络获得生产能力的提高，这就需要投入更多的研发资金和人力资源，尽快培育属于自身的核心技术才能提高企业参与国际市场的能力。

5.5　小结与启示

基于上一章的理论推导，本章对于中间品进口促进最终品出口的影响机制进行了分层次的计量检验，从行业层面进行了验证。为了建立一个合理的计量检验模型，本章首先构造了一个改进的引力模型，提出在中间品贸易占主导地位的情况下，应该将中间品的进口纳入传统的引力模型中，代表最终品的供给能力考察对于最终品出口的影响，与此同时在改进的引力模型中将 *TFP* 作为重要的控制变量加入，通过考察加入 *TFP* 前后，中间品进口变量的估计结果和 *TFP* 估计结果的显著程度来说明中间品进口影响机制中的传导作用。本章的计量检验采取了逐级递进的方式，从整体贸易情况逐渐细化到行业层面，这样做有利于了解中间品进口影响机制的共性特征和差异，为加强该促进作用的发挥提供现实依据。

从整体贸易的角度考虑，中间品进口确实可以带动最终品的出口，而且零部件的进口对于最终资本品的出口的促进作用要远远大于对最终消费品，这是因为最终资本品的生产环节更容易也更值得被分割，是国际分工日益深化的体现。鉴于最终资本品生产的特殊性更能代表中间品贸易的影响机制，所以本章通过关联海关协调编码数据、联合国分产品大类的贸易数据和中国工业行业分类标准，计算出行业层面 HS 六分位的最终资本品和零部件的贸易数据，用以考察在整个中国制造业行业中零部件进口的影响机制以及 *TFP* 的传导作用。在整体制造业行业层面，运用 GMM 方法进行计量检验，结果发现即期和滞后一期的零部件的进口均能显著促进制造业最终资本品的出口，而且在考虑 *TFP* 后，系数有所下降，说明确实这种促进作用有部分是通过提升行业 *TFP* 来实现的。在具体制造业层面，运用两阶段最小二乘法进行计量检验，发现零部件进行的促进作用并非是每一个行业充分参与出口的重要前提，部分市场开放程度较高，且进口的贸易和非贸易壁垒降低的行业更容易通过进口提升行业自身的 *TFP* 即参与国际市场的竞争能力，进而促进最终资本品的出口，也有部分行业没有能够从零部件进口的过程中获得生产能力的提升，甚至对于最终资本品的出口还有一定的促退作用，当然这样的行业还是会通过增加零部件进口的种类，生产多样化的产品来满足国外消费者的需求来达到参与竞争、获得利润的目的。综上所述，针对行业的不同特点，我们可以从促进零部件的进口和加强对引进技术的学习和吸收两个角度来促进行业 *TFP* 的提升，为更广泛、更有效率地参与国际市场找到适合、有效的途径。

第 6 章

中间品进口影响出口二元
边际的实证分析

在新一轮生产分割的浪潮下，中间品进口对于出口结构变化的推动作用是不容忽视的。20 世纪末，国际生产和国际贸易格局发生了新变化，南北国家之间的中间品贸易成为世界贸易的重要组成部分（海闻和赵达，2007）。在当今以垂直专业化为主导的分工模式下，最终产品出口量的多寡已经不能够真实反映一国的贸易地位了，因为这其中会存在"统计假象"的问题（Maurer and Degain，2012、黄先海和杨高举，2010），中间品贸易的突出性增长呈现了日益重要的趋势，"新三角贸易模式"和北美自由贸易区就是明显的例子。作为全球生产网络的重要参与国，中国的中间品贸易也在加速增长，不仅表现在进口额的增长，而且进口种类也在不断扩张，形成了多样化的中间品进口格局，根据联合国 Broad economic catalogue（BEC）分类，近十几年全球中间品贸易占总贸易比重一直保持 50% 以上的高份额，其中的零部件贸易虽然不是规模最大的，但随着国际生产格局的变动，增长趋势迅猛，从 1995 年的 7039.44 亿美元（312 个产品种类）增加到 2011 年的16350.42 亿美元（355 个产品种类），其中中国进口零部件的规模从174.61 亿美元（312 个产品种类）扩张到 1556.08 亿美元（326 个产品种类）；与之相对比，在整体生产网络的框架下，最终资本品的贸易规模和增长速度也是生产分割重要的体现之一，在相同的时间段内，全球最终资本品贸易从 6569.02 亿美元（592 个产品种类）上涨到 24410.05 亿美元（650 个产品种类），其中中国的最终资本品出口从 177.58 亿美元（584 个产品种类）增加到 5235.25 亿美元（640 个产品种类）①，从中可以看出，

---

① 基于联合国 CEPII 中的 BACI 数据库，将其六分位的产品种类按照联合国 Comtrade 数据库中的 BEC 方法进行分类加总得到的。

中国的零部件进口和最终资本品出口额从 20 世纪 90 年代的貌不惊人发展到目前的规模宏大且关键，更为明显的是中国的贸易种类几乎囊括了全世界在制造业领域全部的产品种类，这真实地反映出中国在全球生产网络中的中心地位，形象地刻画出中国进口零部件，经过加工组装出口最终资本品的生产模式。随着国际分工的细化，中间品特别是零部件贸易已经成为推动中国出口贸易的一个新的增长途径，因此我们需要注重中间产品自身贸易结构的变化及对最终品出口结构的影响。

在第 4 章的理论模型中，我们已经通过推导得出中间品进口对最终产品出口不同增长方式的影响，而且还通过对不同范畴的细分贸易数据进行计量分析验证了 TFP 在影响机制中所起到的传导作用。在本章的实证检验中，将重点对于零部件进口和最终资本品的出口二元边际进行深度剖析，试图从中找到中间品进口对于最终产品出口增长方式的影响机制，将中间品的作用进一步深化，与出口的二元边际结合起来，这样做既考虑了中国必须参与且需要深度参与全球生产网络的现实情况，还能够从结构的角度来分析中国如何通过整合全球生产网络获得贸易的扩张和增长方式的转变。

6.1 贸易二元边际的测度方法及评价

纵观国内外相关文献，有关二元边际即扩展边际和集约边际的界定基本是围绕产品出口的结构的界定而衍生的，实际上二元边际无非是将产品的贸易进行拆分，用于分析贸易增长的方向，因此无论是出口还是进口都存在二元边际的问题，即贸易是沿着深度在增长还是沿着广度在扩张。但是对于深度和广度的定义，很多学者的界定则不太相同，如文献综述中所说，学者主要从国家、企业和产品三个层面研究出口贸易增长的边际问题，鉴于企业层面数据的可得性和处理的难度，目前大部分学者还是从产品和国家两个层面来界定贸易的集约边际和扩展边际。本节接下来按照二元边际测度方法的简易程度和演进过程分析相关的指标衡量以及各个指标的优点和缺点。

6.1.1 贸易二元边际的测度方法

二元边际的提出是为了将出口的结构进行分解，从中分析一国现有出口模式的可持续性，尽管这一概念也适用于解释进口结构的问题，但是鉴于二元边际概念提出的背景，很多学者仍然是从出口的角度给出了二元边际的测度方法和指标，现有的文献中关于二元边际的测度指标直接相关的测度方法有两种：一种是从国家对—产品层面对出口中的绝对贸易额进行拆解，区分哪些贸易额是来自于已有出口的贡献，哪些贸易额是新制造的产品和新开拓的市场的贡献，这类测度的代表性方法是测度出口深化和出口广化的方法（Amurgo - Pacheco and Pierola, 2007；Bemard et al, 2009）；另一种是在研究中构造指标对于扩展边际和集约边际分别进行测度，用以表示二者对于出口的贡献，基于产品层面对于不同的出口二元边际进行阐述，这类测度方法主要有分解测度法和 HK 指标及其变形等形式。接下来分别对这两类测度方法进行简要描述。

1. 国家对—产品方法

该方法可以同时关注国家对（或者是一国对一个地区）之间贸易种类的变化及与之相关联的贸易额的增长，这种方法的形成是以简单计数法、Feenstra 指数法和 FR 指数法为基础的，那么我们首先需要了解上述三种基本测度方法的构造思想：

简单计数法：这种方法是一种最简单的方法，主要是计算 4 位或者 6 位甚至 8 位 HS 编码或者 SITC 标准为基础的出口产品的种类数来衡量一国出口的产品种类数。

Feenstra 指数法：芬斯特拉（Feenstra, 1994）在允许新产品多样化或质量改变的情况下，通过 CES 单位成本函数导出确切价格指数（exact price index）。指标表示为：

$$FI = \frac{\sum V_{ti}(I_{t0}^E) / \sum V_{ti}}{\sum V_{0i}(I_{t0}^E) / \sum V_{oi}} \tag{6.1}$$

该指标表示，如果产品种类与基期相比没有增长，那么该指数等于 1，如果种类增加，那么指数小于 1，种类下降指数大于 1。

FR 指数法：该指标是以 Feenstra 指数为基础并在 CES 生产函数假设条件下推导出来的。假定存在两个观测点 s 和 t，它们既可以代表两个时间点也可以代表两个国家。假设 s 和 t 时期有不同的出口产品序列，分别为 Is = {1, …, Ns}，It = {1, …, Nt} 两个时期相同的出口序列为：$I = I_s \cap I_t$，则产品种类的变化 ΔPV_{st} 定义如下：

$$\Delta PV_{st} = \ln\left(\frac{\sum\limits_{i \in I_t} p_{it}x_{it} / \sum\limits_{i \in I} p_{it}x_{it}}{\sum\limits_{i \in I_s} p_{is}x_{is} / \sum\limits_{i \in I} p_{is}x_{is}}\right) \tag{6.2}$$

假设 Nt > Ns，那么两者相同的出口产品序列 I = Is，该表达式分母变成1，分子大于1，这说明产品种类随着时间变化而增加。同时若假设 s 和 t 表示连续的两年，s 表示上一年度；t 表示本年度，即：s = t − 1，那么上式经过修正后可以计算一国本年（t − l）到下年（t）的产品种类变化。

AP 方法：Feenstra 指数法和 FR 指数法只测度了一国对外整体的扩展边际，而没有能够细致地分析国家（地区）对之间的出口变化也没有对集约边际进行测度，为了弥补这一不足，阿姆伯戈 – 帕西和彼罗拉（Amurgo – Pacheco & Pierola，2007）（以下简称 AP 方法）在芬斯特拉（1994）的基础上，从产品和地理二维角度提出了界定贸易二元边际的具体方法。在 AP 方法中，所有的贸易数据以 1995 年为界，在 1995 年前曾出口过至少 3 年以上的产品称为老产品；1995 年以后至少出口过 5 次或者出口 5 年以上的产品称为新产品。这样，一国（地区）的出口增长可能表现为四种情况（见图 6.1）：过去已经出口的产品继续出口到过去已经出口的市场（老产品老市场 OPOD）；过去已经出口的产品出口到新市场（老产品新市场 OPND）；过去没有出口的产品出口到过去已经出口的市场（新产品老市场 NPOD）；过去没有出口的产品出口到新市场（新产品新市场 NPND）。第一种情况（老产品老市场）即为贸易的集约边际，后面三种情况为贸易的扩展边际。随后，伯纳德（2009）做了更为细致的划分，考虑产品流动结构和空间结构，从产品和地理两个维度对出口结构进行进一步的分解，第一级分为出口深化和出口广化，第二级进一步将出口广化分为地理广化和产品广化。具体地，出口深化指老产品到老市场的出口也即出口的集约边际；出口广化则包括老产品到新市场、新产品到新市场以及新产品到老市场的出口，即为出口的扩展边际，其中，地理广化包括老产品到新市场、新产品到新市场的出口，体现了出口的地理多样化。产品广化包括新产品到新市场、新产品到旧市场的出口，体现了出口的产品多样化。

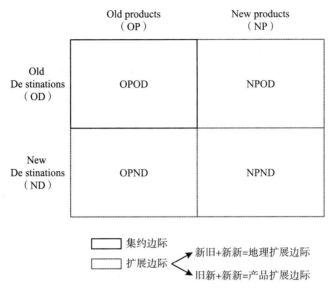

图 6.1　出口广化和出口深化的分解框架

资料来源：Alberto Amurgo – Pacheco and Martha Denisse Piérola，"Patterns of export diversification in developing countries：intensive and extensive margins"，HEI Working Paper No：20/2007，page 5.

　　需要注意的是，地理广化与产品广化有个公共部分，即新产品到新目标国的出口。因此，地理广化有狭义和广义之分。狭义的地理广化单指老产品的市场扩张，即老产品到新市场的出口。广义的地理广化则不仅包括老产品的市场扩张，还包括新产品的市场扩张，即老产品到新市场、新产品到新市场的出口[①]。为了能够更加准确地描述一国不同贸易种类产品的广化特征，本书将采取产品广化和狭义的地理广化的定义对于出口广化进行深度分解，这样做也是符合实际的，从整体贸易规模来看，地理广化的大部分份额其实主要是旧产品对新市场的出口带动的，新产品到新市场的出口占了地理广化的极少份额，然而占产品广化的比例年均超过60%。所以相比地理广化，新产品到新市场的出口对产品广化来说不可忽略。

　　2. 产品—贡献率方法

　　这类方法重点考量出口的不同增长方式对于整体贸易额的影响，主要包括分解测度法和HK指数法，其中尤以后者应用广泛也更能说明问题。

　　分解测度法：埃米蒂和弗洛伊德（Amiti & Freund，2007）将总的贸

_____

　　① 周俊子：《中国出口结构优化研究——基于出口深化与出口广化的视角》，浙江大学博士毕业论文，2011 年。

易增长比率（相对基期）可以分解为三部分：

$$\frac{\sum_i V_{ti} - \sum_i V_{0i}}{\sum_i V_{0i}} = \frac{\sum V_{ti}(I_{t0}^E) - \sum V_{0i}(I_{t0}^E)}{\sum V_{0i}} - \frac{\sum V_{0i}(I_{t0}^D)}{\sum V_{0i}} + \frac{\sum V_{0i}(I_{t0}^N)}{\sum V_{0i}}$$

$$(6.3)$$

其中，V_{ti} 表示 t 时 i 产品的贸易值，I_{t0}^E 表示现存产品的变化指数，如果在 t 和 0 时点都存在，则等于 1。I_{t0}^D 表示消失的产品变化指数，如果产品在 0 点出口而在 t 点不出口的话，该指标等于 1。I_{t0}^N 表示新产品指数，如果产品在 t 点出口而在 0 点不出口的话，该指标等于 1。等式右边第一部分表示的是在两个时期都有出口的产品的增长（集约边际），第二部分表示的是由于产品不再出口导致的出口增长下降（消失的产品），第三部分表示新增加的产品（扩展边际）。

HK 指数法：这是赫梅尔和克列诺在 2005 年提出的对于出口结构的分解方法，也是基于 Feenstra（1994）进口多样化引申的扩展边际衡量方法。j 表示出口国，m 表示进口国，r 表示参考国（一般采用世界其他国家对 m 国的出口，记为 row），i 表示出口产品的种类，I_{jm} 表示 j 国出口到 m 国的所有产品种类，I 表示参考国出口到 m 国的所有产品种类，$I_{jm} \subseteq I$ 集约边际和扩展边际分别表示为[①]：

$$IM_{jm} = \frac{\sum_{j \in I_{jm}} p_{jmi} x_{jmi}}{\sum_{j \in I_{jm}} p_{rmi} x_{rmi}} \tag{6.4}$$

$$EM_{jm} = \frac{\sum_{j \in I_{jm}} p_{rmi} x_{rmi}}{\sum_{j \in I} p_{rmi} x_{rmi}} \tag{6.5}$$

其中，IM_{jm} 指标表示在国家 j 出口到 m 的产品子集，即 I_{jm}，m 国从 j 国进口子集内的产品的价值量占 m 国从世界其他国家 r 进口同样子集下的产品的比值，因此该指标 HKIM 介于（0，1），如果该指标偏向 1，说明对于 I_{jm} 的产品集来说，m 国从 j 国进口的比重较大，也反映出 j 国对 m 国出口的集约边际较大。另一个指标 EM 的分母代表的是 m 国从世界其他国家进口所有商品的集合 I 的总价值，该指标反映的是 I_{jm} 和 I 之间的关系，而且 HKEM 指标范围也属于（0，1），如果该指标偏向 1，说明 I_{jm} 与所有

---

① David Hummels and Peter J. Klenow, The Variety and Quality of a Nation's Exports, The American and Ecomoinc Review, June 2005.

产品集合 I 比较接近，换句话说，j 国出口到 m 国的产品是 m 国进口的产品种类中的绝大部分，产品的覆盖面是比较广的，就可以代表 j 国对 m 国出口的扩展边际较大。

这里需要说明一下，HK 分解的集约边际和扩展边际和 AG 方法计算而得的集约边际和扩展边际有一定的区别，两者间不是等同的，简单来说，AG 方法所研究的是一国某一年出口贸易中老产品的出口规模和新产品的出口规模，都是绝对数，两者相加应该近似于这一年的总贸易额；而 HK 方法研究的是中国同某一国家间贸易产品种类情况以及这些产品种类所产生的贸易规模情况，并都是和目标国的贸易规模进行对比分析，因此，HK 方法研究的是相对数。如果就某一年而言，HK 方法就无法区分老产品和新产品了，而是仅仅研究中国同目标国的贸易产品集，分析究竟是贸易产品的种类多引起的贸易比重（一国和目标国的双边贸易额与目标国总进口额的比重）增加，还是由于商品种类少，但贸易规模大（出口的数量多或者价格高）引起的贸易比重增加。因此，我们在进行指标分析时，关键看其指标含义是否和该国的实际情况相符，是否具有较强的解释力。

6.1.2　贸易二元边际测度指标的评价

在上述两类五种测度指标中，AP 方法和 HK 方法是实证研究文献中使用的较多的两种度方法，它们通过不同的表达形式可以满足不同的研究需要。

AP 方法参照的是一国前一阶段的出口，将一国本期的出口进行划分，区别新老产品和新老市场，所以它衡量的是一国不同时间段的出口二元边际时间序列变化，属于一个绝对值指标。与简单的计数方法相比，不仅可以能够分离扩展边际和集约边际，更能将代表扩展边际的产品广化进一步划分，能够动态地展现一国出口商品种类和规模的变化。而作为基础的 Feenstra 指数和 FR 指标分解方法缺乏全面的数据，所有两个连续时期出口产品都增加的那部分被抵消掉了，因而该方法是建立在假设出口量增加是由同种产品种类的增加引起的基础之上的。但是，出口量的增加很有可能是由于其他产品种类的增加引起的，所以这种衡量方法低估了产品种类的增加。而且这两种指标都是一种时间序列的分析，主要分析一国不同时点的出口种类变化，难以在横截面上对国家出口二元边际的对比。

HK 方法选择一国对世界的出口作为参考，将一国（地区）出口对某一国家（地区）的出口与当期对世界出口之比作为衡量指标，所以该指标衡量的是一国（地区）在某一时间点出口二元边际的横截面比较，属于一个相对指标。而且在 HK 指标的衡量中使用的是一国（地区）的出口和参考国（地区）出口（一般选择世界或者除了该国（地区）之外的其他国家（地区））的对比，所以该指标一般用于一国（地区）在基期和研究期对比的横截面分析。另外，在计算的过程中每种产品的权重（在世界出口中的份额）是不相同的，与 FR 指数相比，由于它已经反映了一个产品种类内部产品差异的增长，因此不必像 FR 那样需要采用极其细致的数据。但是由于它采用的权重是每种产品在世界出口中的份额而不是在那个国家出口中的份额，而且它将每种产品所有的出口增加看作是种类数的变化，所以可能会高估产品差异化的增加。与分解测度方法相比，更加适用 HS 编码的数据结构，因为分解测度方法将新产品种类的定义为出口中新增加的产品代码，但是由于 HS 编码制度在 1988 年、1996 年和 2002 年进行了重新分类，所以，这样就会造成一些产品本身就是老产品却因为分类改变而被当成新产品对待，造成计算误差。

现有的文献对于上述两类方法都进行了深度挖掘，但考虑到生产分工逐渐细化的国际格局，目前对于数据的挖掘还存在两个问题：第一，文献大多以一国贸易总额为研究对象进行分解，只能从总体上了解该国（地区）贸易增长的方式，但却忽视了不同类别的产品可能会因为其产品特性的不同而造成的贸易增长方式的差异；第二，只从出口的方向对于贸易数据进行二元边际的计算不能真正反映一国（地区）的贸易地位，对于进口贸易数据的分解也显得十分必要，因为这样可以更加全面地了解一国（地区）的贸易现状，所以为了解决这两个问题，本书将对现有的二元边际的数据来源和测度方法进行进一步的调整，尝试建立不同产品大类在进出口两个方向上的贸易二元边际，全面归纳和实证分析中间品进口对于最终品出口不同增长方式的影响。

6.2　贸易二元边际的数据来源及处理方法

为了建立基于产品大类的贸易边际，全面反映进出口贸易的格局，本节将基于现有文献对最终产品的出口额和中间品的进口额进行划分，并对于相应的二元边际的具体测算方法进行阐释。

6.2.1　贸易数据的匹配

本章使用的贸易数据库与第 5 章相似，因此在数据的匹配上也使用了同样的方法，首先，将 CEPII 数据库的海关协调编码六分位产品编码（HS6）、联合国 Comtrade 数据库的分产品大类（BEC）、国民经济行业分类标准（GB—2002）中行业分类三者进行匹配，可以得到任一产品所处的行业和大类（最终品或是中间品等）的对应表；然后在这一对应表的基础上，根据 CEPII 的 HS6 贸易数据就可以实现对细分贸易数据的归类和整理，这是进行行业层面贸易二元边际计算的前提和基础，也是本书在数据挖掘方面一个重要的创新点。

6.2.2　最终产品出口二元边际的测度方法

本书对于出口二元边际的确定主要借鉴上一节介绍的 AP 方法和 HK 方法，其中由于 AP 方法能够从产品和地理两个层面对于出口的广度即出口的扩展边际进行描述，从方法的构建和计算的结果上更加全面，因此，本书将主要介绍和运用基于阿姆伯戈 - 帕西和彼罗拉（2007）和伯纳德等人（2009）文献的 AP 方法。

上文已经简要地介绍了 AP 计算方法，但在实际操作过程中，关于老产品、新产品等概念的界定需要事先确定标准，同时，我们还要从地理维度分解出口结构，这就需要我们对新旧目标国作仔细界定，这也是本书研究的必要前提。目前，现有研究中有两种界定方法：一种是一年期比较判别法（Amiti & Freund，2008；钱学锋和熊平，2010），即以样本中的一年（一般是第一年）作为基期，后续年份与之相比较，确定产品种类的增加或减少以及与之相对应的贸易额的变化；也有多年期比较判别法（Amurgo - Paeheeo & Pierola，2007；Debaere & Mostashari，2010），就是以样本中的某一时间段的总体情况作为基期，考察贸易种类和贸易额度的变化，下面就两种方法做简要的阐述。

1. 一年判别法

以本书中所涉及的样本为基础，在一年判别法中，我们将过去已经出口的最终资本品继续出口到过去已经出口过的市场（老产品老市场）的情况定义为出口的集约边际，若用符号来代表，如果 $e^{i}_{cd-2002}$ 代表 2002 年有

产品 i 从中国出口到目的地 d 国（地区），同时存在 $e^i_{cd-2010}$，即 2010 年该产品依然继续从中国出口到目的地 d 国（地区），产品 i 就是老产品，则集约边际就表示为：$e = \sum e^i_{cd-2010}$；接下来，我们将过去已经出口过的最终资本品有出口到新的市场的情况（老产品新市场）和过去没有出口过的最终资本品（新产品新市场）的情况的加总称之为扩展边际，与集约边际相对应：如果 $e^i_{cd-2002}$ 代表 2002 年有产品 i 从中国出口到目的地 d 国（地区），且存在 $e^i_{cs-2010}$（$d \neq s$），即 2010 年产品 i 又从中国到新的目的地 s 国（地区）；同时，存在 $e^k_{cs-2010}$，代表 2010 年有产品 k（$k \neq i$）从中国出口到目的地 o 国（地区），但不存在 $e^k_{co-2002}$，即 2002 年没有产品 k 从中国出口到目的地 o 国（地区）。则扩展的边际 $N = \sum e^i_{cs-2010} + \sum e^k_{co-2010}$①。因此，中国某一年的出口额就可以被分解成二元边际的三个部分，以 2010 年中国出口最终资本品的贸易额为例：

$$E_{2010} = \sum e^i_{cd} + \sum e^i_{cs-2010} + \sum e^k_{co-2010} \qquad (6.6)$$

等式左边的 E_{2010} 代表 2010 年中国出口最终资本品的贸易总额，等式右边的第一项 $\sum e^i_{cd-2010}$ 代表最终资本品的出口深化，第二项 $\sum e^i_{cs-2010}$ 代表最终资本品出口的地理广化，第三项 $\sum e^k_{co-2010}$ 代表最终资本品出口的产品广化。该公式简单形象地诠释了如何对于贸易总额进行二元边际的拆解，并对于扩展边际进行了更深层地的划分，为出口广化和出口深化的计算提供了可行的方法。但是一年判别法由于只选择样本外的一年作为基期，标准存在一定的差别，失之客观，例如，如果选择了处在经济危机中的一年作为基期，该年的出口额和出口种类会因为受到外部经济环境的影响而减少甚至锐减，所以样本内的其他年份中的集约边际就会相对较小，而扩展边际就会相对较大；相反地，如果选择了出口迅速扩张的一年，则样本内其他年份的集约边际就会较大，而扩展边际就会较小，因而从统计意义上，一年判别法的标准选择会有较大的误差，而多年判别法就可以比较好地避免这一问题。

2. 多年判别法

多年判别法，顾名思义就是使用出口国多年出口的整体情况作为基准

---

① 该方法借鉴了钱学锋、熊平（2010）的做法，需要说明的是，新产品到新市场在计算时其实已经暗含了新产品到老市场了，因为这里的目的地 o 国既包括老市场，也包括新市场，所谓的老市场是针对原来的 i 产品而言的，

来判断出口的二元边际，鉴于全球经济发展的阶段性特点和数据的可得性，我们选择以 2000 ~ 2002 年的数据为比照的基准，最终样本研究 2003 ~ 2010 年中国对 33 个目标国家和地区①最终资本品出口。原因有三：第一，2003 年是十六大的开局之年，中国加强了对外贸易结构调整和转型的步伐，进出口贸易增长方式开始出现积极的转变，而且就世界环境而言，美国等发达国家进入以电子计算机为动力的经济发展高潮，促进了生产分工的深化的长远发展；第二，2008 年爆发世界性的经济危机对于像中国这样的加工组装型的发展中国家影响巨大，外部需求的削减造成了出口产品结构的被动变化，而 2010 年多数发达国家为了重振国内的经济实力，提出回归制造业，这对中国庞大的生产能力是个重要的冲击，因此了解这一时间段的出口结构变化对于中国调整未来的对外贸易方向至关重要；第三，鉴于中国行业分类标准在 2002 年做了一次调整，只有从 2003 年开始计算行业 *TFP* 才具有相应的连贯性。

新老产品的界定以 $t(2000 \leqslant t \leqslant 2002)$ 年中国却有出口的属于制造业的最终资本品产品 i 对世界上所有国家的总出口额 ex_{it} 为研究对象，当最终资本品 i 在 t 年有正的出口额时，令 $prob(E_{it} > 0) = 1$；当最终资本品 i 在 t 年没有出口时，令 $prob(E_{it} > 0) = 0$。于是构造公式（6.7），利用 2000 年到 2002 年的中国制造业最终资本品的出口额为基准对于样本期的出口二元边际进行界定，2003 年前的 3 年中若中国的制造业均有出口的最终资本品为旧产品（$i^{ex} = 1$），不然为新产品（$i^{ex} = 0$），这样通过数据库的分析可以得到样本期内，针对每个伙伴国（地区）家，中国对其出口的制造业的最终资本品的种类及相应的贸易额。

$$i^{ex} = \begin{cases} 1, \ if \sum_{2000}^{2002} prob(ex_{it} > 0) = 3; \\ 0, \ otherwise \end{cases} \tag{6.7}$$

新老市场的界定与产品的界定类似，仍是以 t（$2000 \leqslant t \leqslant 2002$）年中国制造业对外出口最终资本品的贸易情况为基准，t 年中国对目标国 n 出口制造业的最终资本品时，令 $prob(ex_{nit} > 0) = 1$；当 t 年中国对目标国 n 不出口制造业的最终资本品时，则 $prob(ex_{nit} > 0) = 0$。如式（6.8）所描述，对于原就有出口过的旧产品而言，2003 年前的 3 年都有出口的老市场（$n = 1$），否则为新市场（$n = 0$）。

---

① 见第 5 章对于样本国家的统计。

$$n\Big|_{i^{ex}=1} = \begin{cases} 1, & if \sum_{2000}^{2002} prob(ex_{nit} > 0) = 3; \\ 0, & otherwise \end{cases} \tag{6.8}$$

在计算国家对的二元边际时，经式（6.7）计算的新产品就有可以能存在一个问题，这个产品 i 有可能对于目前考量的目标国（地区）来说是个新产品（$i^{ex}=0$），但却可能曾经出口到过其他国家（地区），所以需要对新产品（$i^{ex}=0$）的出口目的地进行区分，也就是说在更深的层次上区分扩展边际即产品广化的地理广化和产品广化。也就是说对于一个新市场而言，要来区分中国对其出口的全新的最终资本品还是业已对其他国家（地区）出口国（地区）的，用公式可以表述成[①]：

$$n\Big\|_{i^{ex}=0} = \begin{cases} 1, & if \exists j \in I, \ n\Big\|_{j=1} = 1; \\ 0, & otherwise \end{cases} \tag{6.9}$$

这样做就可以同时强调由地理广化和产品广化共同驱动的出口多样化。因此，结合式（6.7）、式（6.8）和式（6.9），t（$2003 \leq t \leq 2010$）年中国对目标国（地区）n 出口的最终资本品可以分解为以下三部分：

$$ex\Big\|_{nit} = \begin{pmatrix} ex_{nit}\Big\|_{n=1}^{i^{ex}=1} \\ 0 \\ 0 \end{pmatrix} + \begin{pmatrix} 0 \\ ex_{nit}\Big\|_{n=0}^{i^{ex}=1} \\ 0 \end{pmatrix} + \begin{pmatrix} 0 \\ 0 \\ ex\Big\|_{n=0}^{i^{ex}=0} \end{pmatrix} \tag{6.10}$$

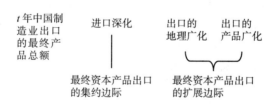

6.2.3 中间产品进口二元边际的测度方法

现有文献基本上都是基于一国（地区）商品的出口总额来考察贸易二元边际的，根据本书的研究需要，通过对于数据的深度挖掘和整理，可以

---

① 最终资本品集 I 为在基期对世界上除目标国（地区）之外的其他国家（地区）出口国（地区）的商品的集合。

计算出行业层面的最终资本品出口的二元边际，同时为了反映在全球生产网络的背景下，中间品尤其是零部件进口的结构变化对于最终品出口增长方式的影响，本书还将通过改造上述的二元边际计算方法构造衡量中国制造业零部件进口二元边际的方法。为了和前文的计算取得异质性，该部分也运用改进的 AP 方法来计算进口方向的二元边际，具体做法也与上文类似，仍采用多年判别法，只是需要把中国看成一个进口国。计算对象为 2003～2010 年中国在制造业中的零部件进口，基准时间段为 t（$2000 \leqslant t \leqslant 2002$）。因与上文方法相似，所以以下将主要介绍计算的关键步骤。

新老零部件产品进口的界定：$i^{im} = \begin{cases} 1, & if \sum\limits_{2000}^{2002} prob(im_{it} > 0) = 3; \\ 0, & otherwise \end{cases}$ 其中，

i^{im} 为零部件进口的种类，若为 1 说明曾经进口过，若为 0 则是新的进口种类；

新老零部件进口来源地的界定：$n\big\|_{i^{im}=1} = \begin{cases} 1, & if \sum\limits_{2000}^{2002} prob(im_{nit} > 0) = 3; \\ 0, & otherwise \end{cases}$；进

口的老产品中新旧来源地的界定：$n\big\|_{i^{im}=0} = \begin{cases} 1, & if \exists j \in I, \ n\big\|_{j=1} = 1; \\ 0, & otherwise \end{cases}$，由此也

可以得到与式（6.10）相同的表达式（6.11），代表 t（$2003 \leqslant t \leqslant 2010$）年中国从目标国 n 进口的零部件同样可以分解为三个部分：

$$im\big\|_{nit} = \begin{pmatrix} im_{nit}\big\|_{\substack{i^{im}=1 \\ n=1}} \\ 0 \\ 0 \end{pmatrix} + \begin{pmatrix} 0 \\ ex_{nit}\big\|_{\substack{i^{im}=1 \\ n=0}} \\ 0 \end{pmatrix} + \begin{pmatrix} 0 \\ 0 \\ ex\big\|_{\substack{i^{im}=0 \\ n=0}} \end{pmatrix} \quad (6.11)$$

t 年中国制造业进口的零部件总额　　进口深化　　进口的地理深化　进口的产品深化

零部件进口的集约边际　　　零部件进口的扩展边际

6.3　中国制造业贸易结构二元边际的特征分析

基于新新贸易理论的二元边际的考察方法虽然兴起不久，但由于中国

在全球制造业中的中心地位，国内外学者针对中国总体出口贸易结构的测算也较为多见（Amiti & Freund，2007；钱学锋和熊平，2010；施炳展，2010；范爱军和刘馨遥，2012），根据本书研究目的的需要，本节将根据前文的方法对于中国制造业的最终资本出口和零部件进口进行二元边际的分解，补充现有文献对中国贸易结构和增长方式的判断。

6.3.1 贸易结构中的零贸易

尽管 UNComtrade 公布的 5113 种六位码分类产品都可以参与出口贸易，然而现实中一国生产的许多产品并不参与出口或不出口到某些国家，也就是说出口额是零，从而产生了零贸易点。具体到本书的研究对象，根据联合国 BEC 的分类方法和中国国民行业分类标准，属于制造业的六分码分类产品为 1408 种，其中最终资本品为 659 种，最终消费为 177 种，中间产品为 572 种，在中间产品中，可贸易的零部件种类为 341 种，其余231 种为初级产品和半成品①。针对每一种产品，任一国家对都可能存在贸易关系，对于中国而言，如果未能与进口或出口该种产品的国家（地区）形成贸易关系，则可以认为存在零贸易的现象②。从总体上而言，中国总体的对外出口零贸易的产品种类和规模是在不断下降的，但在 2008年经济危机之后出现上扬，尤以对发达国家（地区）的零贸易品种增加较多，这是因为中国对发达国家（地区）出口的主要是一些制成品，品种繁多，需求弹性相对一些初级产品较大，而经济危机又使得这些国家（地区）的收入降低，不得不首先减少对于制成品的需求。从产品出口的结构上来看，中国对外出口零贸易总量的减少很可能是由于贸易中消亡产品种类的降低造成，而老产品和新增产品的数目相对稳定，但值得关注的是在中国每年对外出口的产品种类中，有 98% 的贡献以上来自于老产品的持续出口，这粗略地说明了中国目前整体的出口增长方式还是相当粗放的，这是中国被动供给的体现，较低的产品多样化程度必然会抑制中国从对外贸易中获得利益，因此我们有必要基于产品大类的分类，详细考察中国的制造业在进出口中存在的零贸易现象。

---

① 由于贸易分类和行业分类在对应的过程中会有些例外，所以行业层面产品数目相加会略少于全体产品种类数目。

② 也就是说零贸易是针对国家对而言的，如果某一年中国出口 870299 这一产品，但却未出口到英国，说明对于中国来讲 870299 - 英国就是一组零贸易关系。

1. 中国制造业进出口零贸易的特征——基于行业层面的分析

随着生产分割的日益深化和生产网络的形成，我们将分别考察制造业各个行业最终资本品出口的零贸易现象和零部件进口的零贸易现象，这有利于从投入产出的角度来了解零贸易现象对于贸易格局的影响。

表 6.1 - a 和表 6.1 - b 分别展现了中国制造业最终产品出口和零部件进口零贸易种类的变化，虽然同属相同的行业，但因为贸易种类和方向的差异，零贸易现象出现了不同的特征。主要表现为：最终资本品出口的零贸易种类呈现持续下降的趋势，其中金属制品业、专用设备制造业和电气机械及器材制造业在样本期内的下降比例均达到了 30% 以上；但是零部件进口的零贸易种类下降则十分不明显，金属制品业和专用设备制造业的零部件进口的零贸易现象反而出现增大的趋势，尤其在 2006 年受我国加工贸易政策的影响①，零部件的进口受到了较大的冲击，造成零贸易现象异常地增大。从表格上看，中国制造业的最终资本品出口和零部件进口的零贸易种类的规模较大且颇为相似，实际上，出口资本品的产品种类也有不少，远远大于零部件的进口种类②，这也反映出虽然二者未来的发展中都面临着创新产品种类和开拓产品市场的重任，但从更多渠道进口更多的技术含量较高的零部件更为重要和紧迫，既有利于提高国内企业的技术含量和行业的整体生产力水平，同时也会间接地促进最终资本品出口零贸易种类的减少。

表 6.1 - a　　　　　中国制造业最终资本品出口零贸易种类　　　　单位：个

年份	金属制品业	通用设备制造业	专用设备制造业	交通运输设备制造业	电气机械及器材制造业	通信设备及电子设备制造业	仪器仪表及办公机械制造业
2003	5348	24415	37952	11669	10235	7698	16652
2004	5150	23488	36187	11464	9793	7273	15895
2005	5003	22164	33768	10941	9274	6910	15526
2006	4558	21042	31943	10682	9235	6643	14908
2007	4183	20335	30636	10275	8472	7379	14790
2008	4099	19606	29838	10111	8111	7563	14512

---

①　经国务院批准，2007 年 7 月 23 日，商务部、海关总署联合发布 2007 年第 44 号公告，公布新一批加工贸易限制类目录，主要涉及塑料原料及制品、纺织纱线、布匹、家具等劳动密集型产业，共计 1853 个十位商品税号，占全部海关商品编码的 15%。

②　详见附表 5 和附表 6。

年份	金属制品业	通用设备制造业	专用设备制造业	交通运输设备制造业	电气机械及器材制造业	通信设备及电子设备制造业	仪器仪表及办公机械制造业
2009	4070	19845	29820	10081	8019	7794	14519
2010	3797	18395	28435	9931	7543	7452	14078

注：零贸易是一个基于国家对的概念，针对某一产品，中国会出口到若干国家，没有出口的国家就是一组零贸易。

资料来源：作者根据 CEPII 数据库整理而成。

中国制造业最终资本品出口和零部件进口的零贸易状况虽然存在个别差别，但也有一些相似之处：第一，在七大制造业行业中，专用设备制造业在两大类两个贸易方向上的零贸易产品种类数目均为最多，反映出中国在这一行业上和世界贸易强国之间的差距；第二，2008 年全球经济危机对于中国在最终资本品出口和零部件进口中零贸易现象影响不大，未出现较大的波动，这是由于发达国家普遍受到了经济危机的重创，收缩了与新兴经济体和发展中国家的贸易规模所造成的。

表 6.1 – b   **中国制造业零部件进口零贸易种类**   单位：个

年份	金属制品业	通用设备制造业	专用设备制造业	交通运输设备制造业	电器机械及器材制造业	通信设备及电子设备制造业	仪器仪表及办公机械制造业
2003	5527	7759	13969	8580	10291	8353	6292
2004	5636	7618	13693	8394	10368	8343	6311
2005	5595	7586	13498	8355	10025	8625	6311
2006	6067	8334	14504	8667	10900	8629	6864
2007	5722	7530	13599	8454	9868	8333	6313
2008	5796	7450	14066	8392	10130	8515	6345
2009	5862	7665	14471	8373	10230	8638	6270
2010	5593	7251	14212	8043	9626	8269	6033

注：零贸易是一个基于国家对的概念，针对某一产品，中国会从若干国家进口，没有进口的国家就是一组零贸易。

资料来源：作者根据 CEPII 数据库整理而成。

2. 中国制造业进出口零贸易的特征——基于贸易伙伴的分析

本书选取的 33 个样本国家（地区）长期以来一直与中国保持着良好的贸易伙伴关系，这是基于各个国家（地区）之间紧密的分工协作关系而形成的。有些国家（地区）是中国主要的零部件供给来源地，有些国家（地区）是中国重要的制成品出口市场，形成了效率高、成本低的"新三角"贸易关系，以下我们将通过零贸易现象的特征和变化来简要的证明这种关系的存在和发展。与上一个问题相似，在不同的产品大类和贸易方向上，基于贸易伙伴的零贸易现象也呈现出了不同变化趋势，最终资本品的出口零贸易种类在逐渐减少，而零部件的进口零贸易种类则变化不大，趋于稳定。在这里，我们主要分析其中存在的地区结构。

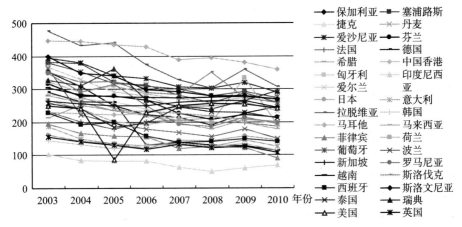

图 6.2 – a 2003～2010 年我国对主要贸易伙伴国（地区）制造业最终资本品出口零贸易的变化趋势

资料来源：作者根据 CEPII 数据库整理而成。

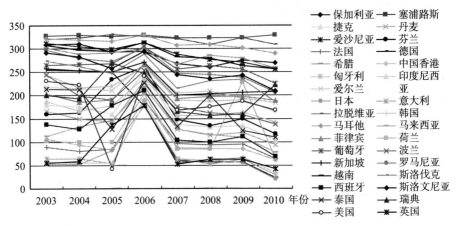

图 6.2 – b 2003～2010 年我国对主要贸易伙伴国（地区）制造业零部件进口零贸易的变化趋势

资料来源：作者根据 CEPII 数据库整理而成。

在最终资本品的出口方面，从下降的比率上看，中国对西欧的发达国家和东欧部分转型体的出口零贸易种类的数量上下降得明显，在样本区间内均下降了 30% 以上，尤其是是对德国、波兰和罗马尼亚更是下降了 50% 以上，说明可以出口的产品种类大幅增加，除了对传统贸易伙伴——西欧出口种类多样化的提高，更加开拓了东欧的市场，通过增加出口市场的多元化来抵消经济危机的消极影响。从零贸易种类的规模上看，仍是以对亚洲市场出口的品种更多，这可能是由于相近的地缘和文化关系所形成的更低的贸易成本所决定的，从图 6.2 - a 中还可以明显地看到一个异常值，即中国对美国出口最终资本品的零贸易情况波动幅度较大，2005 年，双边的零贸易种类下降到最小值，同样受 2006 年中国加工贸易政策的影响，2006 年迅速反弹，这也证明了中美之间大量加工贸易的存在。

在零部件的进口方面，中国对德国、东亚区域内的发达国家和新兴工业化国家的零贸易情况是种类规模最小的、下降速度最快的，其中尤其对日本零部件进口零贸易的下降幅度最大，样本期间内下降了 62.3%，截至 2010 年零贸易种类仅为 20 种，这意味着在中国进口的 335 种零部件中，315 种都有从日本进口的记录。图 6.2 - b 中在 2006 年的波动仍然来自于中国加工贸易政策的变化，许多从传统贸易伙伴进口零部件从事加工贸易的生产受到了限制，造成了 2006 年中国对外零部件进口零点的急剧上升，随后几年出现了下降和缓和。

6.3.2 贸易结构中的二元边际

根据上一节介绍的界定方法，我们将在既有种类和市场上的出口增长称之为出口的集约边际，也即出口深化，表现为老产品出口到老目标国的贸易种类和规模，将由创新的出口产品种类和扩展的出口市场带来的出口增长称为出口的扩展边际，也即出口广化，并进行了二级分解，将出口广化拆分成了出口产品广化（新产品新市场）和出口地理广化（老产品新市场）。这样的思想使得对一国不同大类产品的贸易额基于不同贸易方向的分解变得可行，运用上述方法我们可以对国家对和产品层面的贸易进行分解，并从中发现一些经济运行的规律。

1. 中国制造业进出口贸易二元边际的特征——基于行业层面的分析

表 6.2 给出了样本期内，中国制造业各个行业的最终资本品和零部件在不同贸易方向上的平均二元边际，每个行业的表现各不相同，从中可以

看出中国制造业参与全球制造的程度和规模。在最终资本品出口上，专用设备制造业和通信及电子设备制造业在出口深化中表现最为突出，前者出口的产品种类最多，但规模较小说明附加值较低，贸易利益有限，而后者的贸易规模最大，但在出口广化上表现不佳，表明对于新产品和新市场的开放不够，容易受到外部经济环境变动的影响，鉴于中国运输技术的提高，交通运输设备制造业的最终产品在出口广化上规模最大，实现了出口的多样化。零部件的投入是制成品技术含量高低的重要因素，随着全球生产网络的形成，中国零部件的进口规模有所提升，但由于统计口径的问题①，零部件的贸易额一直小于最终产品，其中从已有来源国进口既有种类的中间品，即进口广化的现象在通用设备制造业中最为普遍，但该行业最终资本品的出口表现却不如其他行业，说明更多的零部件投入是供给了国内市场的需求，与之相对比，通信电子设备制造业的进口更加多元化，这也为该行业的厂商更多地服务国外市场，通过出口获得利益提供了前提条件。

表6.2　　中国制造业最终资本品出口和零部件进口的平均二元边际

单位：个、百万美元

项目		行业	金属制成品	通用设备制造业	专用设备制造业	交通运输设备制造业	电器机械及器材制造业	通信及电子设备制造业	仪器仪表及办公机械制造业
最终资本品	出口深化	种类	1001	2992	3858	508	1598	1413	2282
		贸易额	163.8	742.3	1442.6	452.4	2014.5	14638.5	1156.2
	出口产品广化	种类	0	9	16	12	0	0	1
		贸易额	0.0	0.2	0.2	4.0	0.0	0.0	0.0
	出口地理广化	种类	826	415	870	169	385	39	112
		贸易额	118.4	59.6	189.3	305.8	226.9	2.3	53.3
零部件	进口深化	种类	324	1144	722	484	1014	487	451
		贸易额	79.6	1228.1	656.0	637.7	1180.5	1271.1	548.0
	进口产品广化	种类	0	0	0	11	24	4	0
		贸易额	0.0	0.0	0.0	4.8	34.5	0.2	0.0
	进口地理广化	种类	60	74	15	59	48	77	39
		贸易额	16.8	43.5	5.3	140.6	48.2	504.2	353.2

资料来源：作者根据 CEPII 数据库整理而成。

---

① 在统计上，由于在最终产品的出口中存在重复计算，往往中间投入的进口额也被算为最终品在制造国创造的价值，并被计入出口额中。

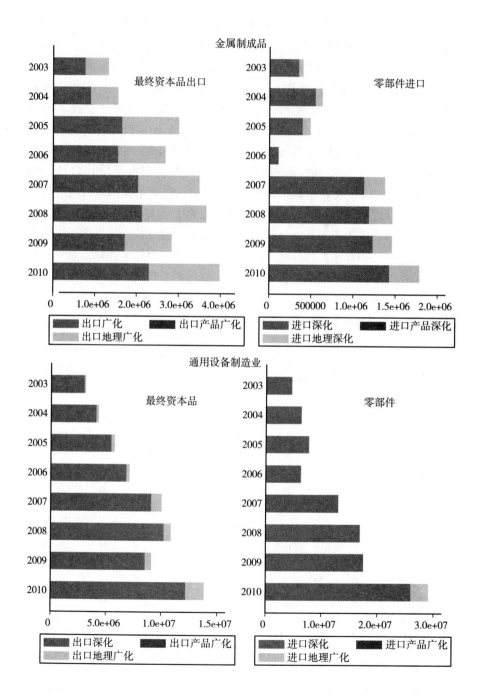

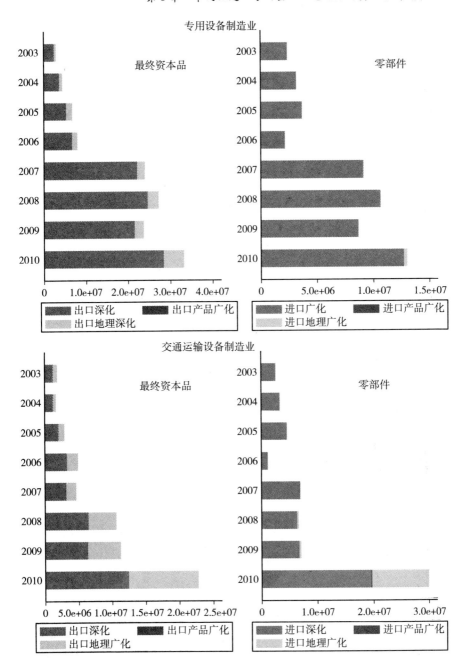

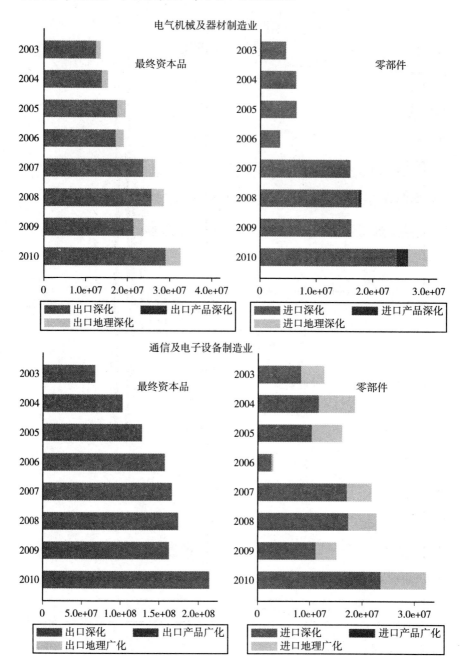

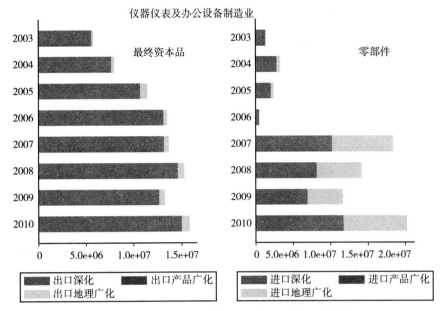

图 6.3　中国制造业贸易的二元边际（单位：千美元）

资料来源：作者根据 CEPII 数据库整理而成。

图 6.3 从时间序列的角度给出了各制造业行业的二元边际变化情况，其中，金属制成品行业虽然在最终资本品的出口和零部件的进口上贸易规模都不是很大，但是产品和地理广化在该行业两大类产品对应的出口方向上都占有较大的比例，表明该行业参与国际生产分工的程度较深。通信设备制造业的零部件进口广化在样本期内始终占有较大比例。此外，我们还可以从图中明显地看出，各制造业行业的零部件进口受加工贸易政策的影响较大，体现了进口贸易成本在产品生产中的重要作用，同时也强调零部件供给的外部依赖会抑制本国贸易的发展，影响贸易利益的获取。

2. 中国制造业进出口贸易二元边际的特征——基于贸易伙伴关系的分析

虽然中国与许多工业化国家形成了全球生产网络，并在"新三角"贸易中处于中心地位，但与不同国家的贸易规模和结果却差异较大，本部分在样本当中选取了德国、韩国、日本和美国四个国家来简单阐释中国制造业在不同产品大类上基于不同贸易方向上的二元边际的地区特征。

首先，从最终资本品出口的角度上讲，在绝大多数行业上，中国对美国的出口均是最为突出的，尤其是在通信及电子设备制造业，虽然几乎全部的出口增长都是来源于出口深化，但就出口广化的规模而言，中国对美国出口的产品多样化程度也是最高的（见图6.4-a）。结合第4章的理论推导，我们可以得到一个初步的结论：在全球生产网络的框架下，一国的出口规模和结构主要取决于目标国（地区）的经济实力，这样的情况下便可以弥补可变贸易成本的上升。

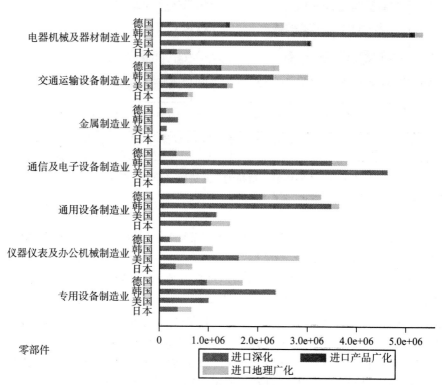

图6.4-a 样本区间内我国对主要贸易伙伴国（地区）最终资本品出口二元边际的平均规模

资料来源：作者根据CEPII数据库整理而成。

其次，从零部件进口的角度上讲，中国从日韩进口的规模较大，因为在"新三角"贸易中，东亚的工业化国家以其较高的科技研发水平成为中国中间品进口的主要来源地，但多数基于传统的产品种类的进口扩张，新产品进口的增长空间较少。同样作为工业化国家，德国的工业化水平也相当发达，也因此成为中国制造业企业进口零部件的重要来源地，与日韩不同的是，中国从德国进口的零部件更多地来自进口广化规模的扩大，零部件进口多样化水平的提高有利于资本品出口规模和国内企业全要素生产率，可以从整体上提升我国对外贸易的竞争力（见图 6.4 - b）。对应地，我们发现在零部件的进口方面，贸易成本的多寡成为决定贸易规模的重要因素。

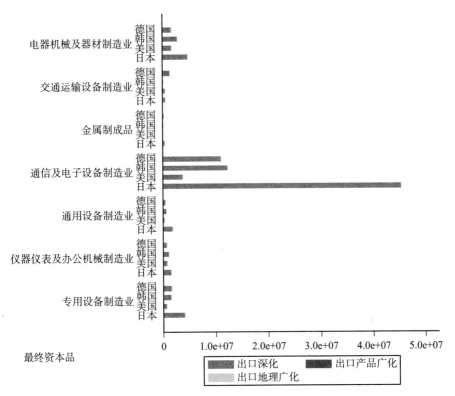

图 6.4 - b　样本区间内我国对主要贸易伙伴国（地区）制造业零部件进口
二元边际的平均规模

资料来源：作者根据 CEPII 数据库整理而成。

6.4　中国制造业贸易二元边际的计量分析

通过上文对于贸易深化和贸易广化的特征分析，我们可以初步了解到进口的零部件不同对出口增长方式会起到不同的作用，为了弄清楚这种关

系的显著性以及在行业之间的差距，本节依据理论推导构建计量模型进行
阐述和验证。

6.4.1 贸易二元边际计量模型的建立及数据来源——基于制造业不同产品大类的角度

在本书的第 4 章中，我们用严密的理论模型推导出中间品进口对于出
口二元边际的促进作用，但是这种作用的发挥不仅有赖于产品内部的因
素，外部条件的变化也不可忽视，因此，本节将基于异质性企业贸易模型
的分析框架和贸易二元边际的界定进行计量分析，考察出口二元边际的影
响因素，试图为出口增长方式的转型和优化提供实证参考。

1. 计量模型的设定

根据第 4 章中结论 6 和结论 7 的理论表达式：

$$e_{od}(\varphi_{XM} > \varphi_{XM}^{*}) = \lambda_4 \varphi_{XM}^{\beta-1} (1 + d^m \mu N \beta \tau_m^{1-\sigma}) ^{(\frac{\beta-1}{\gamma}-2)(\alpha-1)} \left(\frac{R}{R_d}\right)^{\frac{\beta-1}{\gamma}} \tau_x^{1-\beta} \theta_d^{\beta-1}$$

$$(4.22)$$

$$H_{od} = R_o P(\varphi_{XM} > \varphi_{XM}^{*}) = b_5 [N \zeta^{d^x d^m} (d^x f_x + d^m (f_m + \varepsilon))]^{-\frac{\gamma}{\beta-1}}$$

$$(1 + d^m \mu N \tau_m^{1-\sigma})^{\frac{1-\alpha}{\sigma-1}} \frac{R_o R_d}{R} \left(\frac{\tau_x}{\theta_d}\right)^{-\gamma} \qquad (4.23)$$

我们通过整理和简化，构造贸易二元边际影响因素的计量模型如下：

最终资本品出口集约边际的影响因素分析模型：

$$\ln in\_ca_{odt} = a_1 \ln ex\_co_{dot}(\ln in\_co_{dot}) + a_2 \ln ex\_co\_tfp_{ot}$$

$$(\ln in\_co\_tfp_{ot}) + a_3 \ln gdp_d + a_4 vc_d + a_5 \theta_d + a_6 z + \varepsilon_t \qquad (6.12)$$

最终资本品出口扩展边际的影响因素分析模型：

$$\ln ex\_ca_{odt} = b_1 \ln ex\_co_{dot}(\ln in\_co_{dot}) + b_2 \ln ex\_co\_tfp_{ot}(\ln in\_co\_tfp_{ot})$$

$$+ b_3 \ln gdp_d + b_4 fc_d + b_5 vc_d + b_6 \theta_d + b_7 z + \varepsilon_t \qquad (6.13)$$

其中，$\ln in\_ca$ 和 $\ln ex\_ca$ 分别代表制造业各行业最终资本品出口的集
约边际（出口深化）和扩展边际（出口广化），是该模型的被解释变量；
对应地，$\ln in\_co$ 和 $\ln ex\_co$ 分别代表制造业各行业零部件进口的集约边际
（进口深化）和扩展边际（进口广化），它们作为该模型的主要解释变量。
另外，因为根据理论推导中间品进口对于最终产品的促进作用是通过提升
全要素生产率（TFP）而起作用的，所以在计量中，我们要对理论模型进
行改进，构造零部件进口（集约边际和扩展边际）与 TFP 的交叉项作为

另一解释变量与零部件进口变量结合在一起分析，不同结构的零部件进口对于不同出口增长方式起到的促进作用以及这一过程中的传导机制。模型中的 $\ln gdp$（伙伴国（地区）的市场规模）、fc（贸易的固定成本）、vc（贸易的可变成本）、θ（贸易中的多边阻力项）和 z（虚拟变量：经济冲击和发达国家）作为控制变量用来表示影响出口二元边际的外部影响因素。

2. 数据选取

本部分继续采用中国与33个主要贸易伙伴2003~2010年的分解面板数据进行实证分析。根据需要部分，数据采取自然对数形式。变量及数据选取如下。

（1）二元边际（广化和深化）：采用前文利用 AP 方法测度得到的不同产品大类在不同贸易方向上的二元边际规模，数据和产业对应关系分别来自 CEPII 数据库和联合国 Comtrade 数据库，鉴于数据会存在异方差的可能性，特进行对数化处理，对于某些可能存在零点的情况，需在与1相加的基础上再取对数。

（2）全要素生产率：同第5章对于 TFP 的计算。

（3）贸易伙伴的市场规模：本书采用实际 GDP 来衡量，数据来自全球宏观经济数据库（BVD）。

（4）可变贸易成本：与经典文献一致，采用两国的经济中心距离来衡量可变贸易成本，数据来自 CEPII 数据库。

（5）固定贸易成本：借鉴钱学锋、熊平（2010）的做法，我们在这里仍然用伙伴国（地区）的经济自由度来代表贸易的固定成本，数据来源和计算方法同第5章。

（6）多边阻力项：直观而言，一个国家（地区）与其他所有国家（地区）之间贸易的阻力越大，则它越会被推动与一个给定的双边贸易伙伴开展贸易。也就是说，两个国家（地区）之间的贸易取决于它们之间的双边贸易成本与它们和所有贸易伙伴之间的平均贸易成本之间的相对值，即多边阻力与双边出口正相关（Anderson & Wincoop，2003）；根据 Kancs 模型，我们可以将双边贸易自由度重新定义为：$\phi_{od} = \tau_{od}^{-\gamma} FC_{od}^{1-[\gamma/(\sigma-1)]}$，相应地，多边阻力也可以重新定义为：$\theta_d^{-\gamma} \equiv \sum_{o=1}^{R} (L_o/L)\phi_{od}$。自由度 ϕ_{od} 可以通过应用 Head and Mayer（2003）的方法进行测度（具体的推导方法见前面的推导过程）：

$$\phi_{od} = \sqrt{\frac{E_{od}E_{do}}{E_{oo}E_{dd}}} \tag{6.14}$$

式中 E_{od} 和 E_{do} 分别代表从 o 国（地区）出口到目的地 d 的总出口以及从 d 国出口到目的地 o 的总出口，E_{oo} 和 E_{dd} 分别是 o 国（地区）和 d 国（地区）的国内销售，等于各自国内的总产出减去各自的总出口。有了上述的自由度公式和偏远指数公式，我们可以利用 CEPII BACI 国际贸易数据库提供的双边 6 位数产品贸易值，通过加总得到各国地区的相互出口值及总出口值，再结合 Bvd 全球各国地区宏观数据库提供的经济规模，计算出每个国家的多边阻力项。然后将各国地区的多边阻力项与中国相比，得到相对多边阻力项。需注意的是，在计算各个国家的自由度指标时，因为分母是代表一个国家地区的国内贸易，用一国地区 GDP 减去一国贸易出口额而得，该数应该大于零，但新加坡和中国香港由于转口贸易所占份额加大，因而出口贸易额大于区内 GDP，因而计算后的国内贸易为负，无法进行自由度测算，因此，在后文的计量分析中将这两个地区剔除，只保留31 个国家（地区）作为参考对象。

6.4.2 贸易二元边际计量模型的计量结果及分析

由于估计变量仍然采用面板数据的形式，因此在估计前首先需要确定使用的估计模型①。根据数据结构和豪斯曼检验的结果，本模型中对于影响因素的估计将采用随机效应模型，估计结果如附表 7 所示。为了直接说明问题，正文中的表 6.3 和表 6.4 分别报告的是零部件的进口深化及进口广化影响最终资本品的出口深化、出口广化的估计结果。

根据计量检验的结果，我们将从不同贸易结构的零部件进口入手，分别对最终资本品的出口深化和出口广化的影响因素进行分析。

1. 最终资本品出口深化影响因素的整体估计结果

首先观察主要解释变量——零部件进口的深化和广化的影响，我们发现各制造业行业都呈现出相似的特征：第一，除专用设备制造业（36）外，在中国制造业的生产中，零部件的进口基本都是通过提高 TFP 来促进老产品对既有贸易伙伴的出口的，零部件进口深化和广化对于出口深化的负向影响说明进口尤其是因进口带来的贸易成本的上升会对最终资本品的生产成本造成压力，但是二者与 TFP 交叉项的显著正向关系又把进口

---

① 在这里，由于我们的研究目的仅限于出口二元边际的影响因素，所以只设计简单的面板回归形式，可以说清各解释变量与被解释变量之间的关系即可。

的促进作用表现出来，而且随着 *TFP* 的提升，零部件进口的效果会逐渐
增强，这是因为固定贸易成本都是规模经济的，进口越多，平摊到单个零
部件进口上的成本就越低；第二，在零部件进口广化的影响中，*TFP* 的传
导作用更加明显，这可能是因为零部件的多样化供给不仅丰富了中间品的
投入，更重要的是企业可以在进口多种零部件的过程中加快模仿和学习的
步伐，二者共同作用可以迅速提高企业的竞争能力，而竞争能力的提高又
会反映在产品数量的增加、产品质量的提升和销售渠道的拓展上，这些都
是有利于出口竞争的重要手段；第三，从行业角度而言，在通用设备制造
业（35）中，无论零部件进口深化抑或广化对于最终资本品出口集约边际
的影响都是最大的，而且表现为促进作用的直接发挥，*TFP* 的传导作用体
现的不是很明显，这与第 5 章的检验结果也较为相似，这说明该行业的零
部件进口主要是为了弥补地区内供给的不足。零部件进口深化/广化影响
最终资本品出口深化的估计结果如表 6.3 所示。

表 6.3　零部件进口深化/广化影响最终资本品出口深化的估计结果

industry	*intensive_component*	* *tfp*	*extensive_component*	* *tfp*
34	0.10 ** (2.00)	0.21 *** (3.55)	− 0.15 *** (− 1.94)	0.47 *** (3.41)
35	− 0.05 * (− 1.72)	0.27 *** (17.29)	− 0.18 *** (− 11.11)	0.42 *** (19.21)
36	0.19 *** (2.54)	0.10 (0.88)	0.72 *** (12.58)	0.09 (1.12)
37	− 0.02 (− 0.37)	0.36 *** (6.78)	− 0.08 (− 1.41)	0.41 *** (3.74)
39	− 0.03 (− 1.08)	0.11 *** (4.78)	− 0.07 *** (− 4.01)	0.19 *** (5.48)
40	− 0.075 (− 1.50)	0.21 *** (10.07)	− 0.07 *** (− 3.06)	0.32 *** (8.17)
41	− 0.052 ** (− 2.11)	0.10 *** (7.38)	− 0.07 *** (− 3.06)	0.14 *** (5.84)

其次观察控制变量的影响（见附表 7）：贸易伙伴市场规模的影响多
表现为正向的促进作用，这表明中国的最终资本品出口仍然依靠外部需求
的拉动，贸易伙伴的市场规模越大，市场需求就越大，在业已建立的贸易

关系上越容易扩大出口。可变贸易成本即距离对于出口的影响均为负，其中对通信及电子设备制造业（39）和仪器仪表及办公用品制造业（41）的出口的负向影响尤其显著，说明可变成本仍然是影响产品出口规模的重要因素，距离越远出口就会越少。多边阻力项对于出口深化的影响则在行业间出现了较大的差异，在其中金属制品业（34）、专用设备制造业（36）和交通运设备制造业（37）中，多边阻力项对于资本品出口的影响与预期相同，显著为正，这是因为中国的出口并不是消费市场唯一的产品供给地，面临的市场竞争较为激烈，所以中国出口的表现也依赖于对其他竞争者做出的反应；而对于其余行业而言，多边阻力项的影响则为负，这与之前文献中基于整体贸易角度提出的计量结果有所差异（钱学锋和熊平，2010），可能的解释是这些产品、尤其是电子产品是目前全球市场上需求量较大的行业，而中国又是出口大国，质优价廉，贸易伙伴经过与其他国家的比对之后，会发现与中国的贸易会给它们带来更大的收益。与发达国家形成贸易关系能够对于出口起到积极的作用，原因很简单，因为发达国家的需求规模较大且多样化，为国内的众多企业都提供了很好的生存空间。外部经济环境变动对于出口集约边际影响的估计结果是与以往研究成果偏差最大的，当然这与数据的来源和处理方法有关，但是本书的估计也能够说明一个问题，那就是虽然外部需求因为经济危机的影响会有所收缩，但是"Made in China"的价格优势，对于老产品的需求仍然在延续。

2. 最终资本品出口广化影响因素的整体估计结果

首先观察主要解释变量——零部件进口的深化和广化的影响，我们发现各制造业行业也呈现出相似的特征：第一，除专用设备制造业和通信及电子设备制造业外，其余行业零部件的进口基本都是通过提高 TFP 来分别促进新老产品对新贸易伙伴的出口的，零部件进口深化和广化对于出口广化的负向影响说明，进口尤其是因进口带来的贸易成本的上升会对最终资本品的生产成本造成压力，但是二者与 TFP 交叉项的显著正向关系又把进口的促进作用表现出来，而且随着 TFP 的提升，零部件进口的效果会逐渐增强，其中的原因与零部件进口对最终资本品出口深化的影响相似，但就例外的专用设备制造业和通信及电子设备制造业而言，从数据结构上看，这两个行业的出口多样化水平十分有限，进口的零部件主要在出口深化方面进行延伸了；第二，仍然在零部件进口广化的影响中，TFP 的传导作用更加明显，而且对比于最终资本品出口的影响，零部件进口广化对于最终资本品出口广化的促进作用最为明显，主要体现了进口多样化对于提高企业生产和竞争能力起到的重要作用；第三，从行业角度看，金属制品业的零部件进口对于该行业最终资本品出口的促进作用最为明显，这一方面是因为在七大制造业中，该行业出口广化在出口总量中所占的比例最大，而且该行业的生产和贸易与期货、大宗商品和金融的联系更为紧密，所以出口范围广泛，再加上近年来新能源产业，如光伏等的发展，促进了该行业的产品的创新和出口市场的扩展；另一方面对于该行业中的一些新兴产业而言，进口尤其是广化的增加，更容易弥补自身发展的不足。

表 6.4　　零部件进口深化/广化影响最终资本品出口广化的估计结果

industry	intensive_component	$*tfp$	extensive_component	$*tfp$
34	−0.05 (−0.45)	0.77 *** (5.84)	−0.26 (−1.58)	1.27 *** (4.31)
35	−0.21 ** (−2.53)	0.83 *** (15.59)	−0.30 *** (−5.38)	1.03 *** (13.35)
36	0.28 *** (3.78)	0.01 (0.01)	0.75 *** (12.77)	0.01 (0.01)
37	−0.38 *** (−3.89)	1.00 *** (8.79)	−0.29 ** (−2.33)	1.09 *** (4.37)
39	−0.04 (−0.54)	0.17 *** (2.96)	−0.04 (−0.78)	0.19 ** (2.06)
40	−0.07 (−0.06)	0.04 (0.77)	0.00 (0.00)	−0.01 (−0.13)
41	−0.01 (−0.11)	0.25 *** (6.26)	−0.02 (−0.24)	0.24 *** (3.29)

其次观察控制变量的影响（见附表 7）：贸易伙伴市场规模对于出口广化的显著的促进作用只体现在通用设备制造业和交通运输设备制造业这两个行业上，说明在制造业中，要想提升出口多样化的程度，主要看出口国对于市场的开拓能力和对新产品的生产能力，目的国（地区）本身对于新产品的接受能力仍不强。可变贸易成本对于出口扩展边际的影响显得相对微弱，因为人们对于新产品的需求更多的是为了弥补现有消费的不足，而对于成本的考虑则在其次。按照理论模型的推导，在出口中，固定贸易成本只会对于出口广化产生影响，伙伴国（地区）的贸易自由化程度越高越容易出口更多种类的产品，但是在本书针对中国制造业的计量检验中，

我们发现只有交通运输设备制造业的估计结果为正，这说明只有该行业的中国产品在参与国际市场的竞争中所面临的市场环境最好，对于其他行业而言，由于竞争相对激烈，所以国外市场越开放，遇到的竞争对手越多，所以就会影响出口广化的增长。在多边阻力项的影响的估计上，得到结果与上文不同，除了仪器仪表制造业的大量多数行业均出现了正向影响，说明贸易伙伴遇到的多边阻力能够更好地帮助中国开展对外出口，因为贸易伙伴在与其他国家遇到较大贸易阻力的时候，更容易选择接受新鲜的产品。如果贸易伙伴是发达国家（地区）的话，对于大多数行业来讲，其出口的新产品规模会受到抑制，因为这些国家掌握一些核心的技术，它们多通过外包或许可的方式将最终产品的组装环节放到中国，它们会因此对来自中国的产品压价以期得到更多规模收益。某些新兴、强势的行业，例如，交通运输设备制造业和通信及电子设备制造业在最终资本品出口广化上受到的冲击比较小，再一次证明了影响因素在行业间的差距。

6.5　小结与启示

本章从零部件进口贸易结构的角度，深化了对于最终资本品出口影响的实证分析，分别考察了对于最终资本品出口二元边际的影响。鉴于已有细分数据的结构和研究的需要，在若干贸易二元边际分解指标中，本章选择了应用 AP 方法将中国制造业中不同产品大类在不同贸易方向上的贸易总额分解成贸易深化和贸易广化，更进一步地又将贸易广化继续细分为产品广化和地理广化，并对相应的贸易数据进行了整理和对比。经过对比发现在无论是最终资本品的出口还是零部件的进口，中国对外贸易仍是以贸易深化，即老产品老市场方向上的拓展为主，而贸易广化，尤其是产品广化的规模则非常小，但是零部件进口广化的比例也大于最终资本品出口的广化程度，这是中国更进一步融入全球生产网络的生动体现，中国容纳了越来越多跨国公司的生产组装环节，成为名副其实的"世界加工厂"。本章通过更深层次的计量分析为中国制造业贸易增长方式的转变提供了借鉴。

从出口增长方式上讲，零部件的进口，尤其是在地理方位和产品种类上的扩展更有利于出口广化规模的增加，随着国际中等技术和部分高技术分工环节的不断移入和扩大规模，价值链上升趋势不可阻挡，我国应在充分发挥自身比较优势的同时实现在产品价值链上的攀升，确保贸易利益的长期动态增长。而且更重要的在于通过进口提升自身在国际市场上的竞争能力，因为只有将外来投入逐渐转化为内在因素才能弥补贸易带来的成本支出，并且掌握贸易中的主动性，才能在对外贸易中获得更多的利益。

市场规模的正效应、地理距离的负效应提示我们，不管是从单纯量的扩张上，还是从长期性上考虑出口多样化的发展，我国都可以从标准引力模型的两个默认因素效果出发，促进对市场规模较大、地理距离较近国家的出口，这样进一步验证了全球生产网络快速发展的外部条件。中国制造业目前面临的外部贸易形式还是较为严峻的，主要表现为外部市场的竞争相对激烈，发达国家的需求有所萎缩，所以更应该从自身角度出发，提高中国在世界市场的影响力，并不断推进贸易成本的下降，通过贸易便利化等手段促进贸易的发展。

第 7 章

结论与政策建议

中国是全球生产网络中的后发者，短短三十几年的时间，由一个被动参与者发展为全球第二大经济体，并在 2013 年超越美国成为全球货物贸易规模最大的国家。当然，中国的对外贸易还存在很多问题，例如，在全球价值链分工中处于低端位置造成在对外贸易中获得的分工利益也较为低下；出口产品的技术含量不高，竞争力不强，导致贸易摩擦不断；贸易的产品和地区结构失衡，使得中国对外贸易严重依赖外部市场，容易受到世界经济危机的冲击等，要解决这些问题，从贸易大国成长为贸易强国还有很长的路需要走。因此，本章将在对上文结论进行归纳总结的基础上，从中间品贸易的角度探讨贸易结构调整和产业升级的相关对策，以期对中国的对外贸易发展提出有用的政策建议。

7.1　研究结论

本书在新新贸易理论的分析框架下，从企业异质性的微观视角分析了中间品进口对最终品出口的影响机制和对不同出口增长方式所产生的促进作用，并运用中国行业层面的细分产品数据进行了实证分析。通过上述研究，本书得到以下结论：

7.1.1　中间品进口促进最终品出口的机制

在生产分割的条件下，产品的生产过程会根据资源优化配置的原则被放置在不同的国家地区进行生产，一般地说发达国家地区由于资本丰裕、技术发达掌握了产品的研发和销售环节，而发展中国家地区依赖廉价的劳动力吸引了产品的加工组装环节，但是生产环节的这种配置方式会因为发展中国家（地区）对技术的学习和吸收而变化，发展中国家（地区）的企业会在参与全球生产网络的过程中提高在国际市场上的竞争力而获得更多的贸易利益。

1. 中间品进口能够提高企业的全要素生产率（TFP）

如果企业的中间品投入中，来自国外的中间品进口占比较大，进口来源地越多，尤其来自发达国家的中间品进口种类越多，企业就越能通过进口中间品提高自身的 TFP，这就意味着企业可以通过进口中间品来提升参与国际市场的竞争能力，改变只有初始生产率高的企业能够出口的状况。中间品进口可以通过补偿渠道和技术转移渠道提高企业的全要素生产率，补偿渠道主要指进口的中间品投入可以降低生产成本，增加投入种类和提高产品质量三种方式，这是中间品进口短期内可以产生的效果，如果企业在进口中间品的时候专注学习和吸收包含在国外中间品的先进技术，就能够产生技术转移效应，从而在长期内促进企业的生产和出口能力，形成中间品进口的技术转移渠道。当然，相对于国内供给而言，进口中间品会产生额外的贸易成本，因此初始生产率极低的企业也无法获得来自国际市场的供给，否则就会因为无力承担贸易成本而亏损。

2. 中间品进口可以通过提高 TFP 促进企业的出口行为

企业通过进口中间品弥补国内中间品投入的不足，提高竞争力，增加产品的出口，但参与国际市场需要付出更高额的贸易成本，尤其是固定贸易成本。企业固有生产率与贸易成本的综合作用会影响企业的贸易行为：固有生产率很低的企业将会退出市场竞争；固有生产率较低但面临的贸易固定成本较高的企业只能在本国市场上自给自足；固有生产率较低但能克服较低的进口固定贸易成本的企业，将会引入国外的中间产品进行生产，提高自身的 TFP，获得更高的生产能力，产出更多品种更多数量的最终产品，其中，生产能力低一些的企业继续服务国内市场，生产率高一些的企业可以突破出口的生产率门槛限制，将产品出口到国外市场，这部分企业通过进口中间品所获得的是收益最多的，因为市场开放后，企业可以获得来自国内外的双重利润，而且企业从国外进口中间品的占比越大，进口种类越多，从发达国家（地区）进口的中间品越多，出口的可能性就越高；因为固有生产率很高，但面临较高进口固定成本的企业可以继续出口，无法通过进口中间品降低生产成本，所以即使参与国际市场也无法最大限度地提高利润。对于一个企业而言，相对自主研发，进口中间品是提高企业竞争力的有效途径，有助于企业快速缩短与先进技术之间的距离，紧紧抓住市场机会，赢得更多收益。

3. 全球生产网络的形成与发展促进了中间品进口作用的发挥

全球生产网络的形成与发展意味着企业中间品进口和最终品出口之间的互补性增强，出于生产环节的考虑，生产网络内的厂商进口中间产品多数是为了最终产品的出口，进出口这种强烈的互补性会在客观上降低了部分的贸易固定成本，因此会有更多的企业（包括在非全球生产网络前提下无能力进口中间品的企业）在主动或被动地纳入生产网络后，通过进口中间产品，提升了企业的全要素生产率能够胜任更大产量产品的生产，所以它们可以去选择出口来消耗迅速扩大的产量。简单地说，在国际生产网络内部，企业的中间品进口行为强化了其出口的选择和由此可能带来的收益。

7.1.2   中间品进口对最终品出口二元边际的影响

基于新新贸易理论的基础，可以将一国的出口分解为扩展边际和集约边际来考察出口结构的变化，探究合理的出口增长方式。集约的边际意味着一国的出口增长主要来源于现有出口企业和出口产品在单一方向上量的扩张；扩展的边际则表明一国出口增长主要是基于新的企业进入出口市场以及出口产品种类的增加。代表企业异质性的生产率是决定企业沿哪种方式增加出口的基础，对于一个生产厂商而言，进口中间品的比例越高，尤其是从发达国家进口的中间品越多，固有生产率越高，目的国市场规模越小，与之距离越近，其多边阻力项越大，其出口就越会沿着集约边际增长；与之相对应，中间品进口比例越高，从发达国家进口的中间产品越多，贸易成本越低，出口国和目的国的经济规模越大，二者之间的距离越近，目的国贸易的多边阻力项越大，企业所在的国际生产网络越发达，出口就会沿着扩展边际增长。这就为调整中国制造业的出口增长方式，促进对外贸易的转型升级提供了理论依据。

7.1.3   中国中间品进口促进出口增长的经验分析

本书利用中国行业层面的细分产品数据对中国制造业的生产分割情况进行了实证分析，结果发现无论是零部件进口对最终资本品出口的影响机制还是不同出口增长方式的影响因素，都存在行业层面的差异，也就是说，处于世界加工厂中心地位的中国制造业并非在所有行业都发挥了中间品进口的积极作用，这是内外部因素共同作用的结果。

1. 中国制造业零部件进口促进最终资本品出口的行业分析

在整体制造业层面，零部件的进口能够显著地促进最终资本品的出口，而且这种促进作用确实是通过提高 TFP 进行传导的。但在具体行业层面，我们发现零部件进口的积极作用并非是一个普遍现象，部分市场开放程度较高，且进口的贸易和非贸易壁垒降低的行业更容易通过进口提升行业自身的 TFP 即参与国际市场的竞争能力，进而促进最终资本品的出口，也有部分行业没有能够从零部件进口的过程中获得生产能力的提升，甚至对于最终资本品的出口还有一定的促退作用，这是因为进口零部件所引致的固定贸易成本加剧了企业生产的负担，当然这样的行业还是会通过增加零部件进口的种类，生产多样化的产品来满足国外消费者的需求来达到参与竞争、获得利润的目的。

2. 中国制造业零部件进口和最终资本品出口的二元边际情况

从地理和产品两个维度对出口结构进行了二元边际的界定并分析其特征发现，中国制造业的零部件进口和最终资本出口中存在了大量的"零贸易"，尤以专用设备制造业等核心技术较为缺乏的行业，"零贸易"现象严重，但总体说来，零点的数量在减少，贸易伙伴主要集中在美国、德国和东亚的新兴经济体。通过分解出口广化和出口深化，可以发现，我国贸易的总体发展水平不高，无论是中间品进口还是最终品出口的贸易结构都处于较低的水平，呈现"广化不如深化，产品广化水平明显低于地理广化"的特点，虽然中国在贸易深化上是一个贸易大国，但从贸易广化上看还并非是贸易强国，不过从增长趋势上看，贸易广化的增速强劲，贸易结构已经呈现出不断优化的演进趋势。

3. 中国制造业零部件进口影响最终资本品出口二元边际的行业分析

从进口方向上看，零部件进口广化的促进作用最为明显；从出口方向上看，零部件进口对最终资本品的出口广化的影响最大；从影响渠道上看，任一方式的零部件进口都是通过提高行业 TFP 来发挥促进作用的，且在进口广化中体现最为明显；从行业上看，通用设备制造业的零部件进口对最终资本品出口深化的促进作用明显，而金属制品业的零部件进口对最终资本品的出口广化贡献最大。总体而言，零部件的进口，尤其是在地理方位和产品种类上的扩展更有利于出口广化规模的增加，随着国际中等技术和部分高技术分工环节的不断移入和扩大规模，增值链上升趋势不可阻挡，我国应在充分发挥自身比较优势的同时实现在产品价值链上的攀升，确保贸易利益的长期动态增长。市场规模的正效应、地理距离的负效应提示我们，不管是从单纯量的扩张上，还是从长期性上考虑出口多样化的发展，我国都可以从标准引力模型的两个默认因素效果出发，促进对市场规模较大、地理距离较近国家的出口，这样进一步验证了全球生产网络快速发展的外部条件。中国制造业目前面临的外部贸易形势还是较为严峻的，主要表现为外部市场的竞争相对激烈，发达国家的需求有所萎缩，所以更应该从自身角度出发，提高中国在世界市场的影响力，并不断推进贸易成本的下降，通过贸易便利化等手段促进贸易的发展。

7.2 政策建议

基于以上研究结论，为中国对外贸易发展方式转变提供了理论基础和现实依据。虽然这些结论并不是最终的，但有助于我们在全球生产网络的框架下，将中间品进口与最终品出口优化联系起来，提供政策建议的方向。

7.2.1 中国参与全球生产网络的优势

第一，中国的国内市场优势有助于企业扩大生产，主动地提高生产效率，部分企业在进口中间产品的过程中就能完成竞争力的提升，而且这一优势还是随着参与国际市场程度的加深而得到增强。中国目前是世界上第二大经济体，国内购买力逐渐增强，这就为跨国公司落户中国或者寻找中国的生产外包企业提供了一个先决条件。通过吸引大型跨国公司和接包国外公司的生产环节，中国大量进口包含较高技术含量的中间产品，在加工组装过程中，通过学习和创新，逐渐形成自身的技术特点和生产优势，继而更深地融入全球生产网络。

第二，中国完善的基础设施为中国生产力的发展提供了良好环境，大大提高了中国参与国际生产网络的能力。健全的公路、铁路、航空、港口运输建设、便捷的通信设施等，这些基础设施都为承接产品的生产环节的发展打下了良好的基础，而且国内生产者服务业的发展也离不开交通等基础设施的完善。截至 2013 年下半年，中国高铁的通车里程已经突破 1 万公里，跃居世界第一位；中国移动互联网用户也接近 8 亿，达到世界先进水平，这与很多发达国家相比都是具有一定优势的，优良的交通运输系统和便捷的通讯设施，使得中间品的流动变得效率更高，这有利于中国企业抓住市场商机，也有利于跨国企业降低搜寻成本和投资成本，更愿意把中国作为生产加工基地，为更多企业参与国际市场提供机会。

第三，中国通过多年的改革开放和经济建设，已经打下了坚实的产业基础，生产能力逐渐提高，产业配套能力不断增强，中国的产业结构逐渐趋于合理。第一产业的比重呈下降的趋势，第二产业和第三产业的比重总体上趋于上升状态。工业产业内部结构也逐渐趋于合理，资源、劳动密集型产业所占比重均呈下降趋势，资本与技术密集型产业所占比重大幅上升并且资本和技术密集型产业所占比重明显高于资源、劳动密集型产业，说明我国的工业产业结构也正处于不断升级状态，有助于进口技术含量更高的中间品。

第四，创新是一国（地区）经济进步的基本条件，也是一个企业在竞争中获得优势地位的重要前提。但是，单纯依靠企业自身的力量进行技术创新，不仅一己的能力有限而且效率也比较低，而通过中间品进口、学习和吸收国外的先进技术从而实现技术的跳跃性升级是目前中国重要的技术提升方式，中国研发费用和人力资本快速增长成为助推技术升级的有力保障。

7.2.2　中国融入全球生产网络所面临的问题

中国在参与国际市场竞争的过程中，多采用加工贸易的方式，虽然取得了可观的成就，但是由于快速发展所导致的扭曲问题也日益凸显：

第一，中国在国际生产网络中，通过加工组装赚取的贸易利益非常有限。跨国公司拥有核心技术，进行关键工序生产，在产业发展中占据主导地位，它们通过抢占产业链的技术研发环节和生产制造中的上游工序，享有产业价值链中利润最大、价值最高的部分。而现阶段中国大多数企业从国外进口原材料和零部件，在国内只进行了简单的加工装配，增值率低，这在一定程度上导致了我国加工贸易出口的产品技术含量和附加值偏低的现状。

第二，中国企业进口中间产品主要是服务于外商直接投资和外包，跨国公司为了防止核心技术被学习和模仿，往往会采取一些限制和保护措施，这就在客观上限制了中国企业通过价值链整合获取技术的跨越式升级。而且承接技术外溢的获得，除了取决于国外跨国公司外包时 R&D 投入、提供生产线及提供关键零部件等中间产品的技术含量，更重要的在于国内厂商研发部门的技术吸收能力的综合作用，中国大多数企业，尤其是一些私营的中小企业在这方面还比较欠缺。

第三，中国企业缺乏创新能力，这是由外部经济环境和企业自身发展所共同决定的。中国参与全球生产网络大多处在劳动密集型的低端生产环节，本身缺乏自主创新的内在动力，而且价值链低端所能带来的贸易利益微薄无法支撑巨大的研发投入和创新人才的培养，这使得国内公司容易处于国外跨国公司的从属地位，不利于充足发展，中国也难以成为真正的制造业强国。

7.2.3 中国融入全球生产网络、优化出口结构的政策建议——基于中间品进口的视角

从全球视野来看，任何一个国家制造业的腾飞和发展都离不开国与国之间的生产交流，这是生产分割逐渐深化的必然结果，中国已经是国际生产环节中的重要一环，积极地参与国际分工体系的生产分割成为企业扩大贸易利益的必由之路。因此，根据本书的理论和实证分析，政府和企业需要共同努力，从宏观和微观两个层面入手，以增加中间品进口为着眼点、以促进中国出口结构转型升级为目标，采取适当措施鼓励中国企业融入全球生产网络，促进中国经济的长远发展。

1. 政府宏观层面的政策

进出口是一国政府实现国际收支的重要方式，也是参与全球市场、应对国际竞争的主要手段，中国政府应该从降低贸易成本、促进技术吸收、提供融资支持等方面展开努力，促进中间品进口对最终资本品出口，尤其是出口扩展边际的积极作用：

首先，推进自贸区战略，降低贸易固定成本。从本书的理论和实证检验来看，中间品进口和最终品出口的贸易固定成本是决定中间品进口效果的最重要的影响因素，较低的固定进口贸易成本能够吸引更多的企业参与到全球生产网络中来，提高企业的全要素生产率，促进最终品出口向着扩展边际的方向发展，有利于整体出口结构的优化。自贸区战略的提出和推动将显著地促进固定贸易成本的降低，第一，通过建立自贸区，中国与多国签订自由贸易等举措可以有效降低关税贸易壁垒，有助于扩大中间品的

进口规模；第二，在国内兴建和发展自贸区，便利国内企业在进出口通关方面的手续，有助于外商直接投资的将更多具有技术含量的生产环节转移到中国；第三，当进出口关税等贸易壁垒出现下降趋势的时候，跨国生产关联将会更加密集，将会形成范围更大、效率更高的全球生产网络，这将进一步促进中间品进口积极作用的发挥，如此良性循环是中国制造业出口优化的重要保障。

其次，促进基础设施建设，降低可变贸易成本。众所周知，地理邻近性和距离这种空间成本，海运、保险和港口码头的运载和装卸等服务成本，以及国家海关通关手续繁简程度和各国之间文化、历史等各种制度差异引起的环境成本等都会对企业的进出口决策产生显著影响，尤其在进口方面，中国的企业多倾向于进口技术含量较高的中间产品，这样的产品在进口的同时通常伴随着技术信息的传递，通讯技术设施的建设和技术的发展也变得至关重要，所以政府应当发挥服务者的角色，积极完善交通和通讯等基础设施的建设，缩短与其他国家，尤其是与周边国家的实际贸易距离，便利本国比较优势的发挥以便获得更多的贸易利益，与此同时，着重发展保险和运输行业，通过与国外企业的竞争发展，不断提高我国的生产者服务水平，降低企业在生产和出口中面临的可变贸易成本，在稳固原有企业出口规模（集约边际）的同时，间接促进扩展边际的发展。

再其次，建立健全创新体制，促进技术吸收能力的增强。本书主要基于中间品进口的视角研究参与全球生产网络对于企业出口行为的积极影响，所以我们这里所讲到的创新并非指生产技术的创新，而是政府要通过制定相应的法律法规营造有利于学习的氛围，增加中间产品向中国的流入，并在进口增加的基础上提高对于先进技术的吸收能力。中国是一个发展中国家，自主研发核心技术所需要的资金和技术相对稀缺，因此通过融入全球生产网络，承接跨国公司的加工组装环节可以使中国企业接触到国际先进技术和管理经验，进口数量和种类的增加有利于企业对于进口的中间品的学习和模仿，通过对于现有技术的吸收和创新，实现技术的跳跃式升级；完善国内的知识产权保护程度，降低跨国公司的交易成本，促进跨国公司对中国进行直接投资和外包，为"干中学"提供更多空间；加强对于创新人才的培养，发达国家技术的先进性毋庸置疑，但是适用性则各有差异，国家需要根据自身产业发展的需要，培养相应的专业人才，才能完成技术的创新和再造，使之为中国制造业的腾飞助力。

最后，制定适当的产业政策，引导中间品进口种类和方向的调整。中国目前已经是一个贸易大国，但从贸易利益的角度考虑，中国在全球生产网络中，多数制造业仍然处于弱势地位，未来中国的努力方向就是向着贸易强国的地位转变，在这一过程中，中国需要重点发展以科学技术为依托的技术密集型产业，对于这类产业予以财政和融资方面的优惠政策。例如，政府可以采用提供优惠贷款，提供资金支持和进口税减免等方面的措施，鼓励企业更多地引进国外先进的技术、设备和管理经验，用高新技术改造传统产业，提高在国际专业化分工中所处的位置。同时，鉴于中间品进口广化能够更有效地促进最终资本品的出口广化，尤其是地理广化，所以政府对于国际化程度相对较弱的行业实施政策鼓励，拓宽中间品进口的地理方向，增加零部件的进口种类，只有这样才能带动出口多样化的扩展，使出口具有一种向高层次逐步升级的内在优势。

2. 企业微观层面的政策

企业的竞争力是一个国家竞争力的基础。为了提高我国尤其是制造业整体在国际生产网络中所处的地位，从企业这一微观主体做起，促进中国外贸增长方式的转型升级，中国的企业应该树立起积极参与的意识，提高中间品进口的贸易地位，努力增强自身的竞争力，广泛开发新产品开拓新市场。

首先，加快企业"走出去"的步伐，培育完整的全球价值链。竞争力强、资金实力雄厚的国内企业可以通过跨国并购、在海外设立研发机构等方式，进行以技术获取为目的的直接投资，实现向价值链上游的延伸，将技术含量较高的中间品通过公司内部贸易的渠道进口到中国，这样做更有益于学习和开发出适合中国国情和生产能力的技术，而且公司内部贸易的渠道可以降低企业的生产成本，增强在国际市场上的竞争力，中国企业可以以母国公司的身份变成某一产品全球价值链的布局者，利于出口结构的转变，增加在贸易中获得的利益。

其次，大力发展外包，主动融入全球价值链。竞争力较强，具有较高生产效率的国内企业可以发展生产外包，承接来自跨国公司的生产和研发环节，这样可以吸引更多的跨国公司将中间产品引入中国，目前中国的多数生产外包企业已经意识到一味地实施加工贸易会将自身置于被动的境地，所以纷纷加强了对于技术的吸收和创新，此时更多品种、技术更先进的中间产品的进口可以实现技术的快速升级。但在企业进行外包的同时，需要注意两个问题：第一，在中间品进口的同时，有些技术可能是以技术许可等方式授予中国的接包企业，这就要求企业积极争取原材料的采购权，因为这样可以降低企业的生产成本，带动价值链上下游的协调发展，增强企业的出口竞争力，有利于企业出口朝着扩展边际的方向发展；第二，接包企业要培育自身强大的市场势力，外包是企业进行资本和技术积累的重要阶段，企业需要重视外包阶段的发展但是外包并非独立发展的最终目标，所以接包企业要注意不断提高自身的生产能力，促使国外企业将更具技术含量的生产环节放在中国，这样外包企业就能接触到更核心的技术了。此外，对于外包企业而言，应该注重中介组织的重要作用，充分行使其行业自律和行业协调职能，以民间自治性组织来规制市场的内部竞争行为，减少市场内耗，从而进一步强化企业的市场势力。

最后，吸引外商合资，充分利用劳动力的比较优势。对于生产率较低、劳动力廉价的企业，可以继续与跨国公司合作，为其提供廉价的劳动力，成为加工组装的基地，对国际市场进行初探。但这样的企业作为跨国公司的子公司通常不具备生产和研发的决策权力，所以企业进行中间品的目的多是为了降低投入成本，利用跨国公司自身的品牌效应和成熟的销售渠道，通过扩大产品的生产线，向更多的市场出口，在有限的范围内增加贸易利益。

当然以上三种企业参与国际生产网络的形式要想取得预想的成果均离不开人力资本的培养。政府对于人才的培养反映了国家产业发展的方向，但对于具体技术的研发和适用，则需要企业根据自身的产品和市场需要，对技术人才进行针对性的培养，企业不仅要引进高学历的人才，还可以通过自身设立的研究院和培训部门着重培养具有高技能的实用人才，这部分技术工人对于先进技术具有真正的学习和模仿能力，有助于企业对于先进技术的开发和利用，是企业技术发展的中坚力量。同时，企业还要注重销售人才的培养，利用他们对于市场和产品的熟悉，开辟产品销售的增值渠道，促进出口在产品广化和地理广化上的增长。此外，对于参与全球生产网络的贸易企业而言，还要维持和增进与国外合作伙伴的贸易关系，良好的贸易合作有助于降低中间品进口和最终品出口的搜寻成本，从企业层面降低生产的固定贸易成本，拓宽中间品进口来源地和种类，增加企业的全要素生产率，促进企业选择出口行为来增加利润。

7.3　本书的研究不足及进一步发展的方向

本书基于中间品进口的角度分析了中国最终品出口二元边际的问题，以此来解决贸易结构的转型升级。在中间品进口对最终品出口不同增长方式的影响机制做出了理论方面的尝试和探索，并根据模型推导的逻辑关系对中国制造业的细分产品数据进行实证分析，更深层次地理解了中国融入全球生产网络的机遇与困境，也在一定程度上为出口结构优化提供了政策依据。但是由于研究侧重点取舍和数据获取的限制，目前尚存在一些不足，主要表现在以下三个方面：

其一，从理论推导上，本书以新新贸易理论为分析框架，提出中间品进口与最终品出口之间的联系并揭示出这种联系存在的内在机制，书中指出中间品进口种类越多、来源地越广泛，尤其来自发达国家的中间品进口较多时，企业的进口贸易地位将上升，能够对最终品出口的增长产生积极的影响。但是本书未对进口的中间品的技术含量或质量的概念进行界定和测度，也就是说尚无法从中间品本身的特性来探讨对于最终品出口二元边际的促进作用，所以从政策角度很难制定出有针对性的中间品进口引导政策。而且中间品进口贸易规模的发展是全球生产网络发展的必然结果，在本书的理论模型中，对于区域经济一体化等外贸贸易环境的变化叙述得较为模糊，而这又是目前中国外贸发展的重要政策导向，中间品进口和区域经济一体化相关关系分析的欠充分，也会影响政策制定的针对性。

其二，本书在数据整理上，尽可能地找到高分位（HS 六分位）的细分产品贸易数据，并按照中国行业标准分类进行了整理，以此来进行微观层面的现状分析和计量研究，但是仍然缺乏从模型本身要求的企业微观主体进行研究的证据，对于政策建议的制定而言，而有说服力的证据还是需要大量更微观层面的，如企业的数据或信息来支持，企业数据的获得性较差、处理难度较大，无疑给实证研究增加了难度，但是如果希望得到充分的证据支持，这恐怕是无法回避的选择，因此本书尚待获得更为详细的企业层面的数据后再进一步地进行实证检验。

其三，本书的实证研究局限于对中国制造业的分类数据的分析，实际上中国在融入全球生产网络的过程中要想获得地位的提升和分工利益的增加，服务业尤其是生产者服务业的发展也是重要一环，所以在理论和经验分析上，应该将服务也纳入整体的分析框架，构架一个对我国更具有现实解释力的理论模型，其中要素扭曲、企业融资约束、生产者服务等问题需要重点考虑。

以上每一项研究都应该尝试去改进和填补前期研究的不足，致力于去回答现有文献未曾明确解答或深入探讨的重要问题，这些都是值得进一步探索下去的方向。

附　　录

附录1：

第4章公式（4.6）的推导：

设成本函数 $c = l \cdot \omega + p_o x_o + p_o \tau_m x$

假设劳动力工资 $\omega = 1$，国内投入价格为 p_o，进口中间品价格 $p_o \tau_m$，根据成本最小化原则，构造拉格朗日函数如下：

$$L = (l + p_o x_o + p_o \tau_m x + \lambda \left[q(\varphi,\ d_m) - \varphi L^\alpha \left[\int_0^1 x_o(j)^{\frac{\sigma-1}{\sigma}} \mathrm{d}j + d^m \int_1^N \mu_{ij} \cdot \right. \right.$$

$$\left. \left. x(j)^{\frac{\sigma-1}{\sigma}} \mathrm{d}j \right]^{\frac{\sigma}{\sigma-1}(1-\alpha)} \right) \right]$$

$$\frac{\partial L}{\partial x_o} = p_o - \frac{(1-\alpha)\sigma}{\sigma-1} \left[\cdots \right]^{\frac{(1-\alpha)\sigma}{\sigma-1}-1} \cdot \frac{\sigma-1}{\sigma} x_o^{-\frac{1}{\sigma}} = 0$$

$$\frac{\partial L}{\partial x} = p_o \tau_m - \frac{(1-\alpha)\sigma}{\sigma-1} \left[\cdots \right]^{\frac{(1-\alpha)\sigma}{\sigma-1}-1} \cdot \frac{\sigma-1}{\sigma} \mu x^{-\frac{1}{\sigma}} = 0$$

……

$$\therefore x^{-\frac{1}{\gamma}} = x_o^{-\frac{1}{\sigma}} \tau_m$$

$$X = x_o + (\int_0^N \tau_m \ (x)^{\frac{\sigma-1}{\sigma}} \mathrm{d}j)^{\frac{\sigma}{\sigma-1}} = x_o + N \ (\tau_m^{1-\sigma} x_o) = (1 + N\tau_m^{1-\sigma}) x_o$$

第4章公式（4.10）的推导：

$\because$ 企业的总收益为 $r(\varphi,\ d) = r^h(\varphi,\ d^m) + N r^f(\varphi,\ d)$，

$$\therefore = r^h(\varphi,\ d^m) = R \left(\frac{\beta-1}{\beta} P \Gamma a(\varphi,\ d^m) \right)^{\beta-1} + N r^f(\varphi,\ d^m)$$

$$= r(\varphi,\ 0) \lambda^{\beta-1} + N d^x \tau_x^{1-\beta} r \ (\varphi,\ 0) \lambda^{\beta-1}$$

$$= b_m^{d^m} b_x^{d^x} r(\varphi,\ 0)$$

其中，$b_x \equiv 1 + N d^x \tau_x^{1-\beta}$，$b_m = \lambda^{\beta-1}$。

附录2：

附表1　　　　　制造业（GB—2002）零部件和最终资本品
　　　　　　　　　（BEC）对应的产品 HS 六位编码

金属制品业	component	731600、820220、820231、820239、820240、820291、820299、820713、820719、820720、820730、820740、820750、820760、820770、820780、820790、820810、820820、820830、820840、820890、820900、821194、821195、830230
	capital	730900、731010、731021、731029、731100、732211、732219、732290、820110、820120、820130、820140、820150、820160、820190、820210、820310、820320、820330、820340、820411、820412、820420、820510、820520、820530、820540、820559、820560、820570、820580、820590、820600、830300、830400、761100、761210、761290、761300
通用设备制造业	component	840140、840290、840390、840490、840590、840690、840710、840729、840731、840732、840733、840734、840810、840820、840910、840991、840999、841090、841111、841112、841121、841122、841181、841182、841191、841199、841210、841290、841391、841392、841490、841690、841891、841899、841990、842091、842099、845230、845240、845290、846610、846620、846630、846691、846692、846693、846694、846791、846792、846799、846890、848110、848120、848130、848140、848180、848190、848210、848220、848230、848240、848250、848280、848291、848299、848310、848320、848330、848340、848350、848360、848390、848410、848420、848490、848510、848590
	capital	840110、840120、840130、840211、840212、840219、840220、840310、840410、840420、840510、840610、840681、840682、840790、840890、841011、841012、841013、841221、841229、841231、841239、841280、841311、841319、841320、841330、841340、841350、841360、841370、841381、841382、841410、841420、841430、841440、841459、841480、841610、841620、841630、841850、841861、841869、841911、841919、841920、841931、841932、841939、841940、84195、841960、841981、841989、842010、845221、845229、845610、845620、845630、845691、845699、845710、845720、845730、845811、845819、845891、845899、845910、845921、845929、845931、845939、845940、845951、845959、845961、845969、845970、846011、846019、846021、846029、846031、846039、846040、846090、846120、846130、846140、846150、846190、846210、846221、846229、846231、846239、846241、846249、846291、846299、846310、846320、846330、846390、846410、846420、846490、846510、846591、846592、846593、846594、846595、846596、846599、846711、846719、846721、846722、846729、846781、846789、846810、846820、846880、848010、848020、848030、848041、848049、848050、848060、848071、848079

专用设备 制造业	component	841790、842191、842199、842290、842490、843110、843120、843131、843139、843141、843142、843143、843149、843290、843390、843490、843590、843691、843699、843790、843890、843991、843999、844090、844190、844240、844250、844390、844811、844819、844820、844831、844832、844833、844839、844841、844842、844849、844851、844859、845190、845390、845490、845530、845590、847490、847590、847690、847790、847890、847990、902230、902290
	capital	841710、841720、841780、842111、842112、842119、842121、842122、842123、842129、842131、842139、842219、842220、842230、842240、842410、842420、842430、842481、842489、842511、842519、842520、842531、842539、842541、842542、842549、842611、842612、842619、842620、842630、842641、842649、842691、842699、842710、842720、842790、842810、842820、842831、842832、842833、842839、842840、842850、842860、842890、842911、842919、842920、842930、842940、842951、842952、842959、843010、843020、843031、843039、843041、843049、843050、843061、843069、843210、843221、843229、843230、843240、843280、843320、843330、843340、843351、843352、843353、843359、843360、843410、843420、843510、843610、843621、843629、843680、843710、843780、843810、843820、843830、843840、843850、843860、843880、843910、843920、843930、844010、844110、844120、844130、844140、844180、844210、844220、844230、844311、844312、844319、844321、844329、844330、844340、844351、844359、844360、844400、844511、844512、844513、844519、844520、844530、844540、844590、844610、844621、844629、844630、844711、844712、844720、844790、844900、845110、845129、845130、845140、845150、845180、845310、845320、845380、845410、845420、845430、845510、845521、845522、847410、847420、847431、847432、847439、847480、847510、847521、847529、847621、847629、847681、847689、847710、847720、847730、847740、847751、847759、847780、847810、847910、847920、847930、847940、847950、847960、847981、847982、847989、901811、901812、901813、901814、901819、901820、901841、901849、901850、901890、901910、901920、902000、902212、902213、902214、902219、902221、902229
交通运输 设备制造业	component	860711、860712、860719、860721、860729、860730、860791、860799、870600、870710、870790、870810、870821、870829、870831、870839、870840、870850、870860、870870、870880、870891、870892、870893、870894、870899、870990、871411、871419、871420、871491、871492、871493、871494、871495、871496、871499、871690、880310、880320、880330、880390
	capital	860110、860120、860210、860290、860310、860390、860400、860500、860610、860620、860630、860691、860692、860699、860800、860900、870110、870120、870130、870190、870210、870290、870410、870421、870422、870423、870431、870432、870490、870510、870520、870530、870540、870590、870911、870919、871620、871631、871639、871640、871680、880190、880211、880212、880230、880240、880260、890110、890120、890130、890190、890200、890400、890510、890520、890590、890790

电气机械及器材制造业	component	841520、841590、845090、850300、850490、850710、850720、850730、850740、850780、851110、851120、851130、851140、851150、851180、851190、851210、851220、851230、851240、851490、851590、853090、853190、853290、853310、853321、853329、853331、853339、853340、853390、853400、853510、853521、853529、853530、853540、853590、853610、853620、853630、853641、853649、853650、853661、853669、853690、853710、853720、853810、853890、853910、853929、853931、853932、853939、853941、853949、854430、854511、854519、854520、854590、854610、854620、854690、854890
	capital	841581、841582、841583、845020、850110、850120、850131、850132、850133、850134、850140、850151、850152、850153、850161、850162、850163、850164、850211、850212、850213、850220、850231、850239、850240、850410、850421、850422、850423、850431、850432、850433、850434、850440、850450、850511、850519、850520、850530、850590、851410、851420、851430、851440、851511、851519、851521、851529、851531、851539、851580、851633、853010、853080、853110、853120、853180、853210、853221、853222、853223、853224、853225、853229、853230
电子设备及通信制造业	component	851790、851890、852210、852290、852440、852452、852453、852460、852491、852499、852721、852729、852910、852990、854011、854012、854020、854040、854050、854060、854071、854072、854079、854081、854089、854091、854099、854110、854121、854129、854130、854140、854150、854160、854190、854210、854221、854229、854260、854270、854290、854390
	capital	847021、847029、847030、847040、847050、847090、847110、847130、847141、847149、847150、847160、847170、847180、847190、851719、851721、851722、851730、851750、851780、851810、851821、851822、851829、851830、851840、851850、851910、851940、852010、852032、852033、852039、852090、852110、852190、852510、852520、852530、852610、852691、852692、852731、852732、852739、852790、852813、852821、852822、854311、854319、854320、854330、854340、854381、854389
仪器仪表及文化办公机械制造业	component	842390、847310、847321、847329、847330、847340、847350、900590、900661、900662、900669、900791、900792、900890、900991、901090、901190、901290、901390、901490、901590、901790、902490、902590、902690、902890、902990、903090、903190、903290、903300、910400
	capital	842320、842330、842381、842382、842389、846911、846912、846920、846930、847210、847220、847230、847290、900580、900610、900620、900630、900640、900719、900720、900820、900830、900840、900911、900912、900921、900922、900930、900992、900993、900999、901010、901041、901042、901049、901050、901060、901110、901120、901180、901210、901310、901320、901380、901410、901420、901480、901510、

仪器仪表及文化办公机械制造业	capital	901520、901530、901540、901580、901600、901710、901720、901730、901780、902300、902410、902480、902511、902519、902580、902610、902620、902680、902710、902720、902730、902740、902750、902780、902790、902810、902820、902830、902910、902920、903010、903020、903031、903039、903040、903082、903083、903089、903110、903120、903130、903141、903149、903180、903210、903220、903281、903289、910610、910620、910690、910700

注：对应标准——盛斌（2002）。

附表 2　　　　　　　　　　　　**中间品进口加权关税**

年份	中间品加权进口关税率	零部件加权进口关税率	初级产品加权进口关税率
2000	5.11	3.86	14.13
2001	8.82	9.12	8.74
2002	5.88	5.08	6.40
2003	4.11	2.60	5.76
2004	3.19	2.43	3.86
2005	5.55	4.23	5.83
2006	5.81	4.72	5.96
2007	5.52	3.16	5.67
2008	6.36	3.67	6.55
2009	4.50	1.34	5.94

附表 3 - a 　　　　　　　金属制品业 (34) 的计量检验结果

	TEP						$lncapital_{odt}$			
	(1)	(2)	(3)	(4)	(5)	(6)	(7)	(8)	(9)	(10)
$lncomponent_{odt}$	0.00 (1.05)		2.54*** (7.08)	0.18*** (4.70)	0.17*** (3.77)	0.08 (0.42)				
$lnvariety_{odt}$		0.53*** (5.24)						0.38*** (3.93)	0.36*** (3.36)	0.33*** (3.29)
TFP				1.31*** (4.38)	1.95*** (3.79)	1.96* (1.8)		1.64*** (5.81)	2.27*** (4.72)	1.83*** (3.74)
lngdp						0.74** (2.33)	0.09*** (3.86)			0.73*** (5.14)
lnfree						1.89 (1.47)				1.94 (1.61)
lnd						0.10 (0.18)				0.12 (0.26)
area						0.11 (0.19)				0.22 (0.41)
_cons	1.17*** (20.54)	8.76*** (41.03)	8.09*** (31.939)	5.78*** (15.37)	5.58*** (7.4)	-11.25* (-1.92)	0.09*** (27.92)	6.50*** (14.89)	5.49*** (7.29)	-12.31** (-2.13)
R - sq:	0.1951	0.3632	0.4201	0.4331	0.4331	0.6768	0.0687	0.3632	0.3898	0.7095
Number of obs	232	232	232	203	203	203	232	232	203	203
individual	Yes	Yes	Yes	Yes	Yes	No	Yes	Yes	Yes	No

附表 3 - b　　　　通用设备制造业 (35) 的计量检验结果

	TEP			lncapital_odt						
	(1)	(2)	(3)	(4)	(5)	(6)	(7)	(8)	(9)	(10)
lncomponent_odt	1.0003 (1.05)		-0.003 (0.40)	-0.001*** (-3.28)	-0.003*** (-3.51)	-0.003*** (-3.52)		0.002 (1.06)	-0.02 (-0.67)	-0.01 (-0.55)
lnvariety_odt		0.01** (7.05)					0.03*** (6.8)			
TFP				2.38*** (33.36)	2.45*** (21.68)	2.24*** (18.73)		2.33*** (29.06)	2.91*** (3.77)	2.34*** (6, 19)
lngdp						0.68*** (9.46)				0.80*** (5.01)
lnfree						0.14 (0.24)				0.83 (1.36)
lnd						-0.41 (-1.45)				-0.55 (-1.62)
area						1.22*** (3.62)				1.12*** (3.06)
_cons	1.56*** (36.83)	0.03*** (6.8)	11.06*** (99.91)	7.34*** (61.04)	7.54*** (34.58)	1.94 (0.59)	9.95*** (61.91)	7.20*** (59.86)	7.12*** (31.7)	-1.40 (-0.41)
R-sq:	0.0048	0.1778	0.1484	0.8295	0.7093	0.8949	0.6009	0.8224	0.6271	0.8420
Number of obs	264	264	264	264	231	231	264	264	231	231
individual	Yes	Yes	Yes	Yes	Yes	No	Yes	Yes	Yes	No

附表 3 - c　专用设备制造业（36）的计量检验结果

	TEP					$lncapital_{odt}$				
	(1)	(2)	(3)	(4)	(5)	(6)	(7)	(8)	(9)	(10)
$lncomponent_{odt}$	-0.0001 (-0.46)		-0.0002 (-0.18)	0.0003 (0.41)	0.0005 (0.16)	0.0009 (0.37)	0.05*** (5.32)	0.03*** (6.17)	0.0006 (0.01)	0.007 (0.26)
$lnvariety_{odt}$		0.05*** (2.48)								
TFP				4.24*** (24.56)	6.01*** (16.97)	5.73*** (17.40)		4.08*** (25.2)	5.97*** (4.26)	5.62*** (13)
$lngdp$						0.67 (8.15)				0.62*** (3.61)
$lnfree$						0.12 (0.15)				-0.04 (-0.05)
lnd						-0.43 (-1.47)				-0.35 (-0.87)
$area$						1.16*** (3.31)				1.197*** (3.15)
_cons	1.56*** (43.44)	1.44*** (31.48)	11.56*** (64.75)	4.93*** (17.26) p=0.000	2.02** (2.34)	-3.14 (-0.77)	10.42*** (48.15)	4.56*** (17.69)	2.13*** (3.92)	-2.37 (-0.68)
R - sq:	0.0010	0.0268	0.1613	0.7311	0.6296	0.8667	0.4431	0.7702	0.6332	0.8712
Number of obs	256	256	256	256	224	224	256	256	224	224
individual	Yes	Yes	Yes	Yes	Yes	No	Yes	Yes	Yes	No

附表 3 – d　　　　　　　交通运输设备制造业 (37) 的计量检验结果

	TEP					$lncapital_{odt}$				
	(1)	(2)	(3)	(4)	(5)	(6)	(7)	(8)	(9)	(10)
$lncomponent_{odt}$	0.04***		0.61***		0.37***	0.33***				
	(5.88)		(7.90)		(4.21)	(2.67)				
$lnvariety_{odt}$		0.15***		0.43***			1.50***	0.78***	0.58**	0.32
		(6.45)		(5.59)			(5.69)	(2.97)	(2.02)	(1.50)
TFP				4.18***	6.41***	6.84***		4.70***	7.84***	8.26***
				(6.53)	(5.51)	(5.35)		(6.9)	(6.55)	(7.15)
$lngdp$						0.04				0.42***
						(0.18)				(2.95)
$lnfree$						-1.18				-0.98
						(-1.06)				(-0.84)
lnd						0.22				-0.14
						(0.52)				(-0.36)
$area$						1.13**				1.17**
						(2.54)				(2.47)
_cons	1.10***	1.12***	1.62***	-2.75***	-5.67***	-3.76	3.64***	-1.61*	-5.98***	-6.27
	(16.29)	(19.16)	(7.9)	(-2.9)	(-3.51)	(-0.69)	(5.65)	(-1.68)	(-3.52)	(-1.11)
R – sq:	0.1380	0.1616	0.4754	0.4754	0.5244	0.6576	0.3329	0.3329	0.3935	0.7185
Number of obs	248	248	248	248	217	217	248	248	217	217
individual	Yes	Yes	Yes	Yes	Yes	No	Yes	Yes	Yes	No

附表 3 - e　　　　　电气机械及器材制造业 (39) 的计量检验结果

| | TEP | | | | | | $lncapital_{odt}$ | | | |
	(1)	(2)	(3)	(4)	(5)	(6)	(7)	(8)	(9)	(10)
$lncomponent_{odt}$	-0.00006 (-0.31)		-0.001*** (-2.48)	-0.001*** (-2.87)	-0.005 (-0.81)	-0.003 (-0.69)				
$lnvariety_{odt}$		0.13*** (3.55)						0.03*** (4.47)	0.52 (0.76)	0.46 (1.37)
TFP				1.62*** (11.42)	2.12*** (5.38)	1.67*** (5.63)	0.54*** (5.8)	1.47*** (10.34)	1.68* (1.93)	1.25*** (3.08)
$lngdp$						0.79*** (8.29)				0.65*** (4.84)
$lnfree$						1.69 (1.39)				2.06*** (2.74)
lnd						-0.97*** (-2.65)				-0.81** (-2.44)
$area$						0.44 (0.96)				0.52 (1.37)
_cons	1.53*** (51.64)	1.11*** (9.76)	12.09*** (152.04)	9.62*** (42.59)	9.26*** (7.25)	1.14 (0.17)	10.24*** (34.56)	8.60*** (29.50)	7.76*** (8.21)	-1.34 (-0.35)
R - sq:	0.0004	0.2820	0.2223	0.3793	0.1991	0.8251	0.6628	0.6627	0.6574	0.8747
Number of obs	264	262	264	264	264	264	262	262	227	227
individual	Yes	Yes	Yes	Yes	Yes	No	Yes	Yes	Yes	No

附表 3 - f　　　　　　通信设备及电子设备制造业（40）计量检验结果

	TEP						$lncapital_{odt}$			
	(1)	(2)	(3)	(4)	(5)	(6)	(7)	(8)	(9)	(10)
$lncomponent_{odt}$	0.002*** (2.96)		0.001* (1.68)	-0.0003 (-0.59)	-0.0006 (1.15)	-0.0005 (-1.04)				
$lnvariety_{odt}$		0.05*** (4.50)					0.03*** (2.62)	-0.007 (-2.59) $p=0.1$	-0.07 (-0.29)	-0.04 (-0.38)
TFP				0.72*** (15.25)	0.60*** (11.95)	0.46*** (8.95)		0.73*** (15)	0.69*** (1.94)	0.50*** (3.72)
lngdp						1.02*** (0.00)				1.13*** (3.14)
lnfree						1.84** (2.21)				2.28** (2.02)
lnd						-0.68 (-1.5)				-0.79 (-1.38)
area						0.37 (0.69)				0.52 (0.95)
_cons	1.75*** (16.6)	1.18*** (5.96)	13.39*** (124.54)	12.13*** (107.73)	12.47*** (102.76)	-1.9 (-0.38)	13.04*** (64.04)	12.18*** (78.26)	13.24*** (4.66)	-3.64 (-0.66)
R - sq:	0.0368	0.0810	0.2389	0.5098	0.4307	0.8015	0.7165	0.7165	0.7257	0.7780
Number of obs	264	264	264	264	231	231	264	264	231	231
individual	Yes	Yes	Yes	Yes	Yes	No	Yes	Yes	Yes	No

附表 3 - g　　仪器仪表及办公机械制造业（41）的计量检验结果

| | TEP | | | | | | $lncapital_{odt}$ | | | |
	(1)	(2)	(3)	(4)	(5)	(6)	(7)	(8)	(9)	(10)
$lncomponent_{odt}$	0.15*** (8.76) 5		0.09*** (4.17)		-0.00 (-0.06)	0.00 (0.05)				-0.96 (-0.80)
$lnvariety_{odt}$		0.36*** (6.33)		-0.00 (-0.21)				-0.16** (-2.59)	-0.17 (-0.36)	0.77 (1.33)
TFP				0.60*** (8.72)	0.45*** (5.74)	0.31*** (3.89)	0.08 (1.23)	0.66*** (10.32)	0.53** (2.13)	
$lngdp$						0.87*** (8.10) 7				1.09*** (3.37)
$lnfree$						2.23** (2.44)				2.47** (2.00)
lnd						-1.03** (-2.48)				-1.41** (-1.99)
$area$						0.63 (1.27)				0.75 (1.21)
_cons	0.56*** (3.63)	1.05*** (7.78)	10.30*** (55.83)	9.97*** (60.5)	10.28*** (58.85)	-0.90*** (-0.18)	10.87*** (69.21) $p=0$	10.18*** (69.66)	10.48*** (16.47)	-0.13 (-0.02)
R - sq.	0.2503	0.1482	0.7065	0.7065	0.7299	0.7971	0.6389	0.6389	0.6663	0.6453
Number of obs	264	264	264	264	231	231	264	264	231	231
individual	Yes	Yes	Yes	Yes	Yes	No	Yes	Yes	Yes	No

注：（1）在上述计量结果中的列（1）是依照公式（29）来考察零部件进口规模对于 TFP 的影响；对应地，依照公式（30），列（3）和（4）分别为在不考虑和考虑 TFP 的情况下，零部件进口对于最终资本品出口影响的估计系数项，用以考察零部件进口的促进作用是否是通过 TFP 传导起作用的；由于零部件进口与最终资本品出口数据具有内生性，为避免数据内生性，同时考虑零部件进口影响计量结果的准确性，选择两阶段最小二乘法（2sls）来对模型进行估计，列（5）和列（6）分别为不考虑和考虑相应控制变量时候的两阶段最小二乘法输出结果。列（7）~（10）为利用零部件进口种类对于中间品进口影响机制进行的稳健性检验。

附表 4 – a　　　　　中国从主要国家进口零部件的种类变化

	2003 年	2004 年	2005 年	2006 年	2007 年	2008 年	2009 年	2010 年
CZE	155	159	176	85	198	203	200	231
DNK	168	186	191	103	208	221	215	242
FIN	175	172	100	73	187	200	185	218
FRA	246	254	250	144	238	242	240	271
DEU	80	82	84	158	275	278	278	311
HKG	228	242	251	145	247	248	250	273
IDN	147	168	157	98	178	178	171	193
ITA	270	271	281	151	271	282	272	305
JPN	282	282	253	156	279	273	279	315
KOR	278	279	279	150	271	275	268	302
MYS	222	202	188	117	208	220	225	257
NLD	232	235	236	132	250	250	107	272
POL	90	136	144	81	159	172	177	198
ESP	197	208	157	124	231	235	223	266
THA	121	123	207	108	202	134	211	225
GBR	280	276	199	156	283	272	272	292

附表 4 – b　　　　　中国对主要国家出口最终资本品的种类变化

	2003 年	2004 年	2005 年	2006 年	2007 年	2008 年	2009 年	2010 年
DEU	360	390	393	522	514	523	524	539
IDN	551	569	572	572	591	602	592	582
ITA	466	504	518	524	518	527	508	525
JPN	491	510	519	533	509	510	496	508
KOR	509	520	533	523	523	527	518	539
PHL	457	488	495	498	533	527	531	562
POL	290	431	455	474	484	497	474	503
SWE	326	342	291	386	406	414	389	358
GBR	497	513	523	535	520	531	526	544

附表 5 – a　　　　　中国七大制造业行业零部件进口种类的变化（考虑国家对）

	2003 年	2004 年	2005 年	2006 年	2007 年	2008 年	2009 年	2010 年
金属制品业	457	476	517	205	614	636	634	647
通用设备制造业	1649	1790	1822	1284	2130	2210	2121	2367

续表

	2003 年	2004 年	2005 年	2006 年	2007 年	2008 年	2009 年	2010 年
专用设备制造业	1073	1142	1199	676	1374	1390	1330	1382
交通运输设备制造业	660	720	759	573	870	932	951	1029
电气机械及器材制造业	1528	1610	1635	972	1951	2007	2013	2511
电子设备及通信制造业	761	813	825	611	865	851	812	1055
仪器仪表及文化办公机械制造业	652	697	729	240	887	887	898	911

附表 5 – b　　　中国七大制造业行业最终资本品出口种类的变化（考虑国家对）

	2003 年	2004 年	2005 年	2006 年	2007 年	2008 年	2009 年	2010 年
金属制品业	3466	3703	3928	4334	4553	4715	4822	4939
通用设备制造业	7833	8760	9806	10928	11913	12503	12403	13575
专用设备制造业	9316	11081	12894	14719	16228	17228	17044	18631
交通运输设备制造业	1384	1646	2055	2428	2778	3056	2972	3065
电气机械及器材制造业	4585	5092	5611	5780	6608	6904	6931	7342
电子设备及通信制造业	5583	6008	6314	6638	5845	5661	5544	5601
仪器仪表及文化办公机械制造业	6448	7005	7574	8092	8410	8588	8581	9022

附表 6 – a　　　　　　　中德贸易二元边际　　　　单位：个、百万美元

	最终资本品				零部件			
	出口深化		出口广化		进口深化		进口广化	
	种类	贸易额	种类	贸易额	种类	贸易额	种类	贸易额
2003 年	360	6928.273	21	0.99	80	879.06	101	0.88
2004 年	389	12759.28	42	19.61	82	989.49	124	1.00
2005 年	391	15013.16	44	72.64	84	1099.98	128	1.17
2006 年	522	21542.23	129	835.58	158	2773.29	287	3.61
2007 年	512	21360.76	138	967.56	273	8280.20	411	9.25
2008 年	520	23108.01	145	1251.03	275	9656.99	420	10.91
2009 年	522	20147.57	143	1097.14	277	9996.38	420	11.09
2010 年	536	30057.98	158	1776.89	303	18903.45	461	20.68

附表 6 - b　　　　　　　中日贸易二元边际　　　　　　单位：个、百万美元

| | 最终资本品 | | | | 零部件 | | | |
| | 出口深化 | | 出口广化 | | 进口深化 | | 进口广化 | |
	种类	贸易额	种类	贸易额	种类	贸易额	种类	贸易额
2003 年	491	12643.69	19	1.46	282	10107.01	4	42.96
2004 年	510	16435.94	21	4.437	281	13425.97	3	31.48
2005 年	518	18651.2	35	4.98	252	9320.43	5	66.04
2006 年	528	19405.14	49	13.40	156	5250.71	2	68.69
2007 年	508	20885.71	36	141.15	277	22341.68	8	728.98
2008 年	509	23666.64	37	29.28	271	24805.96	6	695.46
2009 年	494	21224.5	32	13.39	277	22261.8	8	649.41
2010 年	505	30283.55	43	521.95	306	39992.31	43	11664.77

附表 6 - c　　　　　　　中韩贸易二元边际　　　　　　单位：个、百万美元

| | 最终资本品 | | | | 零部件 | | | |
| | 出口深化 | | 出口广化 | | 进口深化 | | 进口广化 | |
	种类	贸易额	种类	贸易额	种类	贸易额	种类	贸易额
2003 年	508	3097.25	32	8.09	278	5480.60	8	4.49
2004 年	519	4751.57	33	11.48	279	9266.46	7	1.74
2005 年	532	5975.52	37	13.76	279	10595.86	4	0.21
2006 年	520	7293.97	41	21.52	149	2939.01	6	0.98
2007 年	522	9168.98	43	50.90	269	17955.74	7	3382.39
2008 年	526	11491.51	43	51.15	272	18838.74	17	2704.49
2009 年	515	10494.46	45	142.69	267	14567.18	9	2001.05
2010 年	537	14621.86	57	158.28	293	25836.96	35	5047.23

附表 6 - d　　　　　　　中美贸易二元边际　　　　　　单位：个、百万美元

| | 最终资本品 | | | | 零部件 | | | |
| | 出口深化 | | 出口广化 | | 进口深化 | | 进口广化 | |
	种类	贸易额	种类	贸易额	种类	贸易额	种类	贸易额
2003 年	404	30481.946	8	6.18	104	958.59	0	0
2004 年	411	43726.924	9	7.41	113	1244.809	5	83.84
2005 年	563	60982.933	151	2333.85	293	5007.31	175	3501.19
2006 年	422	67491.930	14	13.52	93	843.77	1	2.87
2007 年	402	78896.556	21	148.85	165	5375.85	67	3462.46
2008 年	396	75797.907	19	134.76	158	4623.44	57	2502.39
2009 年	397	73113.091	19	14.20	146	3644.48	48	2084.12
2010 年	410	93041.715	31	1038.81	166	5521.03	65	3544.62

附表 7 - a　　金属制品业（34）零部件进口对最终资本品出口二元边际的影响

	最终资本品的出口深化		最终资本品的出口广化	
intensive_component	0.10 ** (2.00)		−0.05 (−0.45)	
* tfp	0.21 *** (3.55)		0.77 *** (5.84)	
extensive_compoment		−0.15 *** (−1.94)		−0.26 (−1.58)
* tfp		0.47 *** (3.41)		1.27 *** (4.31)
lngdp	0.65 *** (4.90)	0.94 *** (7.44)	−0.34 (−1.11)	−0.01 (−0.03)
vc	0.53 (1.24)	−0.07 (−0.15)	1.96 * (1.93)	0.65 (0.82)
resistance	0.03 (0.92)	0.01 (0.37)	0.10 (1.18)	0.09 (1.37)
area	0.31 (0.06)	−0.27 (−0.52)	0.92 (0.77)	0.37 (0.39)
shock	0.07 (0.44)	0.11 (0.63)	0.20 (0.56)	0.16 (0.45)
fc			−2.24 (−0.83)	−2.41 (−1.05)
_cons	−4.61 (−1.26)	−1.73 (−0.45)	−1.43 (−0.11)	7.5 (0.72)
R − sq:	0.8006	0.7759	0.2530	0.4992

**附表 7 - b　　通用设备制造业（35）零部件进口对最终
资本品出口二元边际的影响**

	最终资本品的出口深化		最终资本品的出口广化	
intensive_component	−0.05 * (−1.72)		−0.21 ** (−2.53)	
* tfp	0.27 *** (17.29)		0.83 *** (15.59)	
extensive_compoment		−0.18 *** (−11.11)		−0.30 *** (−5.38)
* tfp		0.42 *** (19.21)		1.03 *** (13.35)
lngdp	0.74 *** (7.13)	0.83 *** (8.82)	0.18 (1.35)	0.29 *** (2.75)

续表

	最终资本品的出口深化		最终资本品的出口广化	
vc	-0.34 (-0.95)	-0.46 (-1.31)	-0.28 (-0.84)	-0.60* (-1.75)
resistance	-0.02 (-0.76)	-0.02 (-0.71)	0.03 (0.82)	0.01 (0.32)
area	0.84** (1.96)	0.78* (1.85)	-0.77* (-1.95)	-1.09*** (-2.66)
shock	0.07 (1.17)	0.12* (1.88)	-0.49** (-2.12)	-0.26 (-1.10)
fc			-1.83* (-1.68)	-1.22 (-1.08)
_cons	3.79 (1.24)	4.37 (1.46)	13.91*** (2.99)	13.36*** (2.73)
R - sq:	0.8820	0.8793	0.6255	0.6262

附表 7 - c　　专用设备制造业（36）零部件进口
对最终资本品出口二元边际的影响

	最终资本品的出口深化		最终资本品的出口广化	
intensive_component	0.19*** (2.54)		0.28*** (3.78)	
*tfp	0.10 (0.88)		0.01 (0.01)	
extensive_compoment		0.72*** (12.58)		0.75*** (12.77)
*tfp		0.09 (1.12)		0.01 (0.01)
lngdp	0.12* (1.60)	0.01 (0.23)	0.09 (1.21)	0.02 (0.43)
vc	0.14 (0.54)	-0.14 (-0.96)	0.11 (0.45)	-0.09 (0.63)
resistance	0.04 (1.46)	0.01 (0.56)	0.04* (1.77)	0.01 (0.56)
area	0.08 (0.26)	0.17 (1.01)	0.09 (0.30)	0.11 (0.64)
shock	0.07 (0.34)	0.06 (0.36)	-0.25 (-1.26)	-0.24 (-1.29)
fc			0.78 (0.92)	-0.37 (-0.72)

	最终资本品的出口深化		最终资本品的出口广化	
_cons	0.39 (0.18)	1.17 (0.96)	-2.54 (-0.70)	2.33 (1.04)
R-sq:	0.6187	0.9142	0.6686	0.9191

附表 7 – d 　　　**交通运输设备制造业（37）零部件进口**
　　　　　　　　对最终资本品出口二元边际的影响

	最终资本品的出口深化		最终资本品的出口广化	
intensive_component	-0.02 (-0.37)		-0.38 *** (-3.89)	
*tfp	0.36 *** (6.78)		1.00 *** (8.79)	
extensive_compoment		-0.08 (-1.41)		-0.29 ** (-2.33)
*tfp		0.41 *** (3.74)		1.09 *** (4.37)
lngdp	0.78 *** (4.60)	0.92 *** (5.72)	0.69 *** (2.66)	0.63 *** (2.75)
vc	-0.58 (-1.04)	-0.76 (-1.35)	-0.40 (-0.50)	-0.36 (-0.48)
resistance	0.02 (0.48)	0.02 (0.54)	0.02 (0.23)	0.05 (0.77)
area	0.78 (1.17)	0.73 (1.08)	0.25 (0.26)	0.24 (0.26)
shock	0.47 *** (2.68)	0.55 *** (3.02)	0.70 * (1.82)	0.96 ** (2.32)
fc			2.00 (0.83)	0.87 (0.37)
_cons	3.67 (0.77)	4.01 (0.83)	-6.61 (-0.63)	-2.54 (-0.25)
R-sq:	0.6676	0.6773	0.3799	0.3403

附表 7 – e 　　　**电气机械及器材制造业（39）零部件进口**
　　　　　　　　对最终资本品出口二元边际的影响

	最终资本品的出口深化	最终资本品的出口广化
intensive_component	-0.03 (-1.08)	-0.04 (-0.54)
*tfp	0.11 *** (4.78)	0.17 *** (2.96)

	最终资本品的出口深化		最终资本品的出口广化	
extensive_compoment		-0.07 *** (-4.01)		-0.04 (-0.78)
* tfp		0.19 *** (5.48)		0.19 ** (2.06)
lngdp	0.78 *** (9.35)	0.79 *** (10.44)	0.07 (0.54)	0.10 (1.03)
vc	-0.58 ** (-2.04)	-0.63 ** (-2.34)	0.13 (0.34)	-0.03 (-0.10)
resistance	-0.04 * (-1.62)	-0.04 * (-1.81)	0.02 (0.51)	0.02 (0.63)
area	0.36 (1.06)	0.32 (0.98)	-0.96 ** (-2.15)	-1.06 *** (-2.62)
shock	0.04 (0.46)	-0.01 (-0.12)	-0.01 (-0.01)	-0.01 (-0.06)
fc			-0.96 (-0.81)	-0.65 (-0.60)
_cons	7.31 *** (3.02)	7.72 *** (3.34)	6.12 (1.19)	5.87 (1.24)
R - sq:	0.8872	0.8912	0.2539	0.2800

附表 7 - f　　通信及电子设备制造业（40）零部件进口对最终资本品出口二元边际的影响

	最终资本品的出口深化		最终资本品的出口广化	
intensive_component		-0.075 (-1.50)		-0.07 (-0.06)
* tfp		0.21 *** (10.07)		0.04 (0.77)
extensive_compoment		-0.07 *** (-3.06)		0.00 (0.00)
* tfp		0.32 *** (8.17)		-0.01 (-0.13)
lngdp	0.87 *** (7.68)	0.93 *** (8.13)	0.49 (1.28)	0.53 (0.18)
vc	-0.19 (-0.49)	-0.33 (-0.82)	-0.04 (-0.03)	-0.10 (-0.07)

续表

	最终资本品的出口深化		最终资本品的出口广化	
resistance	− 0. 06 * (− 1. 76)	− 0. 07 * (− 1. 88)	0. 15 (1. 43)	0. 18 * (1. 67)
area	0. 12 (0. 25)	− 0. 04 (− 0. 09)	− 0. 32 (− 0. 20)	− 0. 67 (− 0. 28)
shock	0. 34 * (1. 82)	0. 53 *** (2. 81)	1. 00 ** (2. 48)	1. 08 *** (2. 71)
fc			− 6. 94 ** (− 2. 09)	− 6. 06 * (− 1. 80)
_cons	3. 64 (21. 07)	4. 43 (1. 31)	27. 32 * (1. 70)	23. 08 (0. 163)
R − sq:	0. 8832	0. 8741	0. 1776	0. 1332

附表 7 – g　　　**仪器仪表及办公制造业（41）零部件进口**
对最终资本品出口二元边际的影响

	最终资本品的出口深化		最终资本品的出口广化	
intensive_component	− 0. 052 ** (− 2. 11)		− 0. 01 (− 0. 11)	
*tfp	0. 10 *** (7. 38)		0. 25 *** (6. 26)	
extensive_compoment		− 0. 07 *** (− 3. 06)		− 0. 02 (− 0. 24)
*tfp		0. 14 *** (5. 84)		0. 24 *** (3. 29)
lngdp	0. 80 *** (8. 23)	0. 81 *** (8. 35)	− 0. 14 (− 0. 71)	− 0. 51 (− 0. 24)
vc	− 0. 59 * (− 1. 73)	− 0. 59 * (− 1. 72)	− 0. 75 (− 1. 17)	− 0. 99 (− 1. 38)
resistance	− 0. 08 *** (− 2. 94)	− 0. 07 *** (− 2. 76)	− 0. 02 (− 0. 42)	− 0. 03 (− 0. 46)
area	0. 29 (0. 71)	0. 21 (0. 50)	− 2. 07 *** (− 2. 71)	− 2. 46 *** (− 2. 84)
shock	0. 02 (0. 02)	0. 05 (0. 47)	0. 16 (0. 52)	0. 30 (0. 98)
fc			− 1. 72 (− 0. 90)	− 0. 26 (− 0. 13)
_cons	6. 32 ** (2. 15)	6. 15 ** (2. 09)	20. 85 ** (2. 45)	16. 36 * 1. 74)
R − sq:	0. 8832	0. 8863	0. 2560	0. 2489

参 考 文 献

[1] 埃尔赫南·赫尔普曼、保罗·克鲁格曼:《市场结构和对外贸易》,上海人民出版社 2009 年版。

[2] 北京大学中国经济中心课题组:《中国出口贸易中的垂直专门化与中美贸易》,载《世界经济》,2006 年第 5 期。

[3] 曹亮、王书飞和徐万枝:《中间品进口能提高企业全要素生产率吗——基于倾向评分匹配的经验分析》,载《宏观经济研究》,2012 年第 8 期。

[4] 楚明钦、陈启斐:《中间品进口、技术进步与出口升级》,载《国际贸易问题》,2013 年第 6 期。

[5] 范爱军、刘馨遥:《中国机电产品出口增长的二元边际》,载《世界经济研究》,2012 年第 5 期。

[6] 高越、曲建忠:《生产分割、外商直接投资与中国进口》,载《世界经济研究》,2009 年第 7 期。

[7] 高越、李荣林:《异质性、生产分割与国际贸易》,载《经济学(季刊)》,2009 年第 1 期。

[8] 高越、李荣林:《国际生产分割、技术进步与产业结构升级》,载《世界经济研究》,2011 年第 12 期。

[9] 高越、王学真:《国际生产分割对中国劳动力需求的影响——基于工业部门数据的经验研究》,载《国际经贸探索》,2012 年第 12 期。

[10] 海闻、赵达:《国际生产与贸易格局的新变化》,载《国际经济评论》,2007 年第 1 期。

[11] 黄先海、杨高举:《中国高技术产业的国际分工地位研究:基于非竞争型投入占用产出模型的跨国分析》,载《世界经济》,2010 年第 5 期。

[12] 江静、刘志彪、于明超:《生产者服务业发展与制造业效率提升:基于地区和行业面板数据的经验分析》,载《世界经济》,2007 年第 8 期。

[13] 李宏艳：《基于FDI视角的垂直专业化研究——理论与来自中国的实证》，北京理工大学出版社2011年版。

[14] 卢锋：《产品内分工》，载《经济学（季刊）》，第4卷第1期，2004年10月。

[15] 刘志彪：《全球价值链中我国外向型经济战略的提升——以长三角地区为例》，载《中国经济问题》，2008年第1期。

[16] 刘庆林、高越和韩军伟：《国际生产分割的生产率效应》，载《经济研究》，2010年第2期。

[17] 马风涛、李俊：《国际中间品贸易的发展及其政策含义》，载《国际贸易》，2011年第9期。

[18] 马风涛、李俊：《异质性企业贸易理论的政策含义》，载《国际经济合作》，2012年第8期。

[19] 马风涛、李俊：《中国制造业产品全球价值链的解构分析——基于世界投入产出表的方法》，载《对外经济贸易大学学报》，2014年第1期。

[20] 马风涛、吕智：《异质性企业、生产率与出口市场选择——基于中国汽车企业的实证分析》，载《中南财经政法大学学报》，2012年第3期。

[21] 马涛：《中间产品贸易和直接投资、生产分割的关系——基于中国工业部门的研究》，载《国际贸易问题》，2010年第1期。

[22] 牟丽：《生产分割、中间品贸易与区域经济发展：基于欧洲和东亚的经验研究》，载《中央财经大学学报》，2012年第8期。

[23] 钱学锋、熊平：《中国出口增长的二元边际及其决定因素》，载《经济研究》，2010年第1期。

[24] 施炳展、李坤望：《中国靠什么实现了对美国出口的迅速增长——基于产品广度产品数量和产品价格的分解》，载《国际贸易》，2009年第4期。

[25] 施炳展、李坤望：《中国出口贸易增长的可持续性研究——基于贸易随机前沿模型的分析》，载《数量经济技术经济研究》，2009年第6期。

[26] 施炳展：《中国出口中的零贸易特点及影响因素：基于新－新贸易理论的实证》，载《世界经济文汇》，2010年第1期。

[27] 施炳展、冼国明、逯建：《地理距离通过何种途径减少了贸易流量》，载《世界经济》，2012年第7期。

[28] 钱学锋、王胜、黄云湖和王菊蓉：《进口种类与中国制造业全要素生产率》，载《世界经济》，2011年第5期。

［29］唐海燕、张会清：《中国在新型国际分工体系中的地位——基于价值链视角的分析》，载《国际贸易问题》，2009 年第 2 期。

［30］唐海燕：《新国际分工、全球生产网络与中国制造业发展》，华东师范大学商学院博士论文，2009 年。

［31］藤田昌久、保罗·克鲁格曼、安东尼·J·维纳布尔斯：《空间经济学——城市、区域与国际贸易》，中国人民大学出版社 2007 年版。

［32］王荣艳：《生产者服务贸易与商品贸易互动模式研究——基于东亚生产网络的框架分析》，吉林大学出版社 2010 年版。

［33］王拓、马风涛：《中国工业部门参与垂直专业化分工的实证研究》，载《燕山大学学报》（哲学社会科学版），2011 年第 4 期。

［34］巫强：《进口国质量管制条件下的出口国企业创新与产业升级》，载《管理世界》，2007 年第 2 期。

［35］夏平：《中国中间品贸易分析——基于产品内国际分工视角》，对外经济贸易大学经济学院博士论文，2007 年版。

［36］熊力治：《中间品进口与中国本土制造企业生产率——基于中国企业微观数据的实证研究》，载《宏观经济研究》，2013 年第 3 期。

［37］杨永明：《国际生产分割与中国制造业出口发展的研究》，南开大学国际经济研究所博士论文，2010 年版。

［38］杨永华：《国际分割生产条件下的我国制造业比较优势分析》，载《国际贸易问题》，2013 年第 1 期。

［39］于明言：《企业组织模式选择与出口和外包》，南开大学国际经济研究所博士论文，2010 年。

［40］周俊子：《中国出口结构优化研究——急于出口深化与出口广化的角度》，浙江大学经济学院博士论文，2011 年。

［41］Aizenman, Joshua and Chinn, Menzie D. and Ito, Hiro. （2010），"The emerging global financial architecture: Tracing and evaluating new patterns of the trilemma configuration", Journal of International Money and Finance, Vol （29），615 – 641.

［42］Alessia Amighini. （2005），"China in the international fragmentation of production: Evidence from the ICT industry", The European Journal of Comparative Economics, Vol （2），203 – 219.

［43］Altomonte, Carlo and Rungi, Armando. （2008），"Changing Patterns of International Integration: Germany and Italy in the Countries of EU Enlargement ", Economic and Social Research Institute (ESRI) in its series Papers with number DYNREG24.

[44] Amiti, M. andFreund, C. (2008), "An Anatomy of China's Export Growth", World Bank Poliey Researeh Working Paper4628.

[45] Andreas Maurer and Christophe Degain. (2012), "Globalization And Trade Flows: What You See Is Not What You Get! ", Journal of International Commerce, Economics and Policy, Vol (03), 1250019 – 1 – 1250019 – 27

[46] Amurgo-Pacheeo, Alberto, and Martha Denisse Pierola, 2008, "Patterns of Export Diversifieation in Developing Countries: Intensive and Extensive Margins", Policy Research Wbrking Paper WPS4473. Washington, DC: WorldBank.

[47] Andrew B. Bernard and J. Bradford Jensen and Stephen J. Redding and Peter K. Schott. (2009), "The Margins of US Trade", American Economic Review, American Economic Association, Vol. 99 (2), pages 487 –493, May.

[48] Andrew B. Bernard & J. Bradford Jensen. (1999), "Exporting and Productivity", NBER Working Papers 7135, National Bureau of Economic Research, Inc.

[49] Arndt, Sven W. (1997), "Globalization and the open economy", The North American Journal of Economics and Finance, Elsevier, Vol. 8 (1), 71 – 79.

[50] Arndt, S. W. (2001), "Globalization of production and the value-added chain", The North American Journal of Economics and Finance, Elsevier, Vol. 12 (3), 217 – 218.

[51] A. Yeats. (2001), "Just How Big is Global Production Sharing?", In S. Arndt and H. Kierzkowski, (eds). Fragmentation: New Production Patterns in the World Economy. New York: Oxford University Press. pp. 108 – 143.

[52] Baldwin, Riehard and Virginia Di Nino. (2006), "Euros and zeros: The common currency effete on trade in new goods", HEI Working Paper 21 – 2006.

[53] Bastos, Paulo and Silva, Joana. (2012), "Networks, firms, and trade", Journal of International Economics, Elsevier, Vol. 87 (2), pages 352 – 364.

[54] Bayoumi, T. and Coe, D. T. & Helpman, E. (1996), "R&D Spill-overs and Global Growth", Tel Aviv in its series Papers with number 14 – 96.

[55] Bayoumi, T. and Coe, D. T. & Helpman, E. (1996), "North-South R&D Spillovers", The Economic Journal, Vol (107), 134 – 149.

[56] Bellone, Flora and Musso, Patrick and Nesta, Lionel and Warzynski, Frederic. (2008) "Endogenous Markups, Firm Productivity and International Trade: Testing SomeMicro-Level Implications of theMelitz-Ottaviano Model", Working Papers 08 – 20, University of Aarhus, Aarhus School of Business, Department of Economics.

[57] Benjamin Bridgman. (2011), "Competition, Work Rules and Productivity", 2011 Meeting Papers 289, Society for Economic Dynamics.

[58] Benjamin Bridgman. (2013), "Export Mode and Market Entry Costs", BEA Working Papers 0089, Bureau of Economic Analysis.

[59] Bergstrand, Jeffrey H. and Egger, Peter. (2013), "What determines BITs?", Journal of International Economics, Elsevier, Vol. 90 (1), pages 107 – 122.

[60] Bernard A. B., J. Eaton, J. B. Jensen J. and S. Kortum. (2003), "Plants and productivity in international trade", American Economic Review 93, 1268 – 1290.

[61] Bernard A. B., J. Eaton, J. B. Jensen J. and S. Kortum. (2005), "Importers, Exporters, and Multinationals: A Portrait of Firms in the U. S. that Trade Goods", NBER Working Paper.

[62] Besedes, T. and T. J. Prusa. (2007), "The Role of Extensive and Intensive Margins and Export Growth", NBER Working Paper, No. 13628.

[63] Bernard A., Y. Decreux, L. Fontagné, S. Jean et D. Laborde. (2008), "Assessing applied protection across the world", Review of International Economics 16, 850 – 863.

[64] Brenton, Paul and Hoppe, Mombert and Newfarmer, Richard. (2008), "Economic partnership agreements and the export competitiveness of Africa", Policy Research Working Paper Series 4627, The World Bank.

[65] Broda, C. and Weinstein, D. (2006), "Globalization and the gains from variety", The Quarterly Journal of Economics 121 (2), pages 541 – 585.

[66] Brooks, Eileen L. (2006), "Why don't firms export more? Prod-

uct quality and Colombian plants", Journal of Development Economics, Vol (80), 160 – 178.

[67] Bustos, P. (2011), "Trade liberalization, exports and technology upgrading: evidence on the impact of Mercosur on Agrentinean firms", The American Economic Review 101 (1), 304 – 330.

[68] Byron Gangnes and Ari Van Assche. (2010), "Global Production Networks in Electronics and Intra-Asian Trade", Working Papers 201004, University of Hawaii at Manoa, Department of Economics.

[69] Campa, Jose & Goldberg, Linda S. (1995), "Investment in manufacturing, exchange rates and external exposure", Journal of International Economics, Elsevier, Vol. 38 (3 – 4), pages 297 – 320, May.

[70] Christian Helmers & Natalia Trofimenko. (2010.), "Export Subsidies in a Heterogeneous Firms Framework: Evidence from Colombia", CSAE Working Paper Series 2010 – 26, Centre for the Study of African Economies, University of Oxford.

[71] Christian Volpe Martincus & Jerónimo Carballo, (2010), "Entering new country and product markets: does export promotion help?", Review of World Economics (Weltwirtschaftliches Archiv), Springer, Vol. 146 (3), pages 437 – 467, September.

[72] Claudia M. Buch and Cathérine Tahmee Koch and Michael Kötter. (2009), "Margins of International Banking: Is there a Productivity Pecking Order in Banking, too?", CESifo Working Paper Series 2891, CESifo Group Munich.

[73] Collins, A. and Harris, R. I. D. (2001), "Does Plant Ownership Affect the level of Pollution Abatement Expenditure?", Papers 138, Portsmouth University - Department of Economics.

[74] Costas Arkolakis. (2008), "Market Penetration Costs and the New Consumers Margin in International Trade", NBER Working Papers with number 14214.

[75] Daisuke Hiratsuka. (2011), "Production Networks in Asia : A Case Study from the Hard Disk Drive Industry", Trade Working Papers 23235, East Asian Bureau of Economic Research.

[76] Dani Rodrik. (2006), "What's So Special about China's Ex-

ports?", China & World Economy, Institute of World Economics and Politics, Chinese Academy of Social Sciences, Vol. 14 (5), pages 1 – 19.

[77] David Hummels & Peter J. Klenow. (2002), "The Variety and Quality of a Nation's Trade", NBER Working Papers 8712, National Bureau of Economic Research, Inc.

[78] David Greenaway et al. (2007), "Exports and Productivity: Comparable Evidence for 14 Countries", CIE Discussion Papers 2007 – 11, University of Copenhagen. Department of Economics. Centre for Industrial Economics.

[79] Deardorff, Alan V. (2001), "International Provision of Trade Services, Trade, and Fragmentation", Review of International Economics, Wiley Blackwell, Vol. 9 (2), pages 233 – 248, May.

[80] Deardorff, Alan V. (2005), "Trade and location: A moving example motivated by Japan", Journal of the Japanese and International Economies, Elsevier, Vol. 19 (2), pages 169 – 193, June.

[81] Dieter Ernst & Terutomo Ozawa. (2002), "National Sovereign Economy, Global Market Economy, and Transnational Corporate Economy", Economics Study Area Working Papers 42, East-West Center, Economics Study Area.

[82] Egger, Hartmut and Egger, Peter and Kreickemeier, Udo. (2013), "Trade, wages, and profits", European Economic Review, Elsevier, Vol. 64 (C), pages 332 – 350.

[83] Elhanan Helpman. (2004), "Foreign Trade and Investment: Firm-level Perspectives", Economica, London School of Economics and Political Science, Vol. 81 (321), 1 – 14, 01.

[84] Elhanan Helpman, Marc J. Melitz and Stephen R. Yeaple. (2004), "Export Versus FDI with Heterogeneous Firms", American Economic Review, American Economic Association, Vol. 94 (1), pages 300 – 316, March.

[85] Elhanan Helpman & Marc Melitz & Yona Rubinstein. (2008), "Estimating Trade Flows: Trading Partners and Trading Volumes", The Quarterly Journal of Economics, MIT Press, Vol. 123 (2), pages 441 – 487, 05.

[86] Ernst, Dieter & Kim, Linsu. (2002), "Global Production networks, knowledge diffusion, and local capability formation", Research Policy, Elsevier, Vol. 31 (8 – 9), 1417 – 1429, December.

［87］ Ethier, Wilfred J. (1982), "Decreasing Costs in International Trade and Frank Graham's Argument for Protection", Econometrica, Econometric Society, Vol. 50 (5), pages 1243 – 1268, September.

［88］ Ethier, Wilfred J. (1982), "National and International Returns to Scale in the Modern Theory of International Trade", American Economic Review, American Economic Association, Vol. 72 (3), pages 389 – 405, June.

［89］ Fabio Ghironi & Marc J. Melitz. (2005), "International Trade and Macroeconomic Dynamics with Heterogeneous Firms", The Quarterly Journal of Economics, MIT Press, Vol. 120 (3), pages 865 – 915, August.

［90］ Robert C. Feenstra. (1994), "New Goods and Index Numbers: U. S. Import Prices", NBER Working Papers 3610, National Bureau of Economic Research, Inc.

［91］ Feenstra, R. C. and G. H. Hanson (2001), "Global Production Sharing and Rising Inequality: A Survey of Trade and Wages", NBER Working Papers No. 8372.

［92］ Robert Feenstra & Hiau Looi Kee, (2004), "On the Measurement of Product Variety in Trade", American Economic Review, American Economic Association, Vol. 94 (2), pages 145 – 149, May.

［93］ Feenstra, R. C. and H. L. Kee. (2007), "Trade Liberalisation and Export Variety: A Comparison of Mexico and China", The World Economy, 30 (1), 5 – 21.

［94］ Fennsta, R. C. and H. L. Kee. (2008), "Export Variety and Country Productivity: Estimating the Monopolistic Competition Model with Endogenous Productivity", Journal of International Economics, 74 (2), 500 – 518.

［95］ Robert C. Feenstra. (2014), "Restoring the Product Variety and Pro-competitive Gains from Trade with Heterogeneous Firms and Bounded Productivity", NBER Working Papers 19833, National Bureau of Economic Research, Inc.

［96］ Felbermayr, GabrielJ. and Wilhelm Kohler. (2005), "Exploring the Intensive and Extensive Margins of World Trade", mimeo.

［97］ Flam, Harry and Nordström, Håkan. (2006), "Euro Effects on the Intensive and Extensive Margins of Trade", Stockholm University, Institute for International Economic Studies in its series Seminar Papers with number 750.

[98] Harry Flam and Hakan Nordström. (2011), "Gravity Estimation of the Intensive and Extensive Margins of Trade: An Alternative Procedure with Alternative Data", CESifo Working Paper Series with number 3387.

[99] Fukunari KIMURA and Ayako OBASHI. (2010), "International Production Networks in Machinery Industries: Structure and Its EVolution", Working Papers DP – 2010 – 09, Economic Research Institute for ASEAN and East Asia (ERIA).

[100] GAULIER, Guillaume and LEMOINE, Francoise and UNAL – KESENCI, Deniz. (2007), "China's emergence and the reorganisation of trade flows in Asia", China Economic Review, Elsevier, Vol. 18 (3), pages 209 – 243.

[101] Gordon H. Hanson & Raymond J. Mataloni and Matthew J. Slaughter. (2005), "Vertical Production Networks in Multinational Firms", The Review of Economics and Statistics, MIT Press, Vol. 87 (4), pages 664 – 678, November.

[102] Grossman, G. M. and Helpman. E. "Outsourcing in a global economy", Review of Economic Studies, 2005, 72 (1), 135 – 159.

[103] Grossman, G. M. and Rossi-Hansber, E. (2006), "The rise of offshoring: it's not wine for cloth anymore", The New Economic Geography: Effects and Policy Implications, Vol. Jackson Hole Conference, Federal Reserve Bank of Kansas City, 59 – 102.

[104] Grossman, G. M and Rossi-Hansber, E. (2008), "Trading Tasks: A Simple Theory of Offshoring", American Economic Review, 98 (5), 1978 – 1997.

[105] Hausmann, Ricardo & Klinger, Bailey, (2006), "Structural Transformation and Patterns of Comparative Advantage in the Product Space", Working Paper Series rwp06 – 041, Harvard University, John F. Kennedy School of Government.

[106] Ricardo Hausmann & Jason Hwang & Dani Rodrik. (2007), "What you export matters", Journal of Economic Growth, Springer, Vol. 12 (1), pages 1 – 25, March.

[107] HAYAKAWA Kazunobu and MATSUURA Toshiyuki. (2011),

"Trade Liberalization and FDI Strategy in Heterogeneous Firms: Evidence from Japanese firm-level data", Discussion papers 11033, Research Institute of Economy, Trade and Industry (RIETI).

[108] Helpman, Elhanan & Melitz, Marc J & Yeaple, Stephen R. (2003), "Export versus FDI", CEPR Discussion Papers 3741, C. E. P. R. Discussion Papers.

[109] HelPman, Elhanan, Marc Melitz and Yona Rubinstein. (2007), "Estimating Trade Flows: Trading Partners and Trading Volumes", Harvard University working Paper, mlme.

[110] Holger Wenzel and Uwe Christian Täger and Edda Müller and Joachim Zentes. (2004), "Zur Lage im Einzelhandel: Helfen staatliche Reglementierungen weiter?", Institute for Economic Research at the University of Munich, ifo Schnelldienst, Vol (57) 03 – 16.

[111] Hplper, L. , Koern, M. , Szeidl, A. (2009), "Imported inputs and Productivity". Mimeo. Older version: CEPR No. 5139.

[112] Hummels, D. , Rapoport, D. and Yi, K. – M. (1998), "Vertical specialization and the changing nature of world trade", Federal Reserve Bank of New York Economic Policy Review 4 (2), 79 – 99.

[113] Hummels, D. , Ishii, J. and Yi, K. – M. (2001), "The nature and growth of vertical specialization in world trade", Journal of International Economics 54 (1), 75 – 96.

[114] Hummels, David and Peter J. Klenow. (2005), "The Variety and Quality of a Nation's Exports", American Economic Review, June.

[115] James R. Markusen and Anthony J. Venables. (2005), "A Multi-Country Approach to Factor-Proportions Trade and Trade Costs", NBER Working Papers 11051, National Bureau of Economic Research, Inc.

[116] James Markusen. (2005), "Modeling the Offshoring of White-Collar Services: From Comparative Advantage to the New Theories of Trade and FDI", NBER Working Papers 11827, National Bureau of Economic Research, Inc.

[117] Markusen, James R. (2002), "Multinational Firms and the Theory of International Trade", MPRA Paper 8380, University Library of Munich, Germany.

[118] Markusen, James R. (2013), "Expansion of trade at the exten-

sive margin: A general gains-from-trade result and illustrative examples", Journal of International Economics, Elsevier, Vol. 89 (1), pages 262 – 270.

[119] Eaton J. , S. Kortum and F. Kramarz. (2004), "An Anatomy of International Trade: Evidence from French Firms", New York University, Mimeo.

[120] Jonathan EATON, Samuel KORTUM, Francis KRAMARZ. (2008), "An Anatomy of International Trade : Evidence from French Firms", Working Papers 2008 – 2029, Centre de Recherche en Economie et Statistique.

[121] Jones, R. W. and Kierzkowshi, H. (1990), "The role of services in production and international trade: a theoretical framework", in Jones, R. W. and Krueger, A. Q. (Eds): The Political Economy of International Trade, Essays in Honor of Robert E. Baldwin, Basil Blackwell, 31 – 48.

[122] Jones, R. W. and Kierzkowshi, H. (2001a), "Globalization and consequences of international fragmentation" . In R. Dornbusch, G. Galvo and M. Obsferld, (eds.) Money, capital mobility and trade: Festschrift in honor of Robert A. Musndell, Cambridge: MIT Press.

[123] Jones, R. W. and Kierzkowshi, H. (2001b), "A framework for fragmentation", in Arndt, S. W. and Kierzkowski, H. (eds): Fragmentation, New Production Patterns in the World Economy, Oxford University Press, 17 – 34.

[124] Jones, R. W. and Kierzkowshi, H. (2005), "International fragmentation and the new economic geography", The North American Journal of Economics and Finance 16 (1), 1 – 10.

[125] Kancs d' A. (2007), "Trade Growth in a Heterogeneous Firm Model: Evidence from South Eastern Europe", The World Economy, Vol (30), 1139 – 1169.

[126] Kasahara, Hiroyuki and Rodrigue, Joel. (2008), "Does the use of imported intermediates increase productivity? Plant-level evidence", Journal of Development Economics, Vol. 87, 106 – 118.

[127] Kasahara, Hiroyuki and Lapham, Beverly. (2013), "Productivity and the decision to import and export: Theory and evidence", Journal of International Economics, Vol. 89, pages 297 – 316.

[128] Kazuhiko Hayakawa. (2007), "Dynamic Panel Data Models with Cross Section Dependence and Heteroscedasticity", Hi-Stat Discussion Paper Series d07 – 212, Institute of Economic Research, Hitotsubashi University.

[129] Kazunobu Hayakawa, Tomohiro Machikita and Fukunari Kimura. (2012), "Globalization And Productivity: A Survey Of Firm – Level Analysis", Journal of Economic Surveys, Wiley Blackwell, Vol. 26 (2), pages 332 – 350, 04.

[130] Kei-Mu Yi. (2003), "Can Vertical Specialization Explain the Growth of World Trade?", Journal of Political Economy, University of Chicago Press, Vol. 111 (1), pages 52 – 102, February.

[131] Kei-Mu Yi. (2010), "Can Multistage Production Explain the Home Bias in Trade?", American Economic Review, American Economic Association, Vol. 100 (1), pages 364 – 93, March.

[132] Kimura, F., Takahashi, Y. and Hayakawa, K. (2007), "Fragmentation and parts and components trade: Comparison between East Asia and Europe", The North American Journal of Economics and Finance 18 (1), 23 – 40.

[133] Kimura, Fukunari & Obashi, Ayako. (2011), "Production Networks in East Asia: What We Know So Far", ADBI Working Papers 320, Asian Development Bank Institute.

[134] Klimis Vogiatzoglou. (2012), "Global Production Networks and Export Expansion: Cross-Sectoral Evidence from China", International Network for Economic Research, Working Paper 2012. 7.

[135] Kol, J. Rayment, P. Allyn-Young. (1989), "Specialization and intermediate goods in intraindustry trade", in P. K. M Tharakan and Jacob Kol (eds). Intra-industry trade: theory and extensions, St. Martin's Press, New York.

[136] Krugman, P., Venables, A. J. (1995), "Globalization and the inequality of nations." The Quarterly Journal of Economics 110, 857 – 880.

[137] Kugler, Maurice and Verhoogen, Eric A. (2009), "The Quality-Complementarity Hypothesis: Theory and Evidence from Colombia", CEPR Discussion Papers 7119, C. E. P. R. Discussion Papers.

[138] Lall, Sanjaya & Narula, Rajneesh. (2004), "FDI and its role in economic development: Do we need a new agenda?", Research Memorandum019, Maastricht University, Maastricht Economic Research Institute on Innovation and Technology (MERIT).

[139] Lawless, Martina, . (2009), "Firm export dynamics and the ge-

ography of trade", Journal of International Economics, Vol (77), 245 – 254.

[140] Ling Feng, Zhiyuan Li and Deborah L. Swenson. (2012), "The Connection between Imported Intermediate Inputs and Exports: Evidence from Chinese Firms", National Bureau of Economic Research, Inc in its series NBER Working Papers with number 18260. Jul.

[141] Liza Jabbour and Jean Louis Mucchielli. (2007), "Technology transfer through vertical linkages: The case of the Spanish manufacturing industry", Journal of Applied Economics, May, 115 – 136.

[142] M. Kimura, K. Saito, and R. Nakano. (2007), "Extracting influential nodes for information diusion on a social network", In AAAI – 07, pages 1371 – 1376.

[143] Marc J. Melitz. (2003), "The Impact of Trade on Intra-Industry Reallocations and Aggregate Industry Productivity", Econometrica, Econometric Society, Vol. 71 (6), pages 1695 – 1725, November.

[144] Marc J. Melitz and Gianmarco I. P. Ottaviano. (2008), "Market Size, Trade, and Productivity", Review of Economic Studies, Oxford University Press, Vol. 75 (1), pages 295 – 316.

[145] Marc J. Melitz and Daniel Trefler. (2012), "Gains from Trade When Firms Matter", Journal of Economic Perspectives, American Economic Association, Vol. 26 (2), pages 91 – 118, Spring.

[146] Marc J. Melitz & Sašo Polanec. (2012), "Dynamic Olley-Pakes Productivity Decomposition with Entry and Exit", NBER Working Papers18182, National Bureau of Economic Research, Inc.

[147] Marc J. Melitz & Stephen J. Redding. (2013), "Firm Heterogeneity and Aggregate Welfare", CEP Discussion Papers dp1200, Centre for Economic Performance, LSE.

[148] Mario García Molina et al. (2012), "Costo Efectividad De Las Pruebas Para La Detección De Enfermedad Mínima Residual En Niños Con Leucemia Linfoide Aguda Al Fina", DOCUMENTOS DE TRABAJO – ESCUELA DE ECONOMíA with Number 009925.

[149] Mary Amiti and Jozef Konings. (2007), "Trade Liberalization, Intermediate Inputs, and Productivity: Evidence from Indonesia", American Economic Review, American Economic Association, Vol. 97 (5), pages 1611 –

1638, December.

[150] Melitz, Marc J & Redding, Stephen J. (2013), "Heterogeneous Firms and Trade", CEPR Discussion Papers 9317, C. E. P. R. Discussion Papers.

[151] Marc J. Melitz & Stephen J. Redding. (2014), "Missing Gains from Trade?", CEP Discussion Papers dp1254, Centre for Economic Performance, LSE.

[152] Maria Bas. (2008), "Trade, technology adoption and wage inequalities: theory and evidence", LSE Research Online Documents on Economicswith number 28513. London School of Economics and Political Science.

[153] Maria Bas and Strauss-Kahn. (2011), "Does Importing more Inputs Raise Exports? Firm Level Evidence from France", CEPII research center in its series Working Papers with number 2011 – 2015.

[154] Maria Bas. (2012), "Technology Adoption, Export Status, and Skill Upgrading: Theory and Evidence", Review of International Economics. Vol. 20, pages 215 – 331.

[155] Maria Bas. (2012), "Input-trade liberalization and firm export decisions: Evidence from Argentina", Journal of Development Economics. Vol. 97, pages 481 – 493.

[156] Masahisa Fujita & Jacques-François Thisse. (2006), "Globalization And The EVolution Of The Supply Chain: Who Gains And Who Loses?", International Economic Review, Department of Economics, University of Pennsylvania and Osaka University Institute of Social and Economic Research Association, Vol. 47 (3), pages 811 – 836, 08.

[157] Maurice Kugler and Eric Verhoogen. (2012), "Prices, Plant Size, and Product Quality", Review of Economic Studies, Oxford University Press, Vol. 79 (1), pages 307 – 339.

[158] Melitz, Marc J & Redding, Stephen J. (2013), "Heterogeneous Firms and Trade", CEPR Discussion Papers 9317, C. E. P. R. Discussion Papers.

[159] Mitsuyo ANDO and Fukunari Kimura. (2009), "Fragmentation in East Asia: Further Evidence." Working Papers of Economic Research Institute for ASEAN and East Asia (ERIA) in its series with number DP – 2009 – 20.

[160] Nobuaki Yamashita. (2012), "Harnessing Production Networks:

Impact and Policy Implications from Thailand's Manufacturing Industries-By Aek-apol Chongvilaivan", Asian-Pacific Economic Literature, Asia Pacific School of Economics and Government, The Australian National University, Vol. 26 (2), pages 176 – 177, November.

[161] Nuno Carlos Leitão & Muhammad Shahbaz. (2012), "Liberaliza-tion and United States' Intra-Industry Trade", International Journal of Econom-ics and Financial Issues, Econjournals, Vol. 2 (4), pages 505 – 512.

[162] Pedro Albarrán and Raquel Carrasco and Adelheid Holl. (2009), "Transport infraestructure, sunk costs and firms'export behaviour", Economics Working Papers we092213, Universidad Carlos III, Departamento de Economía.

[163] Peng, Shin-Kun & Thisse, Jacques-Francois and Wang, Ping. (2006) , "Economic integration and agglomeration in a middle product econo-my", Journal of Economic Theory, Elsevier, Vol. 131 (1), pages 1 – 25, November.

[164] Peter Debaere and Shalah Mostashari. (2010), "Do tariffs matter for the extensive margin of international trade? An empirical analysis", Journal of International Economics, 2010, Vol. 81 (2), pp. 163 – 169.

[165] Pinelopi Goldberg and Amit Khandelwal and Nina Pavcnik and Pe-tia Topalova. (2009), "Trade Liberalization and New Imported Inputs", American Economic Review, Vol. 99, 474 – 500.

[166] Pinelopi Goldberg and Amit Khandelwal and Nina Pavcnik and Pe-tia Topalova. (2009), "Imported Intermediate Inputs and Domestic Product Growth: Evidence from Indias", Department of Economics, Center for Eco-nomic Policy Studies. in its series Working Papers with number 1179. September.

[167] Pol Antràs. (2003), "Firms, Contracts, And Trade Structure", The Quarterly Journal of Economics, MIT Press, Vol. 118 (4), pages 1375 – 1418, November.

[168] Aghion, Philippe and Antras, Pol and Helpman, Elhanan. (2007), Journal of International Economics, Elsevier, Vol. 73 (1), pages 1 – 30, September.

[169] Pol Antràs & Davin Chor. (2013), "Organizing the Global Value Chain", Econometrica, Econometric Society, Vol. 81 (6), pages 2127 – 2204, November.

202 ▶▶ 中间品进口、全要素生产率与出口的二元边际

[170] Prema-chandra Athukorala. (2013), "Global production sharing and trade patterns in East Asia", Departmental Working Papers 2013 – 10, The Australian National University, Arndt-Corden Department of Economics.

[171] Richard Baldwin & Daria Taglioni. (2011), "Gravity Chains: Estimating Bilateral Trade Flows When Parts And Components Trade Is Important", NBER Working Papers 16672, National Bureau of Economic Research, Inc.

[172] Richard Baldwin & Toshihiro Okubo. (2011), "International Trade, Offshoring and Heterogeneous Firms", NBER Working Papers 16660, National Bureau of Economic Research, Inc.

[173] Richard Baldwin & Toshihiro Okubo. (2012), "Networked FDI: Sales and Sourcing Patterns of Japanese Foreign Affiliates", NBER Working Papers 18083, National Bureau of Economic Research, Inc.

[174] Richard Harris. (2009), "Spillover and Backward Linkage Effects of FDI: Empirical Evidence for the UK", SERC Discussion Papers 0016, Spatial Economics Research Centre, LSE.

[175] Roberto álvarez E. and Gustavo Crespi T. (2000), "Exporter performance and promotion instruments: Chilean empirical evidence", Estudios de Economia, University of Chile, Department of Economics, Vol. 27 (2 Year 20), pages 225 – 241, December.

[176] Sanyal, Kalyan K & Jones, Ronald W. (1982), "The Theory of Trade in Middle Products", American Economic Review, American Economic Association, Vol. 72 (1), pages 16 – 31, March.

[177] Sawyer, William C. and Sprinkle, Richard L. and Tochkov, Kiril. (2010), "Patterns and determinants of intra-industry trade in Asia", Journal of Asian Economics, Elsevier, Vol. 21 (5), pages 485 – 493, October.

[178] Schor, Adriana. (2004), "Heterogeneous productivity response to tariff reduction. Evidence from Brazilian manufacturing firms", Journal of Development Economics, Vol. 75, 373 – 396.

[179] Smeets, Valérie & Warzynski, Frédéric. (2010), "Learning by Exporting, Importing or Both? Estimating productivity with multi-product firms, pricing heterogeneity and the role of the international trade", University of Aarhus, Aarhus School of Business, Department of Economics in its series Working Papers with number 10 – 13. Oct.

[180] Smeets, Valérie & Warzynski, Frédéric. (2013), "Estimating productivity with multi-product firms, pricing heterogeneity and the role of international trade", Journal of International Economics, Vol. 90, 237 – 244.

[181] Suwantaradon, Ruanjai. (2008), "Financial Frictions and International Trade", University of Minnesota working paper.

[182] Sven, Arndt. (2002) "Production Sharing and Singapore's Global Competitiveness", Claremont Colleges Working Papers 2002 – 36, Claremont Colleges.

[183] Teshima, K. (2009), "Import Competition and Innovation at the Plant Level: Evidence from Mexico", Mimeo Columbia University.

[184] Thierry Mayer & Marc J. Melitz and Gianmarco I. P. Ottaviano. (2014), "Market Size, Competition, and the Product Mix of Exporters", American Economic Review, American Economic Association, Vol. 104 (2), pages 495 – 536, February.

[185] Thomas Chaney. (2008), "Distorted Gravity: The Intensive and Extensive Margins of International Trade", American Economic Review, American Economic Association, Vol. 98 (4), pages 1707 – 21, September.

[186] Thomas Chaney. (2013), "The Gravity Equation in International Trade: An Explanation", NBER Working Papers 19285, National Bureau of Economic Research, Inc.

[187] Thorpe Michael William & Leitão Nuno Carlos. (2013), "Determinants of United States' Vertical and Horizontal Intra-Industry Trade", Global Economy Journal, De Gruyter, Vol. 13 (2), pages 233 – 250, June.

[188] Tony Venables & Alberto Behar. (2010), "Transport Costs and International Trade", Economics Series Working Papers 488, University of Oxford, Department of Economics.

[189] Tony Venables & Richard Baldwin, 2011. "Relocating the value chain: off-shoring and agglomeration in the global economy", Economics Series Working Papers 544, University of Oxford, Department of Economics.

[190] Venables, Anthony J. and Limao, Nuno. (2002), "Geographical disadvantage: a Heckscher-Ohlin-von Thunen model of international specialisation", Journal of International Economics, Elsevier, Vol. 58 (2), pages 239 – 263, December.

[191] Willem H. Buiter and Douglas D. Purvis. (1983), "Oil, Disinflation, and Export Competitiveness: A Model of the 'Dutch Disease'", NBER Working Papers 0592, National Bureau of Economic Research, Inc.

[192] Wilfred J. Ethier, (2008), "Trade and Investment Cooperation in East Asia: Concerns, Prospects and Issues", Working Papers 002 – 08, International School of Economics at TSU, Tbilisi, Republic of Georgia.

[193] Wolfgang Keller. (1997a), "How Trade Patterns and Technology Flows Affect Productivity Growth", Policy Research Working Paper, World Bank Development Research Group.

[194] Wolfgang Keller. (1998), "Are International R&D Spillovers Trade-Related? Analyzing Spillovers among Randomly Matched Trade Partners", European Economic Review, Vol. 42: 1469 – 1481.

[195] Wolfgang Keller. (2002), "Trade and the Transmission of Technology", Journal of Ecomomic Growth, March 7 (1): 5 – 24.

[196] Wolfgang Keller. (2004), International Technology Diffusion, Journal of Economic Literature 42 (3): 752 – 782.

[197] Yamashita, Nobuaki. (2008), "The impact of production fragmentation on skill upgrading: New evidence from Japanese manufacturing", Journal of the Japanese and International Economies, Elsevier, Vol. 22 (4), pages 545 – 565, December.

[198] Yamashita, Nobuaki. (2011), "The People's Republic of China's Currency and Product Fragmentation", ADBI Working Papers 327, Asian Development Bank Institute.

[199] Yeaple, S. (2008), "Firm Heterogeneity and the Structure of U. S. Multinational Activity: An Empirical Analysis", NBER Working Paper 14072.

[200] Ying Ge, Huiwen Lai and Susan Chun Zhu. (2011), "Intermediates Import and Gains from Trade Liberalization", working paper, http: // www. economics. hawaii. edu.

[201] Yue Gao and Whalley. (2013), "Heterogeneous Firms in a Product Fragmentation World", CESifo Group Munich in its series CESifo Working Paper Series with number 4229.